U0742847

高职高专"十二五"物业管理专业系列规划教材

物业管理概论

WUYE GUANLI GAILUN

主 编 洪 媛

副主编 赵 琴 李卓娅

赠送
电子课件

西安交通大学出版社
XI'AN JIAOTONG UNIVERSITY PRESS

内 容 提 要

　　本书以改革课程体系和教学内容，建立突出职业能力培养、规范课程教学、提高课程教学质量为目标，力求融"教、学、做"为一体，强化学习者能力的培养。

　　本书在内容上以必需和够用为度，相对淡化理论研究，着眼于理论知识的应用，注重介绍理论应用范围、应用范例和管理规范等，为培养应用型人才服务。在形式上先明确本章学习目标，随后穿插案例导入、课堂案例、案例点评、知识链接，让学生进入学习情境，帮助学生理解、掌握物业管理知识，寓学习与分析、思考之中，以期学生从中领悟物业管理的内涵。正文后对本章知识进行归纳、小结，安排课后讨论、复习思考题、实践与训练，设置案例分析和案例讨论，以检验学生对所学知识的理解和掌握，进一步培养分析问题、解决问题的能力。

　　本书既可作为高职高专院校物业管理、房地产经营与管理等专业的基础教材，也可作为相关从业人员的培训教材和参考读物。

前言
Foreword

随着我国经济的发展和人民生活水平的提高,物业管理作为一种新兴的行业,正逐步地深入到城市经济生活中,它已经和人民群众的生活和城市经济的发展息息相关。

当前是中国物业管理行业发展、完善和成熟的重要阶段,社会急需大量合格的物业管理专业人员。市场对物业管理人员的需求越来越大,同时对服务质量和从业人员的要求也越来越高。这个阶段将会经历竞争激烈、管理不断完善、服务理念不断提升的时期,这就要求物业管理从服务理念到服务方式,从经管理念到市场定位,都需要作出相应的变革。

本书根据《教育部关于加强高职高专教育人才培养工作的意见》的文件精神,注重理论对实践运用的指导,力求从内容到形式均有所创新。本书以改革课程体系和教学内容,建立突出职业能力培养、规范课程教学、提高课程教学质量为目标,力求融“教、学、做”为一体,强化学生能力的培养。

本书在内容上以必需和够用为度,相对淡化理论研究,着眼于理论知识的应用,注重介绍理论应用范围、应用范例和管理规范等,为培养应用型人才服务。在形式上先明确本章学习目标,随后穿插案例导入、课堂案例、案例点评、知识链接,让学生进入学习情境,帮助学生理解、掌握物业管理知识,寓学习于分析、思考之中,以期学生从中领悟物业管理的内涵。正文后对本章知识进行归纳、小结,安排课后讨论、复习思考题、实践与训练,设置案例分析和案例讨论,以检验学生对所学知识的理解和掌握,进一步培养学生分析问题、解决问题的能力。

本书由长江职业学院洪嫒担任主编,湖北财税职业学院赵琴和陕西工商职业学院李卓娅担任副主编。具体编写分工为:第一、二章由洪嫒编写,第三、四章由赵琴编写,第五、第七章由李卓娅编写,第六、八章由甘肃建筑职业技术学院成文婧编写,第九章及附录由甘肃建筑职业技术学院徐蓓编写。

在本书的编写过程中,我们直接和间接地参阅了国内外大量的相关著作、教材和案例资料,浏览了多个网站,并引用了其中的一些内容,在此谨向相关的作者表示由衷的感谢。

在我国，物业管理理论仍处于不断发展和创新阶段，需要人们在实际工作中灵活运用，并努力探索、丰富和完善。由于编者理论和实践能力有限，书中难免有不妥和不完备之处，敬请读者批评指正。

编者

2014 年 2 月

目 录
Contents

第一章

绪　论

学习要点

1. 了解物业与物业管理的概念
2. 理解房地产的特征、房地产业的作用、房地产经营与管理的关系等内容
3. 掌握物业与物业管理的特性、物业管理的性质、物业管理与房地产的相互关系和作用等

关键概念

房地产　　房地产业　　物业　　物业管理

案例导入

物业管理行业发展报告发布：企业年营收超 3 千亿

中国物业管理协会在京发布《物业管理行业发展报告》（以下简称《行业报告》）。同时，它还公布了物业管理行业综合实力 TOP200 企业名单，万科、保利、绿城等知名企业上榜。

据了解，此次发布的《行业报告》是国内首次以行业发展报告的形式全面反映当前全国物业管理行业的发展状况。《行业报告》显示，截止 2012 年底，我国物业管理行业已拥有 71000 余家企业，612.3 万从业人员，管理各类房屋面积 145.3 亿平方米，年营业收入超过 3000 亿元，全国共有 43919 人获得物业管理师资格。

《行业报告》同时显示，物业管理行业在快速发展的同时，也面临着成本急剧上涨、价格调整机制缺失、行业责任边界不清、业主大会制度实施难、部分企业生存状况堪忧等深层次问题。同时地域发展不平衡，一线员工流动率高，企业规模小、管理水平低、人员素质差、群众投诉多等问题也比较突出。这些问题阻碍着物业行业的健康发展，因此，促进行业规范发展的任务还很艰巨。此外，中国物业管理协会还同时发布了物业管理行业综合实力 TOP200 企业名单及有关分析数据。其中万科物业发展有限公司、保利物业管理有限公司、长城物业集团股份有限公司、绿城物业服务集团有限公司、北京首开鸿城实业有限公司、中海物业管理有限公司和招商局物业管理有限公司等企业位于榜单前列。

值得注意的是，TOP200 分布在 4 个直辖市与 20 个省区的 37 个城市，其中仅有 25 个企业地处 14 个地级市，绝大多数位于大城市，二、三线城市的物业管理总体还处于拓展阶段，还有相当数量的县级市物业管理处于起步或尚未启动阶段。行业发展地域差异十分明显，经济欠发达地区和中小城市物业管理推进总体缓慢。

当前，成本上涨和招工难已经成为困扰企业发展的最大难题。随着每年最低工资标准的刚性上涨，以及物业服务费标准随成本上涨调整机制的缺失，包括 TOP200 企业在内，赢利被成本上涨吞噬的现象制约着大多数物业服务企业的发展。企业的盈利能力持续在较低水平徘

徊,净利润率由 2011 年 TOP100 企业的 6.75% 下降到 2013 年的 5.6%。

物业服务企业已将服务内容从清洁、绿化、秩序维护、设施设备维修四项基础业务,向房屋管家、资产管家、生活管家升级。服务范围从单纯的物业管理延伸到涵盖社区商务、公寓短租、商业运营、长者服务等领域的"1 N"多角化产业链。但在物业管理行业的 7 万余家企业中,管理水平低、人员素质差、群众投诉多、生存状况堪忧等问题还比较突出。

中国物业管理协会认为,解决制约行业发展的瓶颈,大力推广优秀企业的经验和做法,带动更多的企业共同进步,提高行业的社会认知度,促进行业规范发展的任务还很艰巨。

资料来源:物业管理行业发展报告发布:企业年营收超 3 千亿[EB/OL].[2013-10-28]http://house.gmw.cn/2013-10/28/comtent_9311019.htm.

问题:

物业行业的发展中面临哪些问题?

第一节　物　业

一、物业的含义

"物业"一词由英语"estate"或"property"引译而来的,其含义为"财产"、"资产"、"拥有物"、"房地产",是一个较为广义的范畴。而在现实生活中,我们所称的"物业"是一种狭义的范畴。有人认为,物业是指单元房地产。一个住宅单位,一座商业大厦,一座工业厂房,一个农庄都可以是一物业。所以,物业可大可小,大物业可分为小物业,同一宗物业,往往分属一个或多个产权者所有。

我们这里所说的物业是指单元性的房地产,从物业管理的角度来讲,物业是指已建成并投入使用的各类房屋及其配套设施、设备和场地。其中,各类房屋是指住宅小区、综合商住楼、别墅、高档的写字楼、商业大厦、宾馆、饭店、工业厂房、仓库等,既可以是一个建筑群,也可以是一个单体建筑;配套设施、设备是指房屋内外各类设备、公共市政设施;场地是指和房屋相邻的庭院、绿地、道路等。物业可小可大,一个单元住宅可以是物业,一座大厦也可以作为一个物业,同一建筑物还可按权属的不同分割为若干物业。

一个完整的物业,应至少包括以下几个部分:①建筑物。建筑物包括房屋建筑、构筑物(如桥梁、水塔等)、道路、码头等。②设备。设备指配套的专用机械、电气设备,如电梯、空调、备用电源等。③设施。设施指配套的公用管、线、路,如上下管、消防、强电(供变电等)、弱电(通讯、信号网络等)、路灯以及室外公共建筑设施(如幼儿园、医院)等。④场地。场地指开发待建或露天堆放货物之地,包括建筑地块、庭院、停车场等。

知识链接

物业与房地产、不动产的区分

一般来说,房地产是房产和地产的总称,是房产和地产的结合体。从一般意义上说,房地产有狭义与广义之分。狭义的房地产是指房屋、房基地以及附属土地。这些附属土地是指房屋的院落占地、楼间空地、道路占地等空间上与房屋和房基地紧密结合的土地。广义的房地产是指全部土地和房屋以及附着于土地和房屋上的不可分离的部分。从法律意义上说,房地产本质上是指以土地和房屋作为物质存在形态的财产。通常认为,房地产有两种存在形式:一是单纯的地产,如一块优质的海滩;二是房产与地产相结合的"房地"产,如把房屋及其坐落的土地作为一个整体来考虑。"不动产"一词译自英语"real estate"或"real property"。在英语中,"real estate"具体是指土地及附着在土地上的房屋等建筑物和构筑物。"real property"具体是指"real estate"及其附带的各种权益。这里特别提到了构筑物,构筑物属于不动产的重要存在形式。房地产由于其位置固定、不可移动,通常也被称为不动产,但"房地产"的概念并不特别关注构筑物,甚至不把某些构筑物如堤坝、塔以及不与建筑区直接联系的桥梁等视为房地产。也就是说,"房地产"概念倾向于表明这种财产是以房屋和土地作为物质载体的,而"不动产"概念则侧重于表明这种财产本身具有不可移动的属性。"房地产"与"物业"在某些方面可通用(如基于狭义房地产概念),但"物业"一般是指一个单项具体的房地产单位(如单项的房产、地产);而"房地产"则强调一个国家、地区或城镇所拥有的房产和地产及二者的组合。因此,在宏观和中观层面上,一般只用"房地产",不用"物业"。如"房地产业"是绝对不能用"物业"来代替的,"房地产管理"的含义也要远远宽于"物业管理"的含义。当然,在微观层面上,两者常常是可以通用的。一般而言,"房地产"概念的外延包括房地产的投资、开发、建造、销售、售后管理与服务等。"物业"虽可用来指某项具体的房地产,但它仅仅涉及到房地产交易、售后服务等特定阶段。所以,二者还存在整体与局部之别。另外,这些称谓的使用领域也存在差别。一般情况下,"房地产"是经济法、行政法及商业实务中较常用的称谓,"不动产"是民法中惯常使用的词汇,而"物业"仅仅是房地产领域中单元性房地产概念的别称。

二、物业的性质

世界上任何事物都有自己的属性,物业也不例外。物业的性质具体体现在物业的物理性质(自然属性)和经济性质(社会属性)上,它决定着物业管理的客观规律。因此,明确物业的性质对于我们了解物业和物业管理的本质、掌握物业管理运行的规律、搞好物业管理等都有着重要的意义。

1. 物业的自然属性(物理性质)

物业的自然属性是指与物质实体或物理形态相联系的性质,它是物业社会属性的物质内容和物质基础。因为无论是房产也好,地产业好,物业首先是一种物或物质。作为一种物质当然就要有它的自然属性,有区别于其他物质的特征或标志,人们一般把物业的这种自然属性称为物理属性。物业的物理性质主要表现为:

(1)物业的二元性。物业的物质实体表现为具有特定用途和明确属主的建筑物,任何建筑物的基础都是建立在土地之上的,从而成为土地的附属物,土地的功能则借助于建筑物得以充分发挥。因此,在经济发达的社会中,物业大多都是指土地与建筑物的统一体,兼有土地与建筑物两方面的物质内容。对于不同的物业,其二元的组成比重是不同的。如:物业的建筑面积与土地面积的比值在城市高于农村,在经济、文化、商业中心高于重工业基地。物业的这种二元性,是其他任何商品所不具备的,它决定了物业必然兼有土地与建筑二者各自所特有的各种性质。

(2)物业的有限性。物业的有限性是由土地的有限性决定的。因为土地的绝对数量是有限的,且具有不可再生性,而用来开发建设的土地就更有限了。随着社会经济的发展,土地面积日益减少,人类只能在有限的土地上开发建设,从而使物业的数量受到一定的限制。

(3)物业的差异性和多样性。物业的差异性是就土地而言的。由于土地的数量是有限的,因此,随着人口的增加和经济的发展,人们必须去开发利用那些劣质土地。土地的优劣,在农村主要取决于土地的天然尺度和其他自然条件,而在城市主要取决于地段的区位及其技术条件。物业的多样性主要是就建筑物本身而言的。由于建筑物的功能、位置、自然环境、技术经济条件的不同,因此形成了物业形式上的多样性。

(4)物业的固定性。物业的固定性主要是指物业空间位置上的不可移动性,房屋及其附属设施都依附于一定的地块,一般情况下是搬不走,挪不动的。由于物业具有固定性,所以在开发建设之前,必须依照政府规划部门的要求进行设计、管理,特别是要考虑和周围环境的协调一致。

(5)物业的长期性。物业一经建筑完成,即可供人们长期使用,建筑业中经常提到"精心设计,百年大计"这句口号,这就说明建筑物使用年限一般为数十年甚至更长时间,特别是那些具有文物价值的建筑,如颐和园、故宫等,具有更长久的保护价值。

(6)物业的配套性。物业的配套性是指物业以其各种配套设施,满足人们各种需要的特性。没有配套的设施,就不是完整意义上的物业。以住宅为例,室内的配套设施至少要包括厨房、卫生间、上下水、电等,否则就会造成使用不便,会影响房屋居住功能的发挥。物业配套设施越齐全,其功能发挥就越充分。

2. 物业的社会属性(经济性质)

物业的社会属性又叫社会经济性质,是指物业与所有权和商品经济相联系的性质。物业的经济性质主要有:

(1)物业的权属性。物业的权属性是指物业在法律上有着明确的权属关系。这种权属关系使物业的所有者、经营者和使用者各方的经济利益,在物业的开发、建设、经营、管理与使用过程中,都会受到法律的保护。物业权属最重要的内容就是物业的所有权和物业的使用权。

所谓物业的所有权是指物业所有者在法律规定的范围内对该物业所拥有的占有、使用、收益和处分的权利。物业所有者的经济利益主要表现在当其物业留作自用时,不必向任何人交纳租金,当依法将物业出租时,可以向承租人收取租金。

物业的使用权是指依法经营或使用物业的权利。在我国物业的使用权是实行所有权与使用权分离制度以后出现的一种依法成立的有限产权。当使用者取得物业使用权后,就得向物业所有者缴纳租金。

(2)物业的商品性。在市场经济条件下,物业本身既有经济价值又有使用价值,因而物业的基本经济属性是商品。物业的商品性,是由物业的使用价值和商品经济决定的。物业的商品性意味着以下几方面的实质性内容:

①物业的价值和使用价值是通过市场交易后得以实现的。物业的买卖、租赁、抵押、土地使用权的出让与转让等,都是体现物业商品性的具体方式。

②物业的开发建设、经营管理等都是商品经济活动,必须遵从价值规律来运行。

③参与物业开发建设、经营与管理以及消费的人与人之间的关系,本质上是一种商品经济关系,从生产到消费都不是无偿的。

(3)物业的效用性。物业的效用性是指物业对人类社会的使用价值,即人们因占有使用物业而得到某些需求的满足。物业若无效用,就不会发生物业价格,人们就不会产生占有物业的欲望。

(4)物业的保值、增值性。物业能够保值、增值,已经被越来越多的人们所认识。应该看到,物业的增值是一种长期的趋势,而不是直线式的运动,但从长期来看,它无疑呈现出在波动中上扬、螺旋式上升的趋势。

三、物业的分类

根据使用功能的不同,物业可分为以下四类:

(1)居住物业。居住物业是指具备居住功能、供人们生活居住的建筑,包括住宅小区、单体住宅楼、公寓、别墅、度假村等,当然也包括与之相配套的共用设施、设备和公共场地。

(2)商业物业。商业物业有时也称投资性物业,是指那些通过经营可以获取持续增长回报或者可以持续升值的物业,这类物业又可大致分为商服物业和办公物业。商服物业是指各种供商业、服务业使用的建筑场所,包括购物广场、百货商店、超市、专卖店、连锁店、宾馆、酒店、仓储、休闲康乐场所等。办公物业是从事生产、经营、咨询、服务等行业管理人员(白领)的办公场所,它属于生产经营资料的范畴。这类物业按照发展变化过程可分为传统办公楼、现代写字楼和智能化办公建筑等,按照办公楼物业档次又可划分为甲级写字楼、乙级写字楼和丙级写字楼。商业物业市场的繁荣与当地的整体社会经济状况相关,特别是与工商贸易、金融保险、顾问咨询、旅游等行业的发展密切相关。

(3)工业物业。工业物业是指为人类的生产活动提供使用空间的房屋,包括轻、重工业厂房和发展起来的高新技术产业用房以及相关的研究与发展用房及仓库等。

(4)其他用途物业。除了上述物业种类以外的物业,称为其他物业,有时也称为特种物业。这类物业包括赛马场、高尔夫球场、汽车加油站、飞机场、车站、码头、高速公路、桥梁、隧道等物业。特殊物业经营的内容通常要得到政府的许可。特殊物业的市场交易很少,对这类物业的投资多属长期投资,投资者靠日常经营活动的收益来回收投资、赚取投资收益。这类物业的土地使用权出让的年限,国家规定最高为50年。

知识链接

现代新型物业的几种类型

随着时代的发展,人们对于物业的认识不断深入,对居住环境不断提出新的要求。现代新型物业的不断出现,成为了未来发展的趋势。

1. 智能物业

智能化物业源于20世纪80年代初的美国,1984年1月,美国哈特福特市,对一座金融大厦进行改造,楼内的空调、电梯、照明、防盗等设备采用计算机控制,利用网络为客户提供文字处理、电子邮件和情报资料等信息服务,该大厦被公认为世界上第一座智能大厦。我国的智能化物业于20世纪90年代初起步,北京的发展大厦被认为是我国第一座智能大厦。

智能化物业是指运用以计算机技术为核心,包括通讯技术、电子技术在内的信息技术与现代建筑技术相结合,在建筑中嵌入各种自动化控制系统,多方位提供自动化应用功能的物业。

这里的智能化物业包含了智能化写字楼、商场、住宅等。

智能化物业主要包括物业自动化系统(5A 系统)即通讯自动化(CA)、楼宇自动化(BA)、管理自动化(MA)、消防保安自动化(FA)、办公室自动化(OA)和物业管理自动化系统(物业管理企业办公自动化和业务管理自动化)。

智能化住宅区是指利用现代 4C(即计算机、通讯与网络、自控、IC 卡)技术,通过有效的传输网络,将多元化的信息服务与管理、物业管理与安防、住宅智能化系统集成等高技术的智能化手段,运用于住宅小区的服务与管理,以期实现快捷高效的超值服务与管理和提供安全的家居环境,而成片开发的居民住宅区。

2. 健康住宅

21 世纪,人类的生存环境和居住环境将朝生态型、可持续发展的方向演进。随着社会经济的发展和人们支付能力的大大提高,物业的所有人和使用人在观念上已发生变化,他们不再仅仅注重自己物业的保值、增值,而且更加追求自己生活环境的质量,追求住宅的舒适、安全、卫生和健康。

具体地说,健康住宅可以直接释义为:一种体现在住宅与住区内和住区的居住环境两方面,它不仅可以包括与居住相关联的物理量值,诸如温度、湿度、通风换气、噪音、光、空气质量等,而且还应包括主观性心理因素值,诸如平面空间布局、私密保护、视野景观、感官色彩、材料选择等。从回归自然、关注健康、关注社会、制止因住宅而引发疾病观念出发,营造出健康、和谐、时尚、生态的生活环境。

健康住宅的研究是基于我国住宅建设方面的规划设计、施工安装、材料设备以及家庭装修中的不当行为而产生的种种有害居住健康因素而建立起来的,它得到了卫生部、环保局和体育总局的下属科研机构的支持。

2001 年 7 月跨行业科研设计部门共同研究编制完成《健康住宅建设技术要点》(2001 年版,以下简称《要点》),并于同年 10 月在国际建筑中心联盟大会发布。与《要点》相匹配,相继编制完成《健康住宅评估因素及评价指标体系》、《健康住宅实施管理办法》等文件。

2002 年 9 月根据一年的实践研究,跨行业科研设计部门对原《要点》(2001 年版经过广泛的征求意见后开始了修编工作,最终完成了《健康住宅建设技术要点》(2002 年修改版)的编制工作。

健康住宅的开发,要求住宅开发商与科研、设计、生产、施工等有关部门通力合作,依靠技术进步,做到人居环境的健康性、自然环境的亲和性、居住环境的保护和健康环境的保障四大方面。

3. 节能型住宅

节能住宅指的是满足《夏热东冷地区居住建筑节能设计标准》要求的住宅,通过提高建筑围护结构(外墙、屋面、外门窗和楼板)的热工性能,同时提高采暖、空调能源利用效率,使节能住宅的耗能比普通住宅降低 50%,其中围护结构和采暖、空调的节能贡献率各约占 25%。节能住宅,应是高效低耗、环保节能、健康舒适、生态平衡的高质量居住建筑,它是今后住宅建筑的发展方向。

第二节 物业管理

一、物业管理的含义

物业管理,是指物业管理企业受物业所有人的委托,依据物业管理委托合同,以及国家有关的法律法规,对物业的房屋建筑及其设备、市政公用设施、绿化、卫生、交通、治安和环境容貌等管理项目进行维护、修缮和整治,并向物业所有人和使用人提供综合性的有偿服务。

我国一些地区和城市的物业管理法规或行政规定中,对物业管理的含义也作出了类似的解释。

物业管理企业,通常称为物业管理公司。物业所有人,即产权人,亦称为业主。业主可以是个人、集体和国家。

二、物业管理的起源与发展

(一)国际物业管理的起源与成因

1.起源:传统的物业管理

物业管理最早出现在19世纪60年代的英国。19世纪40年代工业革命使英国成为"世界工厂",大量人口涌向伦敦,造成住房紧张、环境恶劣。1864年,奥克塔维尔·希尔女士(1838—1912年住房改革者慈善家)在伦敦买下三所房子用以出租,进行住房改革,制定了一系列规定对房屋和房客进行管理,要求承租人严格遵守,出人意料地取得了成功,这不仅有效地改善了居住环境,而且还使业主与承租人的关系由原来的对立变得友善起来,首开物业管理之先河。希尔女士的办法获得了成功,1875年希尔女士管理3000租户的房屋,到1910年,希尔女士管理了1600套房产。

时至今日,英国的物业管理作为一个固定行业,整体水平已达到世界一流。除了传统意义上的楼宇维修、养护、清洁、保安外,物业管理的内容已延展到工程咨询和监理、物业功能布局和划分、市场行情调查和预测、目标客户群认定、物业租售推广代理、通讯及旅行安排、智能系统化服务、专门性社会保障服务等全方位服务。在普遍推行物业管理的同时,还成立了英国皇家物业管理学会,会员遍布世界各地。

为什么物业管理会迅速在全世界发展起来呢?

第一,物业管理是一种社会化的管理模式,它摆脱了自营的分散管理方式,为多个产权单位、产权人找到了一个总管家;同时,也为政府各职能管理部门找到了一个总代管,在授权的范围内去落实各项管理内容,以克服旧体制下各自为政、多头管理、互相推诿的种种弊端,从而有利于提高城市管理的社会化程度,充分发挥各类物业的综合效益和整体功能,实现经济效益、社会效益和环境效益的统一。

第二,物业管理是一种专业化的管理,它是由专门的管理公司通过合同或契约,按照产权人和使用人的意志与要求去实施的管理,从而摆正了主人和管理者的关系,将自营自管的无序管理和行政性的管理终身制变为企业经营型的聘用制。在这样的机制下逐步形成有活力的物业管理竞争市场,业主有权选择物业管理企业,物业管理企业必须依靠自己良好的管理和服务才能进入和占领这一市场。这就从根本上促进了服务态度的转变、服务质量的改善和管理水平的提高,从而有利于提高城市管理的社会化、专业化程度,并向现代化的管理方式转换。

第三,物业管理是一种经营型的管理,它推行的是有偿服务、合理服务,并通过多种经营,使各类物业的管理逐步走上以业养业、自我发展的道路。这不仅减少了政府的压力和负担,使得房屋维修和养护的资金有了来源,而且使得业主、使用人得到全方位、多层次、多项目的服务。

第四,物业管理是建管结合的纽带,它通过早期介入与后期跟进,突出了管理的重要性,从而理顺、摆正了建设与管理的关系,有利于发挥投资效益,使社会财富和业主的财产得到保值、增值。

2.形成发展：现代意义的物业管理

公寓大厦、摩天办公大楼是现代物业管理的催生剂。19世纪末到20世纪初,美国进入垄断资本主义经济阶段,垄断资本在积累巨额财富的同时,也带来了大规模的国内民工潮、国际移民潮和求学潮,加速了美国的城市化进程。美国政府出于环境保护和长远的考虑,对城市土地的使用面积进行了严格的控制,加上建筑新材料、新结构、新技术的出现和不断进步,于是,一幢幢高楼大厦迅速拔地而起,而这些大厦的日常管理、服务、维修、养护的专业技术要求大大超出传统的物业管理要求。并且,大厦的业主常常不是一个或几个,而是数十个或数百个,面临着不知由谁来管理的难题,因此,一种适应这种客观需要的专业性物业管理机构便应运而生。该机构应业主的要求,对楼宇提供统一的管理和系列的服务,开启了现代物业管理的大门。

现代物业管理的另一标志是物业管理行业组织的诞生。

1908年,芝加哥建筑管理人员的组织(Chicago Building Managers Organization, CBMO)举行了第一次全国性会议,有来自美国各地的75名代表参加,宣告了世界上第一个专门的物业管理行会的诞生。

CBMO的诞生和运作,推动了另外两个重要的全国性物业管理组织的诞生。在其后的3年中,CBMO先后在底特律、华盛顿、克利夫兰等美国大城市举行了年会,促使世界上第一个建筑业主组织(Building Owners Organization, BOO)问世。CBMO和BOO的成立,对美国物业管理的发展直接起到了积极的作用。而后,在这两个组织的基础上,美国又成立了建筑物业主与管理人协会(Building Owners and Managers Association, BOMA),这是一个地方性和区域性组织的全国联盟,代表物业管理过程中业主和房东的利益。所以,CBMO、BOO、BOMA一起将美国的物业管理首先推入现代化轨道。在美国物业管理模式的影响下,欧洲很多国家在第二次世界大战前后都实现了这种管理行为组织体制的有机结合,并且涌现了一大批高素质的物业管理人才。政府对物业管理行为的影响,一般不采取直接干预方式,而是通过法律与制度进行规范与引导,促使物业管理行业的健康发展。

(二)我国物业管理的产生与发展

1.香港特别行政区的物业管理

在香港回归之前,当时的香港政府自20世纪50年代开始,为解决住房紧张的问题,仿效英国的公共住房政策,制定了早期的"公共房屋计划",继而成立了屋宇建设委员会,开始兴建公共住房,称为"公屋"。另外,政府部门工务局也兴建了设备齐全的屋村,并由屋宇建设委员会负责管理。为筹划和管理好这一批公共楼宇和屋村,前香港政府特别从英国聘来房屋经理。从此,专业性房屋管理的概念正式引入香港。

随着建筑物高度的不断增加和屋村规模的不断扩大,以及人们对居住环境的要求日益提高,单靠政府或开发商提供管理服务还不能满足需求。于是,发挥住户的自我管理、民主管理的作用就愈显得必要。为此,前香港政府先后制定了《多层大厦(业主案法团)条例》,确定业主可以"参与管理者"的身份,组织业主立案法团。业主立案法团由半数以上的自住(用)业主组成,是合法的管理组织。它可以收取管理费,可以雇用员工,也可以委任专业管理公司,为大厦提供多方面的服务。

前香港政府主要是通过立法对物业管理进行引导和监督,先后制定了《房屋条例》、《多层大厦(业主立案法团)条例》、《建筑物管理条例》等法规,分别由建筑事务监督员、消防专员、卫生专员按照法律规定进行有关的检查和监督,以确保物业管理的各项工作和内容能符合有关条例的要求。

2.我国内地现代物业管理发展的三个阶段

(1)探索和尝试阶段(1981—1994年)。

1981年,第一家物业管理公司"深圳市物业管理公司"成立;

1989年,第一次全国住宅小区管理工作会议召开;

1994年,建设部颁布第一个有关物业管理的部门规章《城市新建住宅小区管理办法》;

1994年,深圳市人民代表大会颁布第一个物业管理地方性法规《深圳经济特区物业管理条例》。

(2)快速发展阶段(1994—1999年)。

1996年,《城市住宅小区物业管理收费暂行办法》实行;

1996年,建设部关于实行物业管理企业经理、部门经理、管理人员岗位培训持证上岗制度的通知;

1999年,建设部召开全国物业管理工作会议。

(3)市场化、规范化、法制化发展阶段(1999—至今)。

2003年,《物业管理条例》实施(2007修改),我国物业管理行业以国务院名义颁布的第一部法律法规,标志着我国物业管理行业进入了依法管理的轨道;

2003年,建设部关于印发《前期物业管理招标投标管理暂行办法》的通知;

2003年,建设部关于印发《业主大会规程》的通知;

2004年,中华人民共和国国家发展和改革委员会、建设部于2004年1月1日发布施行《物业服务收费管理办法》;

2004年,建设部颁布《物业管理企业资质管理办法》;

2004年,中国物业管理协会制定了《普通住宅小区物业管理服务等级标准》;

2007年,《物权法》颁布实施,明确了物业管理的法律性质和物权人在物业管理活动中的地位、权利、义务和职责,确立了物权人在物业管理活动中的主体地位;

2007年10月1日,修改《物业管理条例》;

2007年,建设部、财政部联合发布《住宅专项维修资金管理办法》,2008年2月1日施行;

2009年10月1日,最高人民法院关于审理物业服务纠纷案件具体应用法律若干问题的解释;

2009年10月1日,最高人民法院关于审理建筑物区分所有权纠纷案件具体应用法律若干问题的解释;

2010年,国务院颁布《保安服务管理条例》,2010年1月1日施行;

2010年,住房和城乡建设部制定《业主大会和业主委员会指导规则》,2010年1月1日施行。

迄今为止,物业管理作为现代化城市管理和房地产经营管理的重要组成部分,在国际上十分流行并获得了蓬勃发展,社会化、专业化、企业化、经营型的物业管理已成为一个新型的服务行业。

三、物业管理的特点

物业管理是一种新型的管理模式,它具有社会化、专业化、企业化、经营型等特点。

1.社会化

社会化是指物业管理将分散的社会工作集中起来统一管理。诸如房屋、水电、清洁、保安、绿化等,使每位业主只面对物业服务公司一家,就能将所有关于房屋和居住环境的日常事宜办妥,不需要再分别面对各个不同的部门。因此,有人也把物业管理公司比喻成业主的"总管家"。而物业管理公司对于政府来说则像一个"总代理",业主只需要根据收费标准按时交纳管理费和服务费,就可以获得相关服务。这既方便了业主,也便于统一管理。因此,推行物业管理有利于发挥物业的整体功能,实现经济效益、社会效益、环境效益的统一,是充分提高整个城市管理社会化程度的重要措施。

2.专业化

专业化是指物业管理企业应为业主和使用人提供专业化的管理及服务。只有专业化,服务才能达到高水平、高质量、高标准。因此物业管理企业要有专业的人员配备,要有专业的工具、设备,有健全的、科学的、规范的管理制度和程序。结合先进的管理方法和专业的维修养护技术实施的管理,也可将部分专业工作委托给专业服务公司,实现专业化、规模化经营,这样有利于物业管理企业降低成本,促进技术进步。

3.市场化

物业管理市场化也就是在物业管理活动中引入市场竞争机制,实行双向选择,进行物业管理的招投标。中标物业管理企业与招标方签订物业管理服务合同,物业管理企业按合同约定提供专业化管理与服务,业主向物业管理企业支付等价的报酬。物业管理企业只有向业主提供优质服务,才能占领市场;业主享受到满意的服务,才会继续委托物业管理企业实施管理。

4.企业化

物业管理是一种企业化的经营管理行为。物业管理公司是企业,不是事业单位,也不是行政机关的分支机构,作为一个独立的法人,要按照物业管理市场的运行规则参与市场竞争,自主经营,自负盈亏,自我发展。它必须依靠自己的经营能力和优质服务在物业管理市场上争取自己的生存空间,用管理业绩创建企业品牌。

5.经营型

物业管理公司所提供的服务是有偿的,即通过收取合理的费用,维持企业的正常运转。

课堂案例

现代物业管理与传统的房屋管理有何区别？

小秦一直住机关宿舍，房子由单位的房管科管理，房管科找几个临时工负责打扫公共区域的卫生，如果家里有什么水管、暖气之类的设备出了问题，给房管科打个电话，就会有工人师傅上门来维修，可从今年开始，单位聘请了国内知名的物业服务企业开始对机关宿舍区实施物业管理，每户每月要按每平方0.5元交纳物业管理费，小秦认为原来的管理业不错，也不用住户掏钱，为什么要聘请外面的物业服务企业进行管理呢？

请问：现代物业管理与传统的房屋管理到底有什么不同呢？

案例点评：

现代物业管理与传统的房屋管理相比较，主要有以下五方面区别：

(1)政府所起的作用。在传统的房屋管理体制下，政府(包括街道、房管所、机关和企事业单位)都是直接参与房屋管理。物业管理则是实行企业化的管理，政府各个部门不直接参与物业的具体经营和管理，而是通过制定行政管理法规、规章来规范物业管理活动并指导、监督物业管理的运作。

(2)管理形式。过去是多个产权单位、多个管理部门的分散、多头管理，小区居民要和各个部门打交道，包括街道、居委会、派出所、环卫、绿化、消防以及水、电、煤气等众多部门。物业管理则是统一的综合性管理，居民只要面对一家物业管理企业即可解决上述生活中的全部问题，克服了在管理中经常出现的各自为政、扯皮推诿的弊端。

(3)管理内容。过去的管理内容单一，一般只局限于单纯的房屋维修，管理效果不好，物业寿命短，造成社会财富浪费。物业管理则是对管辖范围内的房屋及配套设施的专业化管理和养护及对住户的全方位多层次的服务，有利于发挥住宅小区和各类房屋的整体功能和综合利用，有利于开展好社区服务。

(4)经费来源。过去的管理是以行政手段为主，经费来源于低租金和国家的财政补贴，管理服务是无偿提供的，是福利型的管理体制。物业管理则是一种有偿服务，实行社会化、专业化、企业化、经营型的管理，走上了以业养业、自我发展的道路。小区的管理有了造血功能，既减轻了政府的压力和负担，又使管理经费有了稳定来源。

(5)住户的作用。过去的管理是由政府的职能部门以行政手段对房屋进行管理，由于是无偿管理，住户只能被动接受，别无选择。物业管理则是实行业主自治管理与物业管理企业专业化管理相结合的一种管理模式，从管理单位的终身制到业主自由选择实行聘用制，摆正了业主与物业管理单位的关系。业主委员会代表全体业主的利益，可以选聘或解聘物业管理企业，并有权审议、监督物业管理企业的年度计划和财务收支情况，能够真正行使业主的权利和作用。

传统的房屋管理和现代物业管理的区别是计划经济与市场经济两种体制差别的具体表现。传统的房屋管理是福利型住房制度的一种自然延伸，是回避房屋的商品特性的产物。而物业管理是建立在把管理、服务视为一种可等价交换的商品，这种商品性、市场性是物业管理的根本性质和最主要的特征。

四、物业管理的类型

我国物业管理按照受托业务划分,可以分为委托服务型和租赁经营型两种。

1.委托服务型物业管理

委托服务型物业管理是房地产开发商将开发建成的物业出售给用户,一次性收回投资并获取利润,然后委托物业管理公司对物业进行管理,完善其售后服务。这类物业服务企业只拥有物业的管理权,而没有产权,仅仅是按合同或契约进行法制化、规范化管理。其职能一是对房屋及其附属设备设施的维护修缮,二是对小区绿化、治安、消防、环境卫生等提供管理服务。同时物业服务企业有权按照政府有关规定标准或管理协议规定收取一定的管理服务费,不以盈利为主要目的。

这里所说的"委托"分两种情况:①开发商自己组建物业管理公司,对所出售的物业进行管理;②开发企业以招标的方式委托专业物业管理公司,对已出售的物业进行管理。

2.自主经营型物业管理

自主经营型物业管理是指房地产开发商建成物业后并不出售,而是交由其下属的物业管理公司进行经营管理,通过租金收回投资,获取利润。这种类型的物业服务企业不仅拥有经营管理权,而且还拥有产权;不仅具有维护性的管理职能,更主要的是为所管物业的出租经营,创造出一个良好的物业使用环境,以赢取雇主的信任。

3.委托服务型物业管理与自主经营型物业管理的差别

(1)从产权上看,前者只有管理权而没有产权,后者既拥有产权又有管理权;

(2)从管理上说,前者是物业的售后服务,是为了保持物业的正常使用,后者则需努力制造一个良好的物业使用环境,创造租赁条件,赢得租户并为之服务;

(3)就管理的物业对象而言,前者适合于各种楼宇,后者则主要是商业大厦、写字楼等;

(4)从服务对象分析,前者既有居民住户,又有职业公务人群,后者则主要以商业等职业人群为服务对象;

(5)从管理方式来看,前者注重的是管理与服务,后者更注重积极的、带有开拓性的经营。

五、物业管理的指导思想和宗旨

1.物业管理的指导思想

物业管理的指导思想是以服务为宗旨,以经营为手段,以效益为目的。

2.物业管理的宗旨

(1)营造良好的"安居乐业"的环境。物业管理的全部活动都环绕一个中心,就是"安居乐业",具体地说就是为市民创建一个"整洁、文明、安全、方便"的生活和工作环境,或者说一个有利于生存、发展、享受的环境。并且要随着物业管理业务的拓展和管理水准的提高,根据每一小区的具体情况和业主的要求提高服务水准、拓展服务范围。居住区域要求舒适、安静、温馨、优雅,要求增添文化和艺术氛围等。办公和商务区域则强调高效、周到和形象,要求提供现代化的商务服务和智能化管理等。

物业管理是第一是服务,第二是服务,第三还是服务。服务体现了物业管理的宗旨和基本属性,物业管理只有以服务为中心,开拓各项业务,才具有无穷的活力。

(2)物业的保值与增值。物业管理是受业主委托的经营管理行为,其行为的方向除了为委托人创建一个合适的"安居乐业"环境外,还要保护业主、使用人的合法权益。物业管理的优点就在于通过精心的策划和良好的服务,改善物业的内外环境,提升物业的使用价值和经济价值,使物业既能保值,又能增值。

第三节 物业管理与房地产业

面向 21 世纪,人类住区的可持续发展是我们的必由之路,但它的实现并非朝夕之功,而要靠多方面的努力。"三分建设,七分管理",实现住区的可持续发展,研究房地产产业和物业管理之间的互动关系,对于推动两者的发展和实现人类住区可持续发展均具有积极作用。物业管理作为房地产业延伸出的新行业,作为房地产消费环节的主要管理活动,它与房地产开发建设互动互进。它实际上是房地产开发的延续与完善,在房地产开发建设、流通、消费使用的全过程中,起着至关重要的作用。实践表明,良好的物业管理服务不仅有利于树立开发商的形象,加快其市场销售的进度,而且有利于维护房屋购买者或投资者的利益,达到保值、增值的目的。然而,在现实生活中,仍有很多房地产商对物业管理重视不够,对新的物业管理认识不全面,没能够充分发挥好物业管理对房地产开发的辅助和推动作用,造成了对业主、对开发商、对物业管理企业和对社会的一些不必要的麻烦和损失。

一、房地产业是物业管理的基础

我国的物业管理作为新兴的服务业,是于 20 世纪 80 年代初在沿海地区由香港引入的。它是一种与房地产综合开发的现代化生产方式相配套的综合性管理,是与随着住房制度改革的推动进而出现的产权多元化格局相衔接的统一管理。房地产的开发建设为人们提供了入住空间,提供了生活和工作的场所。物业管理则是物业管理企业受物业所有人的委托,依照物业管理委托合同对已竣工验收投入使用的各房屋建筑和附属配套设施以经营的方式进行管理,同时对房屋区域周围的环境、清洁卫生、安全保卫、公共绿化、道路养护统一实施专业化管理,并向使用人提供多方面的综合性服务。从物业管理释义中,可知凡已交付给物业管理的都是已经形成的实物,而这些实物的形成者就是开发商。房地产开发在先,物业管理在后,房地产开发为物业管理提供了一定的物质基础。房地产开发项目、建造质量及环境优劣,都会直接影响着日后物业管理工作的开展。

二、物业管理在房地产开发中的重要位置

一项房地产开发最长 3～5 年,而物业管理工作则长达 50～70 年,甚至上百年。就其有利于延长物业寿命、完善使用功能角度看,有人把物业管理称之为房地产的第二次开发,也有人说,物业管理是房地产开发的互补品,只有与这种互补品结合,房地产才能够被正常地使用和消费。住房作为耐用不动产,其使用周期是所有消费商品中寿命最长的一种。它在长期的使用过程中具有自身需要维护、保养的特点,又有其居住主人(物业所有权人和物业使用权人)不

断接受服务(特殊商品)的需求,同时,它还具有美化环境和装点城市的功能。这些远不是作为物质形态的房产可以独立完成的,而必须辅之以管理、服务。这种服务并不是简单的维修和保养,而是一种综合的、高层次上的管理和服务。尤其重要的是,管理服务必须是经常性的。作为一种存量的房地产如何同这种流量相结合? 其实,房地产作为一种耐用品,表面上是一个存量,实际上则是一个连续的服务流量,这个流量贯穿了其全部寿命期。因此,正是房地产自身的服务流量加上外部的管理、服务流量才共同构成完整的享用对象。这说明物业管理不仅是房地产的消费、使用不可或缺的,而且是经常性的、贯穿于整个寿命的行为。

三、物业管理在房地产开发中的作用

1. 物业管理参与房地产开发, 有助于把握市场动向

我们正步入营销时代,对于开发商来说,把握市场动向至关重要,而现实却是,随着城市基础设施的逐步完善,各类楼盘的硬件差距在不断缩小,而如何把握目标消费群的心理诉求,获得他们的认同,就成为开发商孜孜以求的目标。

这正是物业管理企业的强项。在日常工作中,管理者与消费者面对面,时刻保持紧密联系,可以随时倾听产品使用者对楼房软、硬件等各方面的评价和要求,从而修正市场定位,改进产品的设计和服务,使诉求更鲜明、更有力、更能打动人心,就这一点,物业管理人是开发商和市场之间的桥梁。从国外的经验和国内的发展趋势来看,已有一些开发商把物业管理作为房地产的营销流程,让他们直接参与到项目的立项分析、小区规划、户型设计、施工监理等中来,从而更有效地把握市场脉博,迎合市场需求。

2. 物业管理的早期介入有利于设计的优化、完善和房屋建造质量的提高

规划设计是房地产开发源头,物业管理的早期介入应从物业规划设计阶段开始。一方面规划设计是各功能区能否形成完整、舒适、便利区域的先天制约因素;另一方面,在市场经济的大潮中,房地产开发企业要保持自己产品的竞争力,必须具有超前意识。所谓的超前意识,就是要从高起点起步,充分考虑人们对房屋产品和居住环境需求的不断变化,不仅要重视房屋本身的工程质量,更应考虑房屋的使用功能、小区的合理布局、建筑的造型、建材的选用、室外的环境、居住的安全与舒适、生活的方便等。一个房地产开发项目的建设需要几年的时间,但其使用时间却是几十年甚至上百年。这期间,科学的发展、技术的进步、经济的增长、生活水平的提高使人们对居住和工作环境及质量的要求不可能停留在原有的水平上。再者以往的房地产的设计人员仅从设计技术的角度考虑问题,往往忽视了以后的管理和使用问题。比如通常的铝合金窗移动的滑轨都是平口槽的,但是沿海地区都有台风季节,台风夹着暴雨,就可能会使槽内浸水,并倒灌进屋,因此必须对平口槽进行改进,变成外低内高,就可有效防止进水。又如对室内各种管线与设施的布局、位置、高度这些物业管理中的实际问题,一般设计人员很难完全预料、估计。而有经验的物业管理企业却十分清楚,因此物业管理企业应在项目设计阶段早期介入,一则反映以后专业化管理得以顺利实施并满足各种需求;二则从业主或使用人的角度,凭专业人士的经验和以往管理实践中发现的规划设计上的种种问题和缺陷,对物业的规划设计进行审视,对不适之处提出修改方案,优化、完善设计中的细节,避免一些在后期工作中难以解决的设计缺陷问题及保持房地产开发项目的市场竞争力。

3.促进销售

(1)物业管理已越来越成为投资置业者选择物业的一项重要标准。近年来,随着生活水平的日益提高,人们的居住观念也发生了很大变化,房子不再仅是遮风避雨的场所,而是安全、文明、舒适的工作和生活环境。购买者花钱买的不仅仅是房子,还有管理和服务。

随着房地产市场逐步走向理性和成熟,在新一轮经济周期里,房地产企业之间可能将价格竞争转向多元化竞争,功能、品质、位置和物业管理好的房地产将占有更多的份额。据专家评估,目前物业管理的因素已占到楼宇价值的 20%～30%,而且越来越多的房地产投资者和消费者把物业管理效果的优劣,作为投资和消费的重要选择因素。

(2)物业管理有利于住房制度改革的深入进行,有利于住房商品化。物业管理的蓬勃发展和物业管理法制的日趋完善,使人民群众对居住质量、居住环境的要求和权益保护意识逐步提高,原有的房屋管理体制的缺陷日益明显。由行政性、福利性、分级多头的管理向社会化、专业化、市场化的物业管理新体制转轨就成为历史的必然,从而促进了住房制度改革的深入进行。新体制的物业管理解决了在计划经济体制下、在传统的房地产管理模式下长期得不到解决的"有效管理"的问题,使得越来越多的人愿意通过购置物业而成为可以真正享受有效管理和服务的业主,促进了住房商品化,为整个的房地产市场带来活力。

四、开发商对物业管理的投入

好的物业管理可以使房地产开发商在房地产开发经营中得到可观的经济利润、良好的社会信誉和企业形象,因此,很多有远见、有实力的开发商都愿意对物业管理进行必要的投入。从实践来看,开发商在以下几个关键环节上的充分支持是物业公司开展好物业管理工作的坚实基础。

1.认识到位

虽然已有越来越多的房地产开发商认识到物业管理的重要性,但"重开发而轻管理"、"重销售利润而轻售后服务"的现象仍比较普遍。我国的房地产业,在过去一段很长的时间内,建管分离,重建轻管,有的甚至只建不管,使兴建的物业一年新,二年旧,三年破,其成果和效益得不到充分的发挥,对房地产开发商造成了不良影响,因此物业管理越来越成为直接影响房地产开发的重要因素。我国房地产业十几年的发展已充分证明,如果说开发决策、规划设计、施工质量等是房地产开发企业取得良好效益的基础的话,那么这种声誉和效益真正产生影响并不断得到提高,在很大程度上取决于租售后的物业管理工作,房地产企业物业的管理水平,也真实反映出其企业管理水平及对物业管理的重视程度。完善的物业管理使公众从心底建立起对该物业开发企业的信任;同时,也是开发企业提高管理水平和开发水平,争取远期效益的有效途径之一。此外,一座现代化城市的形成,不仅取决于现代化的建设,更取决于现代化的管理,尤其是物业管理。不然,城市建设的辉煌成果在缺乏完善的管理和维护的情况下也会黯然失色。所以,有远见的开发商会特别重视物业管理,房地产对物业管理的重视,不仅意味着楼盘卖点和品牌内涵的增加,更体现了开发商远大的目光和对社会强烈的责任感。

2.规划、设计、工程建设到位

规划、设计和工程建设是物业管理的硬件保证。规划、设计决定了物业管理的硬件条件(管理客体之一)。一个再好的管理单位如果碰到一个房屋质量低劣、配套设施不全或根本没有配套的小区,也难免会英雄无用武之地。所以说,完善的配套设施和一定的环境质量是住宅区管理的重要物质基础,而这个物质基础的建立有赖于开发商十分到位的规划设计,否则容易造成管理上的困难及矛盾。如常见的车位不够、住房使用功能不全、空调位置失当等,这种整体布局上的缺陷在以后的物业管理中往往难以补救。因此,开发商的规划设计人员要树立物业管理观念或要求物业管理人员参加规划设计方案,使它更符合使用管理需求,并为日后的管理工作打好基础。另外,有了合理的规划设计,关键还要保证施工质量。对这一问题,开发商不仅要予以高度的重视,而且要有严密的施工监理措施,切实保证其物业质量。为树立一个精品的物业品牌而创造应有的硬件条件,最好是在施工过程中,让物业公司参与工程监理,向他们了解以往工程中容易产生质量问题的部位和工艺,加以避免或改进。否则,因房屋质量产生的问题,将会给物业管理者和使用者带来难以预计的麻烦和经济上的损失。

3. **开发商对物业管理的经费投入到位**

作为企业而存在的物业管理公司,要想在市场上生存,必要的资金投入是必不可少的。开发商对物业管理的资金投入,一方面来说是对配套设施、管理用房和环境美化的投入。这种投入表面上看似乎不产生效益,但实际上会产生实在而久远的广告效应。一种实在的、生动的、方便优美、居民同声赞誉的住宅和专业化服务,其广告效应绝非几页报纸、几分钟电视广告可以相比的。另一项重要的投入,是在物业移交时,一次性向物业管理委员会按政府规定以建设总投资一定的比例划拨公用设施专用基金。据有关资料介绍,一幢钢筋混凝土结构的房屋,从建设到使用 60 年后拆除为止,整个过程中的资金投入,房屋建设费仅占 13.6%,而投入使用后的物业管理各项费用占总费用的 86.4%。如此巨大的比差很明显地说明了一个问题:开发商投入一定比例的基金是完全必需的,是物业能真正得以正常运行的物质保证。如果物业管理的经费投入不到位,物业管理企业就会缺乏相应的经济基础来维持自身运作和正常运营。物业管理运作不正常,势必影响到管理服务的质量,形成"经费不到位→管理服务跟不上→物业使用功能受影响、业主意见大→房地产开发商声誉、效益受影响"的恶性循环。

本章小结

从物业管理的角度来讲,物业是指已建成并投入使用的各类房屋及其配套设施、设备和场地。物业具有自然属性和社会属性。物业可以分为居住物业、商业物业、工业物业和其他用途的物业。

物业管理,是指物业管理企业受物业所有人的委托,依据物业管理委托合同,以及国家有关的法律法规,对物业的房屋建筑及其设备、市政公用设施、绿化、卫生、交通、治安和环境容貌等管理项目进行维护、修缮和整治,并向物业所有人和使用人提供综合性的有偿服务。

物业管理是一种新型的管理模式,它具有社会化、专业化、企业化、经营型等特点。

我国物业管理按照受托业务划分,可以分为委托服务型和租赁经营型两种。物业管理的宗旨,一是营造良好的"安居乐业"的环境,二是物业的保值和增值。

物业管理作为房地产业延伸出的新行业,作为房地产消费环节的主要管理活动,与房地产开发建设互动互进。它实际上是房地产开发的延续与完善,在房地产开发建设、流通、消费使用的全过程中,起着至关重要的作用。

课后讨论

物业管理对房地产开发有什么促进作用?为什么说物业管理与房地产是互动互进的?

复习思考题

1.物业、物业管理的基本含义。

2.简述物业与房地产、不动产的主要区别。

3.简述物业管理与房地产业的关系。

实践与训练

调查一下我国现阶段排名前十的物业公司,上网看看公司的主页,了解一下我国物业管理行业的发展现状。

案例分析

章女士经过多方咨询和筛选,选中了一处位置、价格、质量都比较理想的房屋。就在她准备签合同的时候,朋友提醒她,还应该看看开发商是否重视物业管理。章女士不清楚其中的原委,认为在目前,房地产开发与物业管理分别由两个不同企业来承担,其间有什么必要的联系吗?

案例讨论:

如果你是她的朋友,该怎样向她解释?

第二章
物业服务企业

学习要点

1. 了解物业服务企业的概念
2. 理解物业管理服务企业的基本构架及其与有关机构的关系
3. 掌握物业服务企业的组建、物业服务企业的资质等级管理和物业服务企业的权利和义务

关键概念

物业服务企业　物业服务企业资质　权利和义务

案例导入

绿城物业服务集团有限公司成立于 1995 年 3 月,隶属于绿城控股集团,注册资金 5000 万,具有国家一级资质。绿城物业服务集团有限公司是一家集物业服务、房屋置换、房地产咨询、电梯维保、保洁家政、安保服务、园区生活服务、健康服务、园林绿化、景观设计、室内装饰、文化创意、酒店管理、老年公寓、老年教育、空调维保、房屋服务、汽车服务、通讯科技、培训学校等专业服务为一体的大型综合性物业服务企业,是中国物业管理协会、浙江省房地产业协会、杭州市物业管理协会副会长单位。

公司目前设置行政管理、运营管理、财务管理、企业发展及园区服务 5 个管理中心,审计部、秩序维护总部 2 个部门,设立联营公司 11 个、专业公司 12 个、职业培训学校 1 个,分支机构达 100 余家,拥有员工 2.5 万余人。公司实施"立足杭州、面向浙江、走向全国"的发展战略,在不断巩固浙江省内物业服务行业领先地位的基础上,积极加强在浙江、江苏、安徽、福建、江西、山东、上海、广西、海南、河北、北京、天津、内蒙古、湖北、湖南、河南、辽宁、云南、重庆、宁夏、新疆等省市、自治区已布点省市的地位,同时进一步拓展长三角、环渤海等地的物业市场。目前公司已经进入全国 120 余个城市,接管物业的类型涵盖别墅、公寓、商务写字楼、城市综合体、安置房、银行、学校、政府办公楼、博物馆、产业园、足球基地等。公司接管及咨询服务项目近 700 余个,总建筑面积 1.2 亿平方米,总户数 23 万余户。已成为全国同行业中涉及物业类型最多,涉足区域最广,接管、代管及咨询服务面积最大的物业服务企业之一,被杭州市房地产管理局定点为"杭州市物业管理教学示范基地"。

公司于 1999 年建立、实施并通过 ISO9002 质量管理体系认证;2008 年建立、实施并通过 ISO14001:2004 环境管理体系标准认证;2010 年完成 ISO9001:2008 质量管理体系标准换版。2010 年建立、实施并通过 GB/T28001:2001 职业健康安全管理体系标准。公司从日常事务到核心业务的管理实现了办公自动化应用程序,不仅提升了企业的工作效率,更改善了服务品

质。2010 年 6 月 30 日公司开通了绿城全国 24 小时客户服务热线,可满足全国 23 万余户业主的声讯服务需求,它与公司各服务体系有机结合,有效地搭建了与业主和客户的沟通平台,既能提供更优质的产品服务,也提高了客户忠诚度,实现公司规模和综合实力的迅速提升。

公司致力于绿城园区生活服务体系的建设,《绿城园区生活服务体系研究》课题已于 2010 年 5 月顺利通过国家住建部验收,标志着绿城园区生活服务体系将房产品开发理念率先从“品质房产”营造转变成为“品质生活”创造,对于开拓物业管理的服务领域,加快服务业发展具有积极意义,从研究层面奠定了该体系在全国推广的理论基础。目前,公司已对交付住宅项目全面实施绿城园区生活服务体系,以更好地帮助业主尽享品质生活、实现理想居住的梦想。同时,公司为绿城在建、新建项目提供系统的体系构建顾问咨询服务。

18 年来,公司秉承绿城集团“真诚、善意、精致、完美”的核心价值观,为广大业主提供亲情化和充满人文关怀的服务。2008 年公司荣获“中国优秀物业服务企业服务规模 TOP10”第二名,2009 年荣获“中国物业服务百强企业服务规模 TOP10”第二名,2010 年荣获“综合实力百强企业”第五名。2011 年荣获“综合实力百强企业”第二名和“中国物业服务百强满意度领先企业”第一名。2012 年荣获“2012 中国物业服务百强企业服务规模 TOP10”、“2012 中国物业服务百强企业服务质量 TOP10”第二名、2012 中国特色物业服务领先企业”第一名,连续第三年荣膺“中国物业服务客户满意度”第一名,跃居“中国物业服务百强企业”第二名,品牌价值达 11.14 亿元。公司所管楼盘被评为全国物业管理示范住宅小区/大厦 22 个,被评为省级物业管理示范住宅小区/大厦 36 个,被评为市级物业管理示范住宅小区/大厦 81 个。业主满意率达 95% 以上,实现了社会效益、经济效益和环境效益的“多赢”。

服务改善生活,服务创造价值。18 年的成长历程,绿城服务集团以“为员工创造平台,为业主创造价值,为城市创造美丽,为社会创造和谐”为企业使命,以日臻完善的人文、亲情管理,先进科学的服务理念,致力于打造成为“中国最具完整价值的生活服务商”,为物业服务行业的健康快速发展作出新的贡献。

资料来源:绿城物业服务集团有限公司简介[EB/OL]. http://www.zjlcwg.com/Htm/index.html.

问题:

1. 绿城物业公司的组织机构是怎样设置的?
2. 绿城物业公司是如何提高服务质量的?

第一节 物业服务企业的组建与组织机构设置

一、物业服务企业概述

(一)物业服务企业的含义

物业服务企业是指具备县级以上物业管理主管部门核准颁发的资质证书,经工商行政管理机关注册登记,以社会化、专业化、经营型方式从事物业管理服务的企业。物业服务企业应具有独立的企业法人资格,明确的经营宗旨和管理章程,实行自主经营、独立核算、自负盈亏,能够独立承担民事法律责任。我国物业服务企业始于 20 世纪 80 年代的深圳和广州,随后,上海、北京、南京、哈尔滨、海口等大、中城市也相继组建成立了数量可观的物业公司。

(二)物业服务企业的性质和特点

物业服务企业归属于我国的第三产业,属于服务业的范畴,我国《物权法》和《物业管理条例》明确了物业服务企业具有服务的性质,以提供业主和使用人满意的服务为主要任务和目标。

物业服务企业具有以下特点:

1. 是独立的企业法人

物业服务企业严格按照法定程序建立,拥有一定的资金、设备、人员和经营场所;拥有明确的经营宗旨和符合法规的管理章程;具有相应的物业管理资质;独立核算、自负盈亏,以自己的名义享有民事权利,承担民事责任;所提供的服务是有偿的和具有盈利性的。

2. 属于服务性企业

物业服务企业的主要职能是通过对物业的管理提供多种服务,确保物业的正常使用,为业主创造一个舒适、方便、安全的工作和生活的环境。物业服务企业本身并不制造实物产品,主要通过常规性的公共服务、延伸性的专项服务和特约服务、委托性的代办服务和创收性的经营服务等项目,尽可能实现物业的保值增值。

3. 具有一定的公共管理性质的职能

物业服务企业在向业主和物业使用人提供服务的同时,还履行着物业管理区域内公共秩序的维护、市政设施的配合管理、物业的装修管理等职能,其内容带有一定的公共管理性质。

二、物业服务企业的类型

(一)按投资主体分类

1. 全民所有制物业服务企业

全民所有制物业服务企业的主要特征是企业的资产属于全民所有,即国家所有。该种类型所占比例较小。

2. 集体所有制物业服务企业

集体所有制物业服务企业的主要特征是企业的资产属于部分劳动者集体所有。该种类型所占比例较小。

3. 民营物业服务企业

民营物业服务企业的主要特征是企业的资产属于私人投资者所有。这种类型的企业是物业服务企业的主要形式。

4. 股份制物业服务企业

股份制物业服务企业的主要特征是企业资产由投资人按股份制企业投资规则进行投资和组建,企业的资产属于投资者所有。该种类型的企业将成为今后物业服务企业的主要形式。

5. 合资、合作、外商独资物业服务企业

随着我国物业管理市场的成熟,将会有更多的外资进入中国市场。按照我国的法律,由外国投资者与国内的企业合资、合作或由外国投资者独立设置物业服务企业。这种类型也将成为我国境内物业服务企业的一个重要的形式。

（二）按隶属关系分类

1. 政府房管部门转制的物业管理企业

绝大部分由政府房管部门转制而来的物业管理企业，距离现代企业制度的要求还有很大的差距，在经营模式上仍然延续过去的管理方式。

2. 企事业单位组建的物业管理企业

这类企业主要为本单位的职工及改制后的物业提供管理服务，在运作上还基本沿袭国有企业后勤管理的模式，单位给予一定的福利补贴，如取暖费、物业管理费等都由单位出资或报销等。

3. 房地产开发企业成立的物业管理机构

这些机构有的是注册成立的物业管理公司，有的是设立物业管理部门，由该部门组织分包单位进行物业管理，还有的物业管理公司和地产公司的物业管理部门属两块牌子一班人马。在这些机构发展的初期，管理服务的物业对象主要是房地产公司自己开发建设的项目，物业管理权很少变动。在费用上，大部分机构都由房地产企业进行补贴，这些机构的根本目的是配合物业销售，以及塑造房地产公司品牌。这种房地产公司的补贴式经营，实际上是对业主的变相福利，它不符合市场经济规律要求，而且扰乱了物业管理市场的正常秩序；这种经营不具有市场意义，它只是房地产公司财富经营的延续。在物业管理发展进入 20 世纪 90 年代以后，部分房地产开发企业成立的物业管理公司开始走向市场，承接社会项目。21 世纪初，物业管理行业也被不少房地产企业作为投资的渠道之一。因为房地产行业与物业管理之间存在着紧密的"血缘关系"，使这类物业管理机构容易与房地产企业"合谋"侵害业主的权益，因此，国家提倡房地产与物业管理"分业经营"。

4. 按照"公司法"规定成立的专业物业管理公司

这类公司完全靠市场经营生存，因而有着较强大的生命力和生存空间。它们通过市场竞争，在法规许可范围内取得物业经营权，与业主签订合约提供合约内的服务，而业主则在享受服务的同时支出服务费给物业管理公司。这种方式是目前我国物业管理市场的最主要形式，其存在范围广、被接受程度深，既是国家提倡的方式，也符合我国经济的运行规律。这种方式能达到两个方面的平衡，一是支出与获取的平衡，业主的支出与物业管理公司的收益维持较为合理的水平，如果违背了这个平衡，将会由市场重新调节。它与房地产公司补贴式经营相比，最为契合物业管理市场规律，因而最有发展前途。第二个平衡是物业管理行业与其他行业的平衡，当这个平衡失衡时，或者业主选择其他管理模式，从而引发物业管理行业的整体变化，或者物业管理行业因为资本获利的属性不能满足，则转向投资其他行业，这个因素也会引导物业管理市场发生相应变化。

（三）按股东的出资形式分类

1. 有限责任公司

物业管理有限责任公司，是由 2～50 个股东共同出资，并以出资额为限对公司承担责任，公司以公司的全部资产对公司的债务承担有限责任的企业法人。

2. 股份有限公司

物业管理股份有限公司，一般是由 5 个或 5 个以上发起人成立起来的。股份有限公司的全部资产分为等额股份，每个股东以持股数额对公司承担相应责任，公司以其全部资产对公司

的债务承担有限责任。

(四)按服务方式分类

1. 委托管理服务型

由房地产开发商委托物业管理企业进行长期物业管理,再由业主或业主委员会通过招投标形式,选择物管企业并设定相应的管理服务费用,委托其管理。这是最普遍的服务形式。

2. 自主经营服务型

开发企业将建造的办公楼宇、商业楼宇、厂房等分别由经营和管理两个子公司管理,前者负责物业的营销和租赁,以回收成本;后者则负责物业管理,收取管理服务费用。这种类型物业所有权和经营权是一致的,在商业大厦、办公楼、写字楼中较常见。

(五)按企业内部运作分类

1. 管理型物业管理企业

管理型物业管理企业除主要领导人和各专业管理部门技术骨干外,其他各项服务,如保安、清洁、绿化等通过合同形式交由社会上的专业化公司承担。这类公司人员较精干。

2. 顾问型物业管理企业

顾问型物业管理企业由少量具有丰富物业管理经验的人员组成,不具体承担物业管理工作,而是以顾问的形式出现,收取顾问费。这类公司人员少、素质高。

3. 综合性物业管理企业

综合性物业管理企业不仅直接接手项目,从事管理工作,还提供顾问服务,适应性强。

三、物业服务企业的设立

(一)设立条件

1. 企业名称的确定

物业服务企业应具有区别于其他企业的名称。企业名称一般由企业所在地、具体名称、经营类别、企业性质等部分组成,如深圳长城物业管理有限责任公司。企业名称先由申请人向当地工商行政管理部门和行业主管部门提出申请,经确认后即可作为企业名称。

根据国家工商行政管理局制定的《企业名称登记管理规定》第九条规定,企业名称不得含有下列内容和文字:①有损于国家、社会公共利益的;②可能对公众造成欺骗或者误解的;③外国国家(地区)名称、国际组织名称;④政党名称、党政军机关名称、群众组织名称、社会团体及部队编号;⑤汉语拼音字母(外文名称中使用的除外)、数字;⑥其他法律、行政法规规定禁止的。

根据第十四条的规定,企业设立分支机构的,企业及其分支机构的企业名称应当符合下列规定:①在企业名称中使用"总"字的,必须下设三个以上分支机构;②不能独立承担民事责任的分支机构,其企业名称应当冠以其所从属企业的名称,缀以"分公司"等字词,并标明该分支机构的行业和所在地行政区划名称或者地名,但其行业与其所从属的企业是一致的,可以从略;③能够独立承担民事责任的分支机构,应当使用独立的企业名称,并可以使用其所从属企业的企业名称中的字号;④能够独立承担民事责任的分支机构再设立分支机构的,所设立的分支机构不得在其企业名称中使用总机构的名称。

根据《企业名称登记管理规定》,设立公司应当申请名称预先核准,登记主管机关应当在收到企业提交的预先单独申请企业名称登记注册的全部材料之日起,十日内做出核准或者驳回的决定。

登记主管机关核准预先单独申请登记注册的企业名称后,核发《企业名称登记证书》。

2. **企业住所的确定**

根据《民法通则》规定,企业法人应以主要办事机构所在地作为住所,物业服务企业应确定其主要办事机构作为企业的住所。物业服务企业设立条件中的住所用房可以是自有产权或租赁用房,或由业主大会提供使用。在租赁用房作为住所时,必须办理合法的租赁凭证,房屋的租赁期限必须在1年以上。

3. **确定法定代表人**

企业法定代表人必须在法律允许的条件下,在企业章程规定的范围内行使职权和履行义务,代表企业法人参加民事活动,对物业服务企业全面负责,接受公司、政府主管部门的监督。法定代表人应由企业董事长担任,不设董事长的由企业总经理担任。法定代表人必须符合以下条件:①有完全民事行为能力;②有所在地正式户口或临时户口;③具有管理企业的能力和相关专业知识;④具有从事企业的服务经营管理的能力;⑤产生的程序符合国家法律和企业章程的规定;⑥符合其他有关规定的条件。

4. **具有符合规定的注册资本**

注册资本是企业从事经营活动、享受债权、承担债务的物质基础。企业应具备国家规定的最低注册资本。按照《物业服务企业资质管理办法》的规定,物业服务企业应具有50万元以上的注册资本。

5. **明确企业章程**

企业章程是明确企业宗旨、性质、资本状况、业务范围、经营规模、经营方式、组织机构以及利益分配规则、债权债务处理方式、内部管理制度等内容的规范性文件,在企业设立时必须形成完整的体系,并提交有关部门备案。

企业章程的内容一般包括:①公司的宗旨;②名称和住所;③经济性质;④注册资金数额和来源;⑤经营范围和经营方式;⑥公司组织机构和职权;⑦法定代表人产生程序和职权范围;⑧财务管理制度和利润分配方式;⑨其他劳动用工制度;⑩公司章程修改程序;⑪终止程序;⑫其他事项。

有限责任公司的章程应当载明下列事项:①公司名称和住所;②公司经营范围;③公司注册资本;④股东的姓名或者名称;⑤股东的权利和义务;⑥股东的出资方式和出资额;⑦股东转让出资的条件;⑧公司的机构及其产生办法、职权、议事规则;⑨公司的法定代表人;⑩公司的解散事由与清算办法;⑪股东认为需要规定的其他事项;⑫股东应当在公司章程上签名、盖章。

股份有限公司的章程应当载明下列事项:①公司名称和住所;②公司经营范围;③公司设立方式;④公司股份总数、每股金额和注册资本;⑤发起人的姓名或者名称、认购的股份数;⑥股东的权利和义务;⑦董事会的组成、职权、任期和议事规则;⑧公司法定代表人;⑨监事会的组成、职权、任期和议事规则;⑩公司利润分配办法;⑪公司的解散事由与清算办法;⑫公司的通知和公告办法;⑬股东大会认为需要规定的其他事项。

6. **具有符合规定的人员**

按《物业服务企业资质管理办法》的规定,物业管理专业人员以及工程、管理、经济等相关专业类的专职管理和技术人员不少于10人。其中,具有中级以上职称的人员不少于5人,工程、财务等业务负责人具有相应专业中级以上职称;且从业人员应具有国家规定的职业资格证书。

(二)设立程序

企业营业执照的申请方法:申请人按规定提交相关的资料,办理企业注册登记,并领取营业执照。

新设立的物业服务企业应当自领取营业执照之日起30日内,持下列文件向工商注册所在地直辖市、设区的市的人民政府房地产主管部门申请资质:①营业执照;②企业章程;③验资证明;④企业法定代表人的身份证明;⑤物业管理专业人员的职业资格证书和劳动合同,管理和技术人员的职称证书和劳动合同。

新设立的物业服务企业,其资质等级按照最低等级核定,并设一年的暂定期。

四、物业服务企业组织结构

物业管理企业组织结构的基本类型一般有直线制、直线职能制、事业部制等。目前,我国物业管理企业的组织结构主要采用以下几种形式:

(一)直线制

直线制是企业最早的一种组织形式,直线制是最简单的企业管理组织架构。它的特点是企业的各级组织机构从上到下实行垂直领导,各级主管人员对所属单位的一切问题负责,不设专门的职能机构,只设职能人员协助主管人员工作。

直线制的优点是责权统一,行动效率高;缺点是对领导的要求比较高,领导要通晓多种专门知识,亲自处理许多具体业务。

采用这种类型的物业管理企业一般都是小型的专业化物业管理企业,以作业性工作为主,如专门的保洁公司、维修公司等。直线制组织结构如图2-1所示。

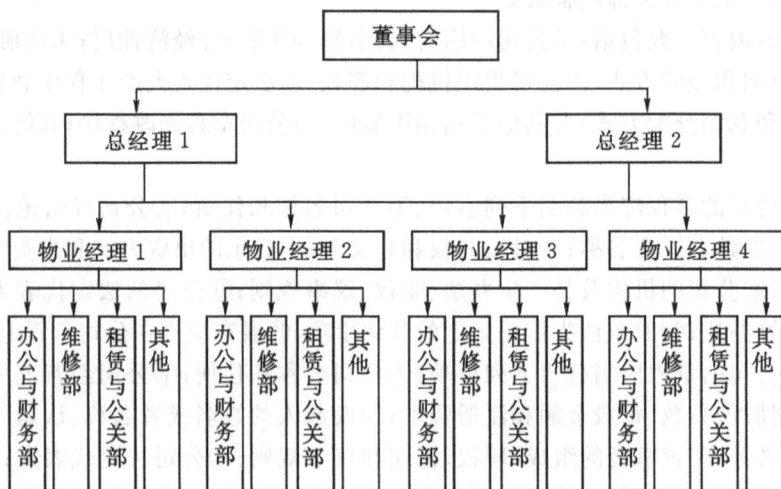

图2-1 直线制组织结构

(二)直线职能制

直线职能制是在直线制的基础上吸收了职能制的长处后形成的,它是指各级组织单位除主管负责人以外,还相应地设置了职能机构。这些职能机构有权在自己的业务范围内从事各项专业管理活动。目前,一般的大中型物业管理企业都采用直线职能制组织形式。直线职能制是把直线制垂直指挥职能与职能部门的专业管理职能结合起来,既保持了直线制集中统一指挥的优点,又具有职能分工的长处。

直线职能制的特点是在各级领导者之下设置相应的职能机构或人员,并将管理人员分成两类:一类是行政指挥人员,对下一级进行指挥;一类是职能管理人员,是各级领导的参谋和助手,对下级没有指挥的权利,但如果受行政责任人委托,可在自己主管的业务范围内负责某方面的管理工作。这样既能发挥职能机构专业管理的作用,又便于领导统一指挥,对减轻主管领导的负担,提高决策质量和工作效率起到了非常重要的作用。

直线职能制的组织形式也有不足之处:①横向协调配合困难,不利于沟通信息,有些问题各部门要想执行必须向领导机构和人员提交请示报告后才能处理,影响工作效率;②下级往往缺乏必要的自主权,各个职能部门之间因缺乏横向联系而容易产生脱节和矛盾,信息反馈的速度以及对环境的敏感度比较差。

因此,直线职能制适合于中等规模的企业,是目前采用较多的组织结构。直线职能制组织结构如图2-2所示。

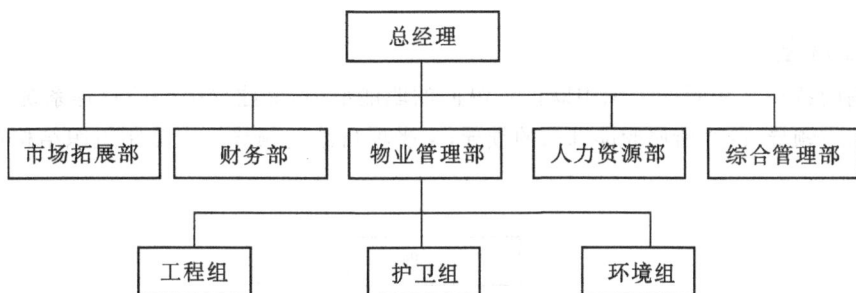

图2-2 直线职能制组织结构

(三)事业部制

事业部制是按照"集中决策,分散经营"的原则,在总公司下设事业部,各事业部则在总公司制定的政策、目标、计划的指导和控制下,根据物业经营管理的需要设置组织机构。其特点是将物业管理活动按内容和专业的不同,建立独立的事业部,每个事业部在总公司的领导下,实行独立核算、独立经营,都对公司负有完成利润计划的责任,同时在经营管理上拥有相应的权利。

事业部制的优点表现为:①各事业部在容许的范围内独立经营,提高了管理的灵活性和对市场竞争的适应性,具有较高的稳定性;②有利于最高管理机构摆脱日常事务工作,能够集中精力做好决策和宏观方针的研究;③有利于培养全面的管理人才;④有利于组织专业化经营活动,提高经济效益;⑤有利于建立考核管理人员业绩的标准。

事业部制的缺点表现为:①机构重叠,管理人员冗余;②易于造成各事业部之间的本位主义,影响事业部之间的合作。

事业部制是目前大型物业管理企业比较常用的一种组织形式。事业部制组织结构如图2-3所示。

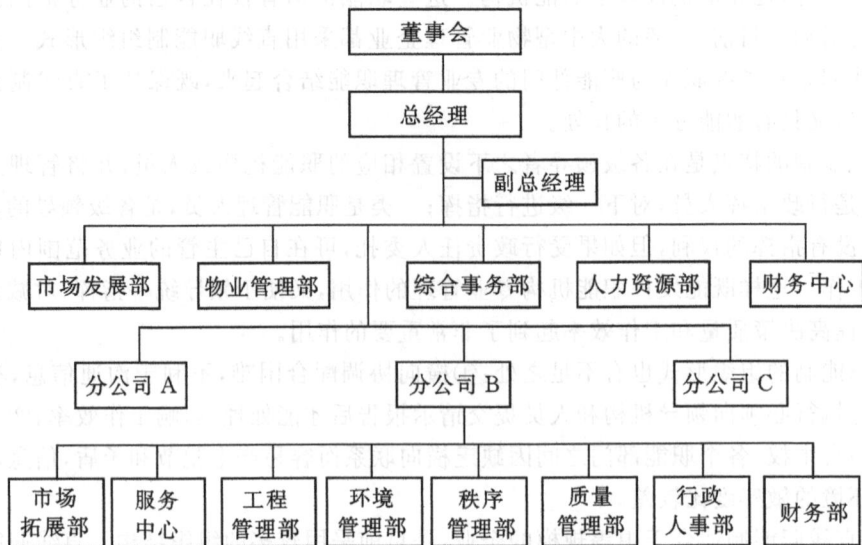

图 2-3 事业部制组织结构图

(四)矩阵制

矩阵制的特点是在同一组织中既设置纵向的职能部门,又建立横向的管理系统;参加项目的成员受双重领导,既受所属职能部门的领导,又受项目组的领导。矩阵制组织结构如图 2-4 所示。

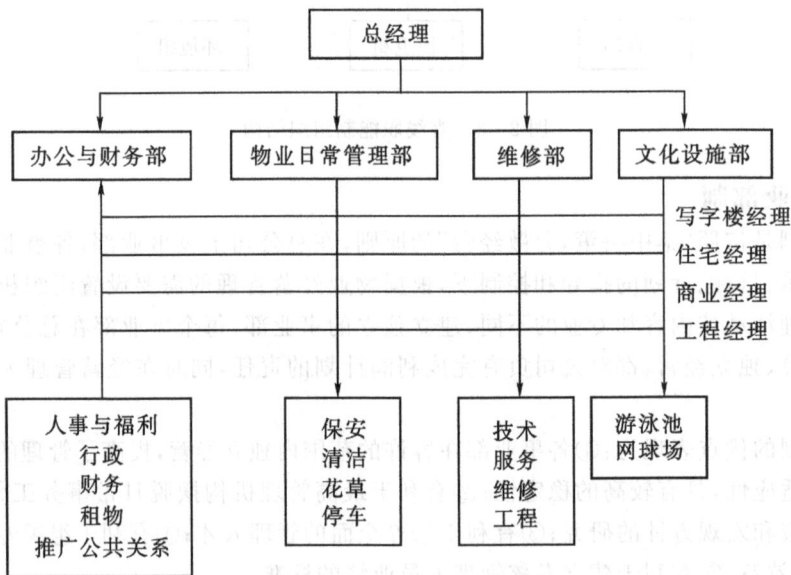

图 2-4 矩阵制组织结构图

矩阵制的主要优点有:①加强了各职能部门之间的横向联系,充分利用了人力资源;②有利于调动各方工作积极性,解决处理各自责任范围内的问题;③具有较强的机动性和适应性。

矩阵制的主要缺点有:①组织结构的稳定性较差,机构人员较多,容易形成多头领导;②部门之间关系复杂,协调工作量比较大,处理不当容易产生矛盾。

知识链接

多项目物业管理公司如何用矩阵制?

对于多项目物业管理公司而言,在使用矩阵制组织结构的过程中,要注意以下几方面:

1. 要明确责权

在矩阵制组织结构中,员工与组织多种关系共存,行政隶属关系、业务关系和工作责任被剥离。例如某设备维修工,他与公司工程部之间是行政隶属关系,与项目经理之间是工作责任关系,与客户是业务关系。在实际操作中,他既需要与客户进行对接,保证客户对维修效果的满意,同时他还需要向项目经理进行汇报工作完成情况,另外还要与公司工程部保持沟通,保证部门对他及时进行工作安排。在这种多维度沟通交织在一起的情况下,当事人员工就有了多重身份,这使得管理关系的协调变得异常复杂,处理不当将会产生责任推诿或者多头管理等问题。为了避免这些问题的出现,明确各部门职能和各员工的责权就显得尤为重要。

2. 要提高人才能力素质

矩阵制组织结构能否发挥作用,管理人员的能力素质是关键。所有组织管理模式归根结底是对人的使用。在这种模式下,物业管理实践对项目经理的要求愈加提高。项目经理一方面要协调客户需求,一方面要保证与公司总部的规范性对接,同时还要抓物业服务品质。这要求项目经理具有较高的人际协调能力、领导与决策能力、组织管理能力、较高的工作热情和对突发情况的应变能力等。完美的人才是不存在的,而物业行业对高素质人才缺乏吸引力,难以招聘到高素质人才。因此保持对现有人才有效培养和储备才是物业公司保持人才持续的有效方法。

3. 要保证信息的有效传递

信息在传递过程中容易发生变异或延迟。在物业管理的矩阵制组织结构中,一个任务的完成需要多个部门的协作,信息传递的维度要多于职能制组织结构。在缺乏规范化管理的环境中,信息的传递容易受到人际关系的影响。因此,建立物业公司信息管理系统,打破人际关系建立的交流网络,从整体上保证信息传递的速度、全面性和真实性,有助于促进各部门高效沟通和协作。

4. 要加强资金的监管

物业管理与房地产开发不同,在获得承接物业的那一刻起,公司从这个项目上能够获得的收入一般就基本确定了,物业管理过程中的成本投入将直接决定项目的利润比例。因此,严格控制资金使用,保证每一笔钱都花在刀刃上是提高项目利润率的有效方法。矩阵式管理需要对项目经理进行一定的放权,公司在下放资金权利的同时应当制定相应的监管措施,除了要加强细化常规的财务监管外,还可以通过对物业社区实施不定期巡检来核对上报的资金使用情况。

5. 要加强计划的执行力

工作内容和性质的不同使得对工作进度的控制带来不同要求。矩阵制管理将公司各职能部门和各项目部连接起来,每个部门的工作都可以说是牵一发而动全身。在物业管理中,为了节省大型设施或技术性人才的成本投入,往往需要几个项目部共享资源。这就要求各项目部提高对进度的管控能力,否则预期工作不能按时完成,将会引发人力、物资调配以及决策延迟等一系列多米诺骨牌式的效应。在物业管理实际操作中,加强计划执行力一方面需要培养成熟的管理团队,另一方面需要加强各职能部门与各项目部之间的沟通顺畅。

总而言之,矩阵制组织结构是多项目物业公司的首选,物业公司在实际工作中需要面对矩阵式组织架构在权责划分、人才培养、信息共享、资金监管以及计划管控这几个方面带来的问题,采取相应措施,才能有效发挥矩阵式组织结构有效利用资源的优势。

五、物业服务企业机构设置

规模较大、管理的物业较多的物业管理企业,其总体结构可分为两级:企业总部和各项目管理机构(也有称管理处、服务中心或服务处的)。在企业总部可以设置若干职能部门,分管各项目管理机构的不同业务,项目管理机构负责具体管理服务操作。

一般情况下,企业职能机构及其职责主要包括以下内容:

1.总经理室

总经理室一般设总经理和若干副总经理及"三师"(总会计师、总经济师、总工程师等),部分企业还设有总经理助理,他们共同构成企业的决策层,对企业的重大问题作出决策。

2.人力资源部

人力资源部的主要职责包括:制订企业各项人力资源管理制度,编制人力资源发展和培训计划,优化人力资源结构和人力资源配置,设计实施薪酬管理方案,完成人员招募、任免、调配、考核、奖惩、培训、解聘、辞退等工作。

3.行政管理部

行政管理部的主要职责包括:编制实施行政管理、企业文化建设、品牌管理和信息化建设的规划和预算,建立相关规章制度、管理标准和工作标准,完成企业日常行政管理、企业文化和社区文化建设、品牌策划、后勤保障、内部信息管理、信息化建设、对外事务的联络等工作。

4.财务部

财务部的主要职责包括:坚持原则,遵守财经纪律,执行财务规章制度;编制财务计划,做好财务核算、成本控制、预算和决算管理、财务分析和财务管理等工作;督促检查各项目的财务收支情况,监督资金和资产的安全运作,增收节支;定期向总经理室汇报财务收支情况。

5.品质管理部

品质管理部的主要职责包括:企业质量管理体系运行和维护,各物业项目服务品质监督,客户满意度评价及监督,管理评审,协助新物业项目建立质量管理体系,外部质量审核的协调,内部服务品质审核的组织协调,客户服务监督管理,客户关系管理,客户投诉处理,客户满意度评价等。

6.市场拓展部

市场拓展部的主要职责包括:物业管理市场调查研究,物业管理市场拓展,物业项目可行性研究分析,制作标书,投标管理,新接管物业项目前期介入管理的组织和协调,顾问项目管理与协调等。

7. 经营管理部

经营管理部的主要职责包括：制订和分解企业经营计划和经营目标,制订物业项目考核体系、考核指标和标准,组织对各物业项目进行目标考核等。

8. 工程管理部

工程管理部的主要职责包括：工程维修和运行保障,合格工程维修分包商评审;各项维修保养工程和工程改造项目招投标、预算及审价、合同评审工作,为各物业项目提供工程技术支持、工程设备运行和维修评审,支持新项目做好新接管物业的移交、验收和工程管理,负责或参与有关工程设备管理文件的编制等。

9. 安全管理部

安全管理部的主要职责包括：各物业项目安全管理监督控制、安全管理指导的统筹安排、安全检查的统筹安排、安全管理评审、新项目安全管理支持和协助、负责或参与有关标书安全管理文件的编制等;具体负责公司安全管理制度及工作计划的制订与实施,并监督、指导、协调和考核各项月的执行情况;完成安全巡查、安全投诉处理、定期消防安全检查等工作;协助项目对重大安全事故或突发事件的调查和处理。

10. 环境管理部

环境管理部的主要职责包括：负责清洁、绿化管理,保持环境卫生,实施企业对清洁和绿化分包方监管等;具体负责指导、监督各项目清洁绿化日常维护保养工作;负责对承包方的监督检查与考核;负责制订公共环境卫生防护的各类管理措施,组织编制并实施项目清洁绿化的大、中型维护保养计划。

第二节　物业服务企业的资质等级管理

企业资质主要是为了界定、查验、衡量企业具备或拥有的人力、物力和财力情况,包括企业的注册资金、拥有的固定资产、职工人数、技术力量、经营规模以及经营水平,等等,是企业实力和规模的标志。

一、资质条件与资质等级

《物业管理企业资质管理办法》(建设部 2007 年 11 月 26 日修改发布)把物业管理企业划分为:一级、二级、三级三个资质等级。

1. 一级资质

(1)注册资本人民币 500 万元以上;

(2)物业管理专业人员以及工程、管理、经济等相关专业类的专职管理和技术人员不少于30 人。其中,具有中级以上职称的人员不少于 20 人,工程、财务等业务负责人具有相应专业中级以上职称;

(3)物业管理专业人员按照国家有关规定取得职业资格证书;

(4)管理两种类型以上物业,并且管理各类物业的房屋建筑面积分别占下列相应计算基数的百分比之和不低于 100%:

①多层住宅 200 万平方米;

②高层住宅 100 万平方米；

③独立式住宅(别墅)15 万平方米；

④办公楼、工业厂房及其他物业 50 万平方米。

(5)建立并严格执行服务质量、服务收费等企业管理制度和标准,建立企业信用档案系统,有优良的经营管理业绩。

2.二级资质

(1)注册资本人民币 300 万元以上;

(2)物业管理专业人员以及工程、管理、经济等相关专业类的专职管理和技术人员不少于 20 人。其中,具有中级以上职称的人员不少于 10 人,工程、财务等业务负责人具有相应专业中级以上职称;

(3)物业管理专业人员按照国家有关规定取得职业资格证书;

(4)管理两种类型以上物业,并且管理各类物业的房屋建筑面积分别占下列相应计算基数的百分比之和不低于 100%:

①多层住宅 100 万平方米；

②高层住宅 50 万平方米；

③独立式住宅(别墅)8 万平方米；

④办公楼、工业厂房及其他物业 20 万平方米。

(5)建立并严格执行服务质量、服务收费等企业管理制度和标准,建立企业信用档案系统,有良好的经营管理业绩。

3.三级资质

(1)注册资本人民币 50 万元以上;

(2)物业管理专业人员以及工程、管理、经济等相关专业类的专职管理和技术人员不少于 10 人。其中,具有中级以上职称的人员不少于 5 人,工程、财务等业务负责人具有相应专业中级以上职称;

(3)物业管理专业人员按照国家有关规定取得职业资格证书;

(4)有委托的物业管理项目;

(5)建立并严格执行服务质量、服务收费等企业管理制度和标准,建立企业信用档案系统。

4.新成立物业服务企业应申请临时资质

新设立的物业管理企业应到当地县级以上人民政府物业管理行政主管部门申请领取《临时资质证书》,之后方可从事物业管理业务。

《临时资质证书》有效期为一年。有效期满后,物业管理企业向物业管理行政主管部门申请三级资质的评定,未获通过的,物业管理行政主管部门将取消其从事物业管理业务的资格。

课堂案例【2-1】

一物业公司成立两年了,拟向省人民政府建设主管部门申报二级资质,此物业服务公司目前管理各类物业情况如下:多层住宅 50 万平方米,高层住宅 30 万平方米,独立式住宅(别墅)5 万平方米。

请问:该服务公司是否已达到二级资质条件? 请说明理由。(假设该物业公司其他条件均已达到)

案例点评：

(50/100＋30/50＋5/8)×100％＝172.5％

该物业公司管理三个类型物业，且上述计算数字可以看出此物业公司管理的各类房屋建筑面积分别占相应计算基数的百分比之和为172.5％，大于100％。该物业公司已达到二级资质条件。

5. 各等级资质的物业服务公司可承接的项目

一级资质物业服务企业可以承接各种物业管理项目。

二级资质物业服务企业可以承接30万平方米以下的住宅项目和8万平方米以下的非住宅项目的物业管理业务。

三级资质物业服务企业可以承接20万平方米以下住宅项目和5万平方米以下的非住宅项目的物业管理业务。

二、资质等级审批

1. 物业服务企业的资质管理实行分级审批制度

国务院建设主管部门负责一级物业服务企业资质证书的颁发和管理。

省、自治区人民政府建设主管部门负责二级物业服务企业资质证书的颁发和管理，直辖市人民政府房地产主管部门负责二级和三级物业服务企业资质证书的颁发和管理，并接受国务院建设主管部门的指导和监督。设区的市的人民政府房地产主管部门负责三级物业服务企业资质证书的颁发和管理，并接受省、自治区人民政府建设主管部门的指导和监督。

2. 新成立的物业服务企业的资质申请

新设立的物业服务企业应当自领取营业执照之日起30日内，持下列文件向工商注册所在地直辖市、设区的市的人民政府房地产主管部门申请资质：①营业执照；②企业章程；③验资证明；④企业法定代表人的身份证明；⑤物业管理专业人员的职业资格证书和劳动合同，管理和技术人员的职称证书和劳动合同。

3. 物业服务企业资质等级的申请核定

申请核定资质等级的物业服务企业，应当提交下列材料：①企业资质等级申报表；②营业执照；③企业资质证书正、副本；④物业管理专业人员的职业资格证书和劳动合同，管理和技术人员的职称证书和劳动合同，工程、财务负责人的职称证书和劳动合同；⑤物业服务合同复印件；⑥物业管理业绩材料。

4. 不予批准资质等级的情况

物业服务企业申请核定资质等级，在申请之日前一年内有下列行为之一的，资质审批部门不予批准：①聘用未取得物业管理职业资格证书的人员从事物业管理活动的；②将一个物业管理区域内的全部物业管理业务一并委托给他人的；③挪用专项维修资金的；④擅自改变物业管理用房用途的；⑤擅自改变物业管理区域内按照规划建设的公共建筑和共用设施用途的；⑥擅自占用、挖掘物业管理区域内道路、场地，损害业主共同利益的；⑦擅自利用物业共用部位、共用设施设备进行经营的；⑧物业服务合同终止时，不按照规定移交物业管理用房和有关资料的；⑨与物业管理招标人或者其他物业管理投标人相互串通，以不正当手段谋取中标的；⑩不履行物业服务合同，业主投诉较多，经查证属实的；⑪超越资质等级承接物业管理业务的；⑫出租、出借、转让资质证书的;⑬发生重大责任事故的。

三、日常资质管理与处罚

1.实行年检制度

物业服务企业资质管理实行年检制度。各资质等级物业服务企业的年检由相应的资质审批部门负责。符合原定资质等级条件的,物业服务企业的资质年检结论为合格;不符合原定资质等级的,物业服务企业的资质年检结论为不合格,原资质审批部门应注销其资质证书,有相应资质审批部门重新核定其资质等级。

物业服务企业无正当理由不参加资质年检的,有资质审批部门责令其限期改正,可处1万元以上3万元以下罚款。

2.违规的处罚

物业服务企业取得资质证书后,不得降低企业的资质条件,并应当接受资质审批部门的监督检查,资质审批部门应当加强对物业服务企业的监督检查。

物业服务企业超越资质等级承接物业管理业务的,由县级以上地方人民政府房地产主管部门予以警告,责令限期改正,并处1万元以上3万元以下的罚款。物业服务企业出租、出借、转让资质证书的,由县级以上地方人民政府房地产主管部门予以警告,责令限期改正,并处1万元以上3万元以下的罚款。物业的名称、法定代表人等事项发生变更的,应当在办理变更手续后30日内,到原资质审批部门办理资质证书变更手续。物业服务企业不按照本办法规定及时办理资质变更手续的,由县级以上地方人民政府房地产主管部门责令限期改正,可处2万元以下的罚款。

第三节　物业服务企业的权利与义务

一、物业服务企业的权利

物业服务企业的权利主要有以下几方面:

(1)委托合同的执行者,必须按委托人的意志办事。

(2)承接物业时对物业共用部位、共用设施设备进行查验,并按规定接管相关资料。

(3)依照合同的约定和法律、法规、政策的规定对物业实施管理经营服务,并收取物业服务等费用。

(4)有权对物业管理区域内违反治安、环保、物业装饰装修等方面规定的行为予以制止。

(5)有权接受水、电、气、视、讯等公用事业单位的委托,提供上述公共事业费用的代收服务。

(6)有权要求业主委员会协助管理。

(7)有权将物业管理区域内的专项服务企业委托给专业性服务企业。

(8)有权协助做好物业管理区域内的安全防范工作。

(9)有权向物业主管部门投诉物业管理活动中的有关事项。

(10)经业主、业主大会同意,有权利用物业共用部位、共用设施设备进行经营。

课堂案例【2-2】

物业公司到底有多大权力?

张先生入住位于顶层的新房后,未经开发商同意封了观景阳台并加了防护栏。开发商根据《物业公约》中"为维持小区整体形象和相邻住户的安全,业主不得私自封闭观景阳台、不得在窗户上加装防护栏"的约定,要求他拆除。张先生认为这房子是自己的,这是自己应有权力范围内的事,拒不拆除,于是开发商决定对张先生罚款1600元,张先生拒不交纳,不得已,物业公司对他采取了断水断电的"制裁"措施。在此期间,因为开发商在顶楼做了霓虹灯广告影响了张先生晚上休息,他把霓虹灯的电源掐断了。最后,因双方纠纷无法解决,开发商把张先生告上了法庭。

开发商诉讼请求是:

(1)张先生拆除护栏并交纳罚款。

(2)张先生以后不得再破坏楼顶广告牌,并赔偿因破坏广告牌给开发商造成的损失。

(3)此案诉讼费用由张先生负担。

张先生的诉讼是:

(1)开发商不得妨碍业主基于房屋所有权而采取的封闭阳台、窗户等维持居住安全的措施。

(2)赔偿因断水断电给自己造成的损失。

(3)开发商应拆除楼顶广告牌。若业主委员会同意在楼顶安装,开发商应把收入交业主委员会,并将其1/2付给顶层受影响最大的住户。

(4)此案诉讼费用由开发商负担。

法院经审理后判决:

(1)开发商要求对张先生罚款的诉讼请求不予采纳。

(2)张先生拆除护栏。

(3)开发商经业主委员会同意后可继续发布霓虹灯广告,收益由物业公司全体业主共有,分给顶层业主的比例为1/3。

(4)此案诉讼费用由双方各自负担1/2。

案例点评:

这个案子虽然简单,但里面反映出的问题并不少。

小区物业管理公司是否有对业主的罚款权?很多物业管理企业的心态和指导原则不对,没有把自己当作提供服务者而当作了管理者,所以在工作中就有很多与其职能不符的做法,随意罚款就是其中之一。

从法律角度来讲,罚款就是一种行政处罚行为,而不存在所谓"行政处罚罚款"与"经济处罚罚款"之分。除行政处罚之外,所有的相似情形都不能再称之为"罚款"。既然罚款是一种行政处罚行为,那么设定和实施罚款行为就必须以《中华人民共和国行政处罚法》为法律依据,不能违反法律的规定。《行政处罚法》第十五条规定:"行政处罚由具有行政处罚权的行政机关在法定的职权范围内实施",而物业管理公司只是一个企业法人或非法人组织,不是行政机关,所以无权实施包括罚款在内的任何行政处罚行为,这种行为是违反《行政处罚法》规定的。

但这并不是说物业管理公司对业主中侵犯其他多数人利益的个别"害群之马"就没有办法了。对业主和违约行为,物业管理公司依据物业管理公约或国家有关部门对物业管理的规定,使用违约金和赔偿金等方式到法院诉讼,请求法院执行,而不应采取断水、断电等措施。

物业管理公司是否有权以业主不交物业管理费为由而停水、停电?在物业管理法律关系中,业主承担支付物业管理费的义务,享有接受物业管理企业服务的权利。在任何一个法律关系中,责、权、利均应一致。履行了相关合同义务,就应该享有相应的权利,反之,则应按照合同的约定承担相应的责任,这就是责权利一致。张先生擅自封阳台,违反了物业公约。物业公司可按公约约定要求张先生承担责任,可以双方协商,也可以打官司。但张先生已经按照物业管理合同的规定交纳了物业管理费,这就意味着他在物业管理法律关系中已经履行了自己的义务,那么他就应该得到完善的物业管理服务,包括水、电、气、暖等设施设备的良好使用等。物业管理公司应该保证其权利的实现,而其他人(包括开发商)则不能对这种权益进行侵害。物业管理公司用停水、电的方式迫使张先生拆除防护栏,则违背了其法定职责与义务,因为水电费由电力局和自来水公司管理,只要先生按时交纳水电费,物业公司就无权停水停电。

开发公司是否有在小区楼上发布广告并取得收益的权利?顶楼并非顶层业主的专有财产,它实际上是在为整个楼宇的用户服务,所以,顶楼是商品房的公共建筑部分,其产权由业主共有,是否设立广告应由业主委员会做出决定。因此,在楼顶上搭建广告牌,虽然是物业公司出面联系,但收益应由业主和公司共享。考虑到广告灯光问题给顶层业主可能造成一定影响,收益可多分配给他们一些。依据民法学理论,所有权有四项权能,即占有、使用、收益、处分。这四项权能只能由所有权人行使或由所有权人授权他人行使。如果非所有权人未得到所有权人的事先许可或事后追认而擅自行使占有、使用、收益、处分等权能,就构成了对所有权人的侵害。相应的,在共有的情形下,应由共有人共同行使上述四项权能,部分共有人在未得到其他共有人的同意或追认、非共有人在未得到共有人的同意或追认的情况下擅自行使上述四项权能的,就构成了对共有人共有权的侵害。因此,开发商在楼顶上搭建广告牌获得收益,不是不可以,但前提是征得业主委员会的同意。收益属于全体共有人所有,任何共有人都不能单独占有,非共有人更不能占有。

二、物业服务企业的义务

物业服务企业的义务主要有以下几方面:

(1)按照物业管理委托合同,依法经营。

(2)接受业主委员会和业主及使用人的监督。

(3)改变公用建筑和公用设施用途的,必须提请业主大会讨论决定。

(4)因维修物业或者公共利益,确需临时占用、挖掘道路、场地的,应当征得业主委员会的同意。

(5)接受行政主管部门的监督指导。

(6)不得随意改变物业管理用房的用途。

(7)不得将物业管理区域内的全部管理业务一并委托给他人。

(8)不得向业主收取水、电、气、视、讯等公用事业单位委托代收相关费以外的手续费等额外费用。

(9)对于区域内违反法律、法规的行为,要及时向有关行政管理机关报告。

(10)物业合同终止时,必须向业委会移交全部租用房屋,以及物管档案、财务等资料和公共财产,同时业委会有权对其进行审计。

课堂案例【2-3】

物业服务公司有义务保障业主安全

某小区内发生命案,年过50岁的千万富翁李先生被三名歹徒暴打致死。歹徒虽被绳之以法,但李母觉得小区物业管理上有缺失。于是,他们将小区的物业公司告上法庭,要求赔偿各种损失22万余元。闸北法院作出一审判决,物业公司应承担相应的责任,赔偿李母2万元。

2005年2月2日8时许,李先生正推开家门准备外出。忽然,从门外冲进3个陌生人,不由分说把李先生推进门,对他拳打脚踢,不一会儿李先生就不省人事。而作案的3名歹徒在伪装好现场后,从容离去。小区保安得到消息后立即赶到现场,叫了出租车将李先生送至医院抢救,可惜已经回天无术。2005年6月,市二中院以"故意伤害罪"分别判处3名歹徒刘某、刘某和赵某死刑缓期执行、有期徒刑14年、有期徒刑12年。死者母亲认为儿子的死与物业公司存在严重失职行为有关,小区物业应为此承担责,于是将小区物业公司告上法庭。法庭上,李母认为,3名歹徒在毫无阻挡的情况下,顺利突破门禁系统,径直到达李先生所住的8楼,并在803室门外等候了两个小时,伺机作案成功。李先生的被害与物业公司严重疏于管理,在管理中没有执行访客登记制度,未尽保安义务具有不可分割的密切联系,物业公司对李先生负有安全保障义务,应承担相应的侵权赔偿责任。

被告物业公司辩称,李先生的遇害是因其个人恩怨引起的,案发当天小区保安接到报警铃后,及时赶至案发地并向警方报案、呼叫车辆、送李先生去医院救治,这说明保安尽了义务,不应再承担民事赔偿责任。

资料来源:千万富翁家中被歹徒暴打致死 物业被判赔偿2万[EB/OL].[2007-03-05]http://www.chinanens.comsh/news/2007/03-06/885054.shtml.

请问:法院判决的依据有哪些?

案例点评:

法院判决物业赔偿主要有以下理由:

从事住宿、餐饮、娱乐等经营活动或其他社会活动的自然人、法人、其他组织,未尽合理限度范围内的安全保障义务致使他人遭受人身伤害,赔偿权利人请求其承担相应赔偿责任的,人民法院应予支持。因第三人侵权导致损害结果发生的,由实施侵权行为的第三人承担赔偿责任。安全保障义务人有过错的,应当在其能够防止或者制止损害的范围内承担相应的补充赔偿责任。安全保障义务人承担责任后,可以向第三人追偿。

物业管理企业应当协助做好物业管理区域内的安全防范工作。小区物业公司与业主李先生之间构成物业管理关系,物业公司应按《前期物业管理合同》及相关制度规定履行职责,对所管辖区域负有安全保障义务。从公安机关的相关笔录分析,刘某等三名歹徒在事发当日早晨6时左右从住宿地出发,应在7时至8时到达李先生所居住的803室。物业公司在大堂内设立内保人员的目的是更好地实践其在住户手册中的相关承诺,《岗位职责和适岗要求》明确规定内保人员当值期间要保持高度的责任性和警觉度,对大堂进出人员仔细观察,做到礼貌问询。而事发当日,虽然有处于上班早高峰的客观因素,但内保人员对于未使用IC智能卡进门的刘伟等三名歹徒,未能做到保持高度的责任心和警觉度,对大堂进出人员也未仔细观察,未能起到设立内保应有的保障安全的作用,致使刘某等三名歹徒顺利进入,物业公司具有一定的过错。

但应当注意到,李先生的被害,系由其与他人的个人恩怨引发,与内保人员未问询刘某等三名歹徒之间并无直接的因果关系。不过,由于物业公司的该过错却使刘某等三名歹徒作案成功的可能性增加,故物业公司应承担由此引起的相应的民事赔偿责任。现原告因刘某等三名歹徒无力赔偿,而仅要求被告物业公司承担相应的赔偿责任,可予准许。但具体数额,可由法院依据被告过错责任的程度及与损害结果间的关连性综合考虑予以酌定。当然,被告物业公司在承担了相应责任后,有权向刘某等加害人追偿。据此,法院作出了上述判决。

本案判决的意义不在于赔了多少钱,而是明确物业的责任——它具有法定保障业主人身和财产安全的义务。在李某所缴纳的1.85元/平方米的物业管理费中,设计安全保障的费用为1.4元/平方米。另外,在小区的《住户手册》中,也明确写有物业有安全服务的义务,业主交了服务费,物业就该尽合同义务提供相关服务。此外,根据最高法院的相关司法解释,物业服务公司作为经营单位,也有保障业主安全的义务。

第四节 物业管理企业与相关行政机构的关系

一、物业服务企业与行政管理部门

(一)国家级行政管理部门

根据1993年12月经国务院批准的有关建设部职能的文件明确规定,建设部是国务院综合管理全国建设事业(工程建设、城市建设、村镇建设、建筑业、房地产业、市政公用事业)的职能部门,因此从全国范围来讲,建设部是物业管理的行政管理部门。

(二)地区行政管理部门

区、县房地产行政管理部门对本辖区物业管理进行监督,是物业管理的行政管理部门,主持辖区内具体的直接的管理,接受业主委员会、业主和使用人的投诉,对违章行为依法作出处罚。

(三)物业管理的相关行政管理部门

1.建设、电力、公安、物价、工商等有关部门

建设、市政、规划、环保、公用、环卫、园林、住宅等有关行政管理部门,按照有关法律、法规和行政规章的规定,按职责分工,负责主管房地产开发建设、配套交付使用、环境环卫管理等各环节,协助监督物业管理区域的管理。

电力、公安、工商、物价等部门对用电照明、社会治安、道路交通、物业管理企业经营、收费价格确定等实施行政管理,按分工依法协助和监督。

当物业使用出现损害房屋、设备、设施的禁止行为,业主委员会和物业管理企业劝阻无效时,相关行政机关应予处理。

2.街道办事处、乡镇人民政府

物业管理与社区管理紧密联系,街道办事处、乡镇人民政府要协助有关行政部门对物业管理进行监督,对物业管理与社区管理、社区服务的相互关系进行协调。从一个居住地区来说,区、县房管局有关部门或派出的办事处负责日常的物业管理的行政管理工作,物业管理公司是作业企业,街道和乡镇不能替代物业管理企业的具体管理和为业主及使用人提供的生活服务,但在行政上由街道统筹社区管理,包括宣传政策、组织协调、提供服务、依法检查监督。物业管理企业要与物业所在地街道和乡镇政府机关保持密切联系,接受指导,互相配合、支持,构筑高效优质的社区管理服务系统。创建物业管理优秀小区,市、区两级文明住宅小区,都是在市、区县两级政府关心下,由有关街道、乡镇政府职能部门配合实施。

二、物业管理公司与相关行政机构关系的处理

(一)服从行政部门的管理

物业管理企业应及时、全面、准确地了解并掌握物业管理相关的政策、措施、法律、法规,严格遵守各项规章制度,在实际行动上自觉服从行政管理部门的管理。

(二)协助行政部门的管理

国家将维护社会治安的责任通过法律、法规形式授权给有关行政管理部门,因此行政管理部门是执行相关法规的主体,承担了维护社会以及市场正常秩序的重大责任。

当物业管理企业遇到涉及行政管理的事务时,应当主动向行政管理部门反映,积极协助行政管理部门进行处理,但决不能越权、越位,模糊了自身职责和定位。

(三)借助行政部门的管理

物业管理企业应当主动加强与行政管理部门的交流沟通,关注政策的变化,并积极服从、执行相关规定,配合行政管理。这种配合与服从,往往会为物业管理企业获得行政管理部门的理解和支持奠定良好基础,从而为自身的发展创造良好的外部环境。

(四)支持行政部门的管理

物业管理企业是社会活动的参与者,应及时响应行政管理部门的号召,积极开展有关政策法规的宣传、贯彻、落实等活动,及时向物业管理行政主管部门及有关部门反映社会信息,真实、准确地通报实际情况,为行政管理部门的决策和管理提供便利和支持。

本章小结

物业服务企业是指具备县级以上物业管理主管部门核准颁发的资质证书,经工商行政管理机关注册登记,以社会化、专业化、经营型方式从事物业管理服务的企业。物业服务企业是独立的企业法人,属于服务性企业,并且具有一定的公共管理性质的职能。

物业服务企业应按国家的法律法规依法设立。物业管理企业组织结构的基本类型一般有直线制、直线职能制、事业部制和矩阵制。

《物业管理企业资质管理办法》(建设部 2007 年 11 月 26 日修改发布)把物业管理企业划分为:一级、二级、三级三个资质等级。资质管理实行年检制度。物业管理企业必须取得资质才能进行物业服务活动。

物业服务企业根据《物业管理条例》和相应的法律法规享有相应的权利并履行义务。

物业服务企业在实际工作中需要跟相关行政机构打交道,必须处理好与它们的关系。

课后讨论

政府对物业管理公司实施资质管理吗?为什么物业管理公司要努力提升资质?

复习思考题

1.什么是物业服务企业?如何进行物业服务企业的组建和机构设置?

2.什么是物业服务企业的资质？有几个等级？如何进行管理？

3.物业服务企业有哪些权利和义务？

4.物业服务企业如何处理和相关行政部门的关系？

🌿 实践与训练

查询几家我市的物业管理公司的情况,看看他们是多属于哪种类型的物业管理企业？是房地产开发企业成立的物业管理多还是按照"公司法"规定成立的专业物业管理公司居多？他们在管理物业的过程中都有什么利弊？

🌸 案例分析

案例1:图2-5所示为保利集团物业公司的组织结构。

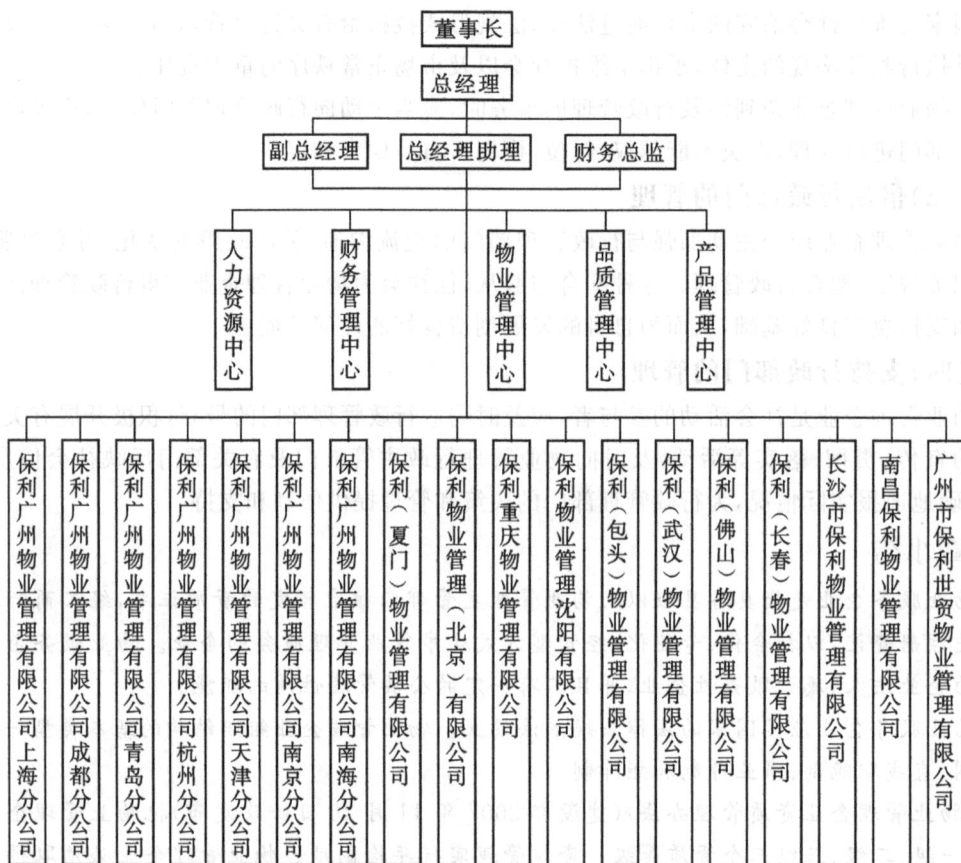

图2-5 保利集团物业公司组织结构

案例讨论:

该集团物业公司的组织结构有什么特点？

案例2:某小区设有停车场,收费标准略低于指导价,物业管理公司虽在车场安排有保安值班,但为防止突发重大状况,依然在车场入口处用告示牌及在停车费票据上明示:本车场只负责提供车位,收取的仅是车位租金,请车主加强防范措施,车辆被盗受损,本公司概不负责。

一次业主甲的朋友乙开车来访,停车于车场,期间下一了场暴雨,雨后离开时,发现自己的车辆丢失,遂与物业管理公司交涉要求赔偿,物业管理公司以有正式声明在先,收取的停车费未含有管理费为由,拒绝赔偿,乙遂将物业管理公司告上法庭。

案例讨论:

你觉得这个案子法院会怎么判?依据是什么?

第三章

业主与业主组织

学习要点

1. 了解业主和非业主使用人的概念
2. 理解首次业主大会召开的条件和程序
3. 掌握业主大会和业主委员会的职责，业主自治的内涵

关键概念

业主　　非业主使用人　　业主大会　　业主委员会　　业主自治

案例导入

某小区物业大事记

2005 年 3 月，某业委会起诉该小区物业公司大幅度虚抬物业费的收费数额，并提出停止对外租赁电梯，将相关收益返还业主等要求。

2005 年 9 月 14 日，一审法院驳回了业委会的诉讼请求。法院认为，北京市发改委于 2004 年 10 月检查了小区物业的收费，并对价格违法问题进行了处理，物业也已取消或变更了部分收费项目和标准，因此业委会要求小区物业变更相关物业管理项目的收费标准没有法律依据。业委会不服一审判决并上诉至北京市第一中级人民法院。

2005 年 12 月业委会胜诉，成为北京首个打赢物业费纠纷官司的小区，并且是全国首例业委会和业主取得物业费纠纷胜诉的标志性案例。

市一中院依据市居住小区管理办核准的《某小区房屋使用、管理、维修公约》认为，这份经政府主管部门核准的公约，对小区物业公司以及小区全体业主均具有约束力，凡未经对方同意，背离公约或者相关法规文件的规定，自行增加、减少物业收费项目或者变更收费标准，都属违约行为。据此，北京市第一中级人民法院终审撤销一审判决，明确了业委会提出的保安费、保洁费等各项收费标准，并判决物业将 18 万元电梯广告位租赁收益，及 3500 余元的公厕用房供暖费和物业管理费返还业委会。业委会在胜诉后表示，胜诉后小区物业费每月平均下降 1 元多，而追索回来的电梯广告位收益等款项除支付诉讼相关费用外，还将按《某小区业主共有财产收益管理办法》管理并使用。

2006 年 5 月小区物业提起申诉。

2006 年 8 月 11 日，经过一审、二审、终审，小区业主委员会起诉该小区物业公司案终于迎来了最后的判决，小区业主委员会胜诉。

北京市第一中级人民法院终审改判，支持业委会 13 项诉讼请求中的 12 项，同时判决物业公司将电梯广告位收益 18 万元返还业委会。

2006 年 9 月,该小区物业公司几经翻案未果,因难以接受降低物业费的判决,物业公司突然撤离,对业主的生活造成了很大的影响,致使该小区的自来水、电梯、门禁"歇业",造成恶劣影响。同时业主对小区物业管理公司和业委会的评价也存在分歧,意见不一。

北京市建委在市物业管理工作会议上表态将处罚该小区物业公司。

2006 年 10 月 9 日小区召开临时业主大会,表决是否罢免业委会全体委员。

小区临时业主大会结束,小区居民最为关注的罢免业委会议题因多数业主反对,最终未获通过。业委会称,将立即着手招投标新物业公司。

2006 年 10 月 26 日,小区现物业公司在小区贴出公告,称政府给他们的管理期限是 3 个月,到 12 月 11 日结束时他们将撤离。

2006 年 12 月 8 日,经过业主投票选择的另一新物业公司入驻该小区。

问题:

1.你认为该小区物业管理公司采取撤离的方式解决问题是否正确?为什么?

2.作为败诉的物业管理公司,你认为应当怎样对待和处理面对的问题?

3.该小区的业主、业主委员会和物业管理公司之间的关系是怎样的?

第一节 业主

一、业主的定义

业主是指房屋和相关设施的所有权人。业主作为不动产所有权人,不受国籍限制,也不受自然人、法人或其他组织的属性限制。

我国房地产管理实行权证管理方式。具备业主身份的情况有三种:一是房屋所有权证书持有人;二是房屋共有权证书持有人;三是待领房屋所有权证书和房屋共有权证书的购房人。

根据《物业管理条例》的规定和国内外物业管理成功的经验,物业管理需要有业主的参与,在物业管理市场上,业主是物业管理市场的需求方,物业管理公司是供给方。在物业服务合同中,他们又分别构成了合同的甲、乙方。搞好物业管理,需要供求双方相互制约,相互配合,即实行业主大会、业主管理委员会自治管理与物业管理公司专业管理相结合的方法。这样,物业管理市场的关系才能理顺,物业管理才能更加规范化。

二、业主的权利和义务

(一)业主在物业管理活动中享有的权利

房屋的所有人为业主,业主享有的权利是与房屋的特征紧密相连的。房屋与一般商品有很多不同,因此业主拥有的权利和其他商品是有很大区别的。根据《物业管理条例》第六条规定,业主在物业管理活动中,享有下列权利:

(1)按照物业服务合同的约定,接受物业服务企业提供的服务;

(2)提议召开业主大会会议,并就物业管理的有关事项提出建议;

(3)提出制定和修改管理规约、业主大会议事规则的建议;

(4)参加业主大会会议,行使投票权;

(5)选举业主委员会成员,并享有被选举权;

(6)监督业主委员会的工作;

(7)监督物业服务企业履行物业服务合同;

(8)对物业共用部位、共用设施设备和相关场地使用情况享有知情权和监督权;

(9)监督物业共用部位、共用设施设备专项维修资金(以下简称专项维修资金)的管理和使用;

(10)法律、法规规定的其他权利。

课堂案例【3-1】

某住宅小区环境优美,物业公司以给业主生活提供方便为由,单方面作出决定,在中心花园空地边设了售货亭进行经营,请分析物业公司的做法是否正确。

案例点评:

(1)空地为小区居民公共使用,物业公司的做法是不正确的。

(2)小区业主依法享有空地的使用权,《物业管理条例》第二十七条规定:"业主依法享有物业共用部位共用设施设备的使用权。"

(二)业主在物业管理活动中应履行的义务

业主在物业管理活动中应履行的义务主要有以下几方面:

(1)遵守管理规约、业主大会议事规则;

(2)遵守物业管理区域内物业共用部位和共用设施设备的使用、公共秩序和环境卫生的维护等方面的规章制度;

(3)执行业主大会的决定和业主大会授权业主委员会作出的决定;

(4)按照国家有关规定交纳专项维修资金;

(5)按时交纳物业服务费用;

(6)法律、法规规定的其他义务。

三、非业主使用人

非业主使用人是指不拥有物业的所有权,但通过某种形式(比如租赁)而获得物业的使用权,并实际使用物业的人。同样非业主使用人可以是法人,也可以是享有民事权利的自然人。

对于非业主使用人来说,除非在租赁合同中与业主有特别的约定,对其享有的物业方面的权利进行限制或授权,否则,非业主使用人与业主享有同样的物业管理方面的权利,并承担同样的义务。

第二节 业主大会

一、业主大会的概念

业主大会是指由物业管理区域内全体业主组成的,维护物业区域内全体业主共同利益,行使业主对物业管理自治权的业主自治机构。

《物业管理条例》第八条规定:"物业管理区域内全体业主组成业主大会。业主大会应当代表和维护物业管理区域内全体业主在物业管理活动中的合法权益。"业主大会是业主团体利益的代表,也是业主团体的最高意思机关(意思机关是法人组织机关的一种,又称权力机关、决策机关,是形成法人意志的机关)。

二、业主大会的职责

根据《物业管理条例》第十一条规定,业主大会的职责有:

(1)制定、修改业主公约和业主大会议事规则。自治管理规约主要表现为业主公约和业主大会议事规则。业主公约是各个业主集体自治管理组织的"小宪法",是在业主集体自治管理辖区内从事与物业管理有关活动的业主、单位和其他人员所应共同遵守的物业管理社会自治"总章程"。自治管理规约的订立,是以特定业主集体的名义,由该业主集体组成的业主会议依据一定程序、运用一定技术,为体现本业主集体在物业管理方面的共同自治意志所进行的制定、修改、补充、废止具有特定适用范围和组织纪律效力的物业管理自治行为规范的活动。

(2)选举、更换业主委员会委员,监督业主委员会的工作。业主委员会是一个业主维护自身合法权益,行使业主自治权的常设机构。选举出业主委员会的组成人员是业主大会的一项重要职权,行使好这一职权,认真推选出真正能维护业主利益的业主委员会成员,业主权利的行使才有保障。业主大会有权选举、决定和罢免本自治管理组织实体(即业委会)的组成人员。对于以上人员,业主会议有权依照规定程序予以罢免。选举业主委员会组成人员并非是每次业主大会的例行职权,这一职权一般是在首次业主大会和换届时行使。至于撤换业主委员会的组成人员,如果确因个别组成人员不称职,任何时候的业主大会(包括临时业主大会)都可行使这一职权。

同时,业主大会应当监督业主委员会的工作,且有权改变或者撤销业主委员会不适当的决定。业主大会的常设办事机构是业主委员会。业主大会赋予业主委员会行使物业管理自治职权的权利,同时也应该监督、审核、评议其行使职权的状况,进而决定是否延长其任期或行使撤换其成员的权利。业主大会行使监督业主委员会工作的权利,一般是采取听取业主委员会工作报告的方式。在业主大会召开例会时,业主委员会应该进行总结,作出工作报告,将其所进行的各项自治管理工作向业主进行详细的报告,对财务状况进行汇总说明,并应接受业主的质询,作出回答。作为业主大会成员的每一名业主,在平时也可以监督业主委员会的工作,提出自己的意见,并在业主大会中进行处理。

(3)选聘、解聘物业管理企业。

(4)决定专项维修资金使用、续筹方案,并监督实施。

(5)制定、修改物业管理区域内物业共用部位和共用设施设备的使用、公共秩序和环境卫生的维护等方面的规章制度。

(6)法律、法规或者业主大会议事规则规定的其他有关物业管理的职责。

由于业主生活复杂多变和持续发展,因而很难完全预料可能出现的业主自治管理的新问题,也难将业主会议的职权列举周全。为便于业主会议处理新出现的重大问题,对业主会议的职权采用列举加概括兜底的规定方法确有必要,这可以给业主会议对这些新问题职权行使上提供法规和管理规约依据。例如：物业的大修及公用设备或设施的更新维修；建造新的公用设施，如喷泉、娱乐室等；电力增容；铺设新的线路；其他需要业主分摊费用的事项；业主委员会的经费筹集方式、来源和标准；业主委员会成员是否获取报酬，酬金标准、来源；大型活动的开展；等等。总之，物业管理区域内重大管理事项都必须由业主大会讨论决定或审批通过。业主大会认为业主委员会的决定不当时，可予以撤销。

三、业主大会的运作

（一）业主大会的组成

业主大会由物业管理区域内全体业主组成。《物业管理条例》规定："物业管理区域内全体业主组成业主大会。业主大会应当代表和维护物业管理区域内全体业主在物业管理活动中的合法权益。"

一般来说，业主是业主大会的成员，能参加业主大会的只能是业主本人。但是，如果业主本人因为某些原因无法亲自参加业主大会，可以书面委托代理人参加业主大会会议，代理人依照委托行使投票权，但不具有被选举权的资格。不满18周岁的业主由其法定代理人出席。物业使用人也可以列席业主大会，但没有投票权。

业主人数较多时可以推选业主代表参加业主大会会议。推选业主代表参加业主大会会议的业主代表应当于参加业主大会会议前三日，就业主大会会议拟讨论的事项书面征求其所代表的业主意见，凡需投票表决的，业主的赞同、反对及弃权的具体票数经本人签字后，由业主代表在业主大会投票时如实反映。业主代表因故不能参加业主大会会议的，其所代表的业主可以另外推选一名业主代表参加。

（二）业主大会的成立条件

根据《物业管理条例》第十条规定："同一个物业管理区域内的业主，应当在物业所在地的区、县人民政府房地产行政主管部门或者街道办事处、乡镇人民政府的指导下成立业主大会，并选举产生业主委员会。但是，只有一个业主的，或者业主人数较少且经全体业主一致同意，决定不成立业主大会的，由业主共同履行业主大会、业主委员会职责。"

（三）业主大会会议的形式

业主大会会议一般有两种形式：集体讨论和书面征求意见。

通常情况下，业主大会的召开采取集体讨论方式，这种方式能充分展示各方的意见，但是组织起来比较困难，需要业主有一致的时间，需要场地，成本较高。

书面征求意见的方式，容易组织，成本低，但不容易达成一致理解和决定。

（四）召开业主大会的法定人数

无论召开业主大会采取哪种形式，都应当由物业管理区域内专有部分占建筑物总面积过半数的业主且占总人数过半数的业主参加，业主也可以委托其代理人参加业主大会会议。

（五）业主大会做出决定的法定人数

业主大会作出的一般决定，实行简单多数表决原则，必须经专有部分占建筑物总面积过半数的业主且占总人数过半数的业主同意。

业主大会作出筹集和使用专项维修资金，改建、重建建筑物及其附属设施，实行特别多数表决原则,必须经专有部分占建筑物总面积 2/3 以上的业主且占总人数 2/3 以上的业主同意。

业主大会不符合上述两项规则的表决事项,均属无效。

(六)业主大会会议分为定期会议与临时会议

我国《物业管理条例》和《业主大会规程》将业主大会会议分为定期会议和临时会议两种。

业主大会定期会议应当按照业主大会议事规则的规定由业主委员会组织召开。主要内容有:①听取业主委员会的工作报告;②《业主大会议事规则》、《管理规约》、《业主委员会章程》等文件的审议与修订;③决定物业服务企业的选聘、续聘与改聘;④专项维修资金使用、续筹方案的决定;⑤业主委员会的换届选举与委员的增减;⑥决定有关业主共同利益的其他事项。

20％以上业主提议的、发生重大事故或者紧急事件需要及时处理的以及业主大会议事规则或者业主公约规定的其他情况发生时,业主委员会应当组织召开临时业主大会。发生应当召开业主大会临时会议的情况,而业主委员会不履行组织职责的,区、县人民政府房地产行政主管部门应当责令业主委员会限期召开。

(七)召开业主大会会议应于会前通知业主

业主大会会议召开 15 日以前,要通知全体业主,并将会议通知及有关材料以书面形式在物业管理区域内公告。

(八)业主大会会议记录应当存档

业主大会会议应当由业主委员会做书面记录并存档。

(九)业主大会的决定应予以公告

业主大会的决定应当以书面形式在物业管理区域内及时公告。

课堂案例【3-2】

业主没有参加业主(代表)大会投票,可以不接受大会通过的决议文件吗?

某大厦成立业主委员会时,某业主因病住院,因此没有参加业主(代表)大会,也没投票,等到病愈出院回到家中,得知业主(代表)大会已经开过,并通过了《业主公约》、《业主委员会章程》等有关自治管理文件。他找到了业主委员会主任及物业管理公司提出质询,声称本人生病住院,没有得到参加业主(代表)大会通知,所以对业主(代表)大会通过的一切决议及文件概不接受。该业主提出的观点正确吗?

案例点评:

业主没有参加业主大会,不承认、不遵守业主大会的一切决议是不对的。这一问题我们要从业主委员会成立并召开的合法性来看,并且做好物业管理公司所辖小区业主的沟通工作,以避免物业公司与业主之间发生不必要的麻烦。

因此,该业主提出的观点不正确。

四、首次业主大会召开的条件和程序

(一)首次业主大会会议召开的条件

第一次业主大会召开的条件在各地区有所不同,如有的地方规定:住宅区入住率达到50％以上或者从第一个业主入住之日起满两年的,可以召开业主大会。还有的地方规定:一个

物业管理区域内,有下列情况之一的,即可以召开第一次业主大会,选举产生业主委员会:①公有住宅出售建筑面积达到30%以上的;②新建商品住宅出售建筑面积达到50%以上的;③住宅出售已满两年的。

课堂案例【3-3】

召开首次业主大会会议有何条件?

某小区已完成专有部分的全部交付使用。由于该小区地处城乡接合部,距离中心城区较远,加上交通不便利,真正长住在此的业主不是很多,相当一部分业主选择将房屋出租。开发商选聘的物业公司在进驻该小区的初期,还表现尚可,而后却日益懒散,行为消极,服务质量急剧下降,致使小区内的环境逐渐恶化,被盗事件时有发生,小区业主对该物业公司怨声载道。然而,物业公司却以小区内租户太复杂,不好管理为由推卸责任。于是,部分业主提出要召开首次业主大会会议,成立业主大会,选举产生业主委员会,同时决定更换物业公司。

物业公司在得知业主们要召开首次业主大会会议的消息后,以小区入住率不高、租户太多、实际业主不方便联系、召开业主大会会议条件还不成熟为由,阻挠业主召开首次业主大会会议。在经过多次协商后,业主无奈之下提出只要物业公司能尽职敬业为小区服务,可以不召开业主大会会议。经物业公司口头承诺后,召开业主大会会议的事情便搁置下来。但之后物业公司依旧未尽职尽责,问题仍然没有得到有效解决。

资料来源:召开首次业主大会会议有何条件[EB/OL].[2011-14-14]http://whcb.cjn.cn/html/2011-12/14/content_4934327.htm.

案例点评:

物业公司的做法显然不合法。长此以往,只会令业主与物业公司的矛盾更加尖锐。

知识链接

《武汉市物业管理条例》第十九条第一款作出明确规定:一个物业管理区域成立一个业主大会。符合下列条件之一的,应当召开首次业主大会会议,成立业主大会:

(1)专有部分交付使用的建筑面积达到建筑物总面积50%以上;

(2)首次交付使用专有部分之日起满两年且交付使用的专有部分建筑面积达到建筑物总面积20%以上。"

(二)首次业主大会会议的筹备工作

首次业主大会的召开,应在物业所在地的区、县人民政府房地产行政主管部门或者街道办事处、乡镇人民政府的指导下,由业主或业主代表、建设单位(包括公有住房出售单位)组成业主大会筹备组,负责业主大会筹备工作。

首次业主大会会议的具体筹备工作包括以下五方面:

(1)明确首次业主大会召开的时间、地点、形式和内容;

(2)参照政府主管部门制定的示范文本,拟定《业主大会议事规则》草案和《管理规约》草案等有关文件;

(3)确定业主身份,确定业主在首次业主大会会议上的投票权数;

(4)确定业主委员会委员候选人产生办法及名单;

(5)做好召开首次业主大会会议的其他准备工作。

(三)首次业主大会召开的程序

筹备组应当自成立之日起 30 日内,在物业所在区、县人民政府房地产行政主管部门的指导下组织业主召开首次业主大会会议。具体程序如下:

(1)由大会筹备组成员代表筹备组介绍大会筹备情况。

(2)由大会筹备组成员代表筹备组介绍业主委员会委员候选人情况,候选人本人也可以自我介绍。

(3)审议、通过《业主大会议事规则》和《业主公约》。

(4)选举产生业主委员会委员。

(5)审议、通过与物业管理相关的特别重大事项。

在第一次业主大会上,物业的建设单位还应当作出前期物业管理工作报告,物业管理企业还应该作出物业承接验收情况的报告。

第三节 业主委员会

一、业主委员会的概念

业主委员会是代表全体业主实施自治管理的组织,由业主大会从全体业主中选举产生,经政府批准成立的代表物业全体业主合法权益的社会团体,其合法权益受国家法律保护。

业主委员会不仅是业主参与民主管理的组织形式,从根本上讲,还是业主实行民主管理的组织形式。

《物业管理条例》将业主委员会明确定位为业主大会的执行机构。

二、业主委员会的产生

符合各地方性法规中所规定的召开业主大会条件的物业开发建设单位应及时负责召集业主召开首次业主大会,选举成立业主委员会,代表全体业主行使有关权利,督促业主履行义务。

业主委员会的产生按照自愿报名和业主推荐相结合、自我简介、选举产生的程序和公平、公正、公开的原则进行。业主委员会实行差额选举。

业主委员会应当选举产生,其组建程序有如下要求:①首届业主委员会的产生,要在区、县人民政府房地产主管部门的指导下进行;②业主委员会的委员应当由热心公益事业、责任心强、具有一定组织能力的业主担任;③业主委员会的人数根据物业管理区域的规模而定;④业主委员会应当自选举产生之日起 30 日内,向物业所在地的区、县人民政府房地产行政主管部门备案。

业主委员会委员每届任期按业主委员会章程规定,一般为 2~3 年。届满后由业主大会进行换届选举。

业主委员会委员如果有下列情形之一的,经业主大会会议通过,其业主委员会委员的资格应当终止:①因物业转让、灭失等原因不再是业主的;②无故缺席业主委员会会议连续三次以上的;③因疾病等原因丧失履行职责能力的;④有犯罪行为的;⑤以书面形式向业主大会递交辞呈的;⑥拒不履行业主义务的;⑦其他原因不宜再担任业主委员会委员的。

课堂案例【3-4】

业主通过网络自发成立业主委员会怎么办?

物业管理公司刚刚进驻小区,业主们却已经成立了业主委员会。他们是在网上联络发起的,有一百人左右,还推选了一位业主委员会主任,这位主任在网上联络各位业主。请问这样的业主委员会合法吗?

案例点评:

业主委员会是业主自治管理的核心,其成立根据惯例要具备一些必要的条件,并履行必须的成立程序,该组织的成立才是合法的。从与业主长远合作的角度,首先物业管理公司应肯定业主这种自治管理的民主意识,但也要宣传业主委员会成立的相关法规政策,指出他们目前这种做法不合法,并提出积极的建议。同时,物业管理公司还要表明愿意积极帮助业主成立业主委员会的愿望,愿意与其友好合作的心意。

三、业主委员会的权利和义务

(一)业主委员会的权利

业主委员会最基本的权利是对与该物业有关的一切重大事项拥有决定权,并通过业主公约和业主委员会章程予以保证。

业主委员会的具体权利包括:①召集和主持业主大会;②修订业主公约、业主委员会章程;③与选聘的物业管理企业签订物业管理服务委托合同;④审议物业管理服务费用及使用方法;⑤审议年度管理工作计划、年度费用概、预算;⑥检查、监督物业管理企业对物业的管理工作;⑦监督公共建筑、公共设施的合理使用,负责物业管理维修基金的监督使用;⑧业主大会或业主代表大会赋予的其他权利。

(二)业主委员会的义务

业主委员会的具体义务包括:①筹备召开业主大会并向业主报告工作;②执行业主大会通过的各项决议,接受广大业主的监督;③贯彻执行并督促业主遵守物业管理及其他相关法律、法规,协助物业管理企业落实各项管理工作,并对业主开展多种形式的宣传教育;④严格履行物业管理委托合同,保障本物业各项管理目标的实现;⑤接受政府行政管理机构的监督指导,执行政府部门对本物业的管理事项提出的指令和要求;⑥业委会做出的决定不得违反法律、法规政策,不得违反业主大会的决定,不得损害业主的公共利益。

课堂案例【3-5】

业主委员会这样做对吗?

某小区于今年2月成立业主委员会,3月公开招聘物管公司,共有3家物管公司应邀投标应聘。经过小区业主委员会3个月的调查后,在街道、居委会、房屋办事处的监督下召开的小区业主代表大会上,A物业管理公司以13票对10票胜出。但时至今日,小区业主委员会主任却借故迟迟不与其签订《物业管理服务合同》。

案例点评：

《物业管理条例》明确规定了业主大会的作用，当业主大会召开后，选聘物业管理公司的最终决定权掌握在业主大会手里，而不是现在的业主委员会。业主委员会只是业主大会的执行机构，选聘物管公司以及小区内所有涉及全体业主权益的事情，都要通过业主大会决定，业主委员会不得擅自做主。本案例的核心问题是业主委员会取代了业主大会。如果业主委员会的某些代表还要一意孤行的话，小区业主将失去对业主委员会的信任。

四、业主委员会会议

业主委员会成立后，应定期召开业主委员会会议。一般情况下，业主委员会会议至少每6个月召开一次，每次会议召开前7日书面通知全体委员。如果1/3以上的业委会委员或业委会主任认为有必要，可以召开业委会特别会议。

业主委员会会议由主任召集、主持，主任因故缺席时，由副主任主持。

五、业主委员会的场地和经费

业主委员会代表全体业主办理物业小区的日常事务，必然涉及费用的支出和办公场地的使用问题。根据《业主大会规程》，业主大会和业主委员会开展工作的经费由全体业主承担；经费的筹集、管理、使用具体由业主大会议事规则规定。业主大会和业主委员会工作经费的使用情况应当定期以书面形式在物业管理区域内公告，接受业主的质询。

对于办公场地，现行法律法规没有规定。对此，可以比照物业管理用房的做法，在房地产开发阶段就由法律法规强制规定，一定规模的小区必须规划建设一定面积的业主委员会用房，既可以由开发商无偿提供，也可以计入房价，由业主共同承担，从而真正彻底解决办公场地问题。

对于业主委员会委员应不应当有相应的报酬或津贴问题，我国目前的法律法规没有作出规定，实践中也有争议。虽然业主委员会委员作为业主之一有义务参与小区的物业管理，但是与普通业主只需通过行使表决权的方式参与管理不同，业主委员会的委员们需要付出较多的时间和精力实施管理行为。因此，似乎有必要补偿业主委员会委员所付出的劳动，给予其一定的报酬，以调动其工作积极性。至于报酬的具体数额，可以由业主大会来决定。

六、业主委员会与物业管理企业的关系

（一）经济上的合同关系

物业管理企业提供物业管理有偿服务，获得相应报酬，业主享受服务，支付相应费用，物业管理公司与业主方面的这种经济关系是通过物业管理合同确认和保证的。合同签订后，双方分别承担不同的权利和义务。物业管理公司应按合同规定及要求提供相应的管理服务，向业主大会及业主委员会负责，向广大业主负责，并在日常工作中接受广大业主、业主大会及业主委员会的监督。同时，广大业主、业主大会及业主委员会应积极协助物业管理公司开展工作，并按时缴纳物业管理服务合同所规定的各项费用。因此，业主大会及业主委员会与物业管理公司两者之间在经济关系上也是平等的。

（二）法律上的平等关系

业主大会及业委会与物业公司之间是委托与被委托关系，是聘用与受聘关系。在法律上，业主大会及业委会有决定委托或不委托的权利，物业管理企业也有接受或不接受的权利。业主大会及业主委员会与物业管理公司两者之间没有隶属关系，不存在领导与被领导的关系，也不存在管理与被管理的关系，两者在法律上是平等的，是平等的民事主体地位。

（三）工作上的合作关系

不同的业主因购买同一区域的物业而居住在一起，必然会产生个体利益和群体利益的矛盾，个体业主无法对物业区域内业主的共同事务进行管理，因为业主各自的权利义务是平等的，所以就需要一个第三方来管理，即物业管理企业。业主通过业主大会选举产生业主委员会，来代表全体业主与物业管理企业缔约，委托物业管理企业就物业管理区域内公共利益的事务性工作进行管理；物业管理企业依据自身的专业水平和合同约定，对涉及公共利益的事务性工作进行有偿管理和服务。双方建立的是一种服务管理关系，且因物业本身的特点，这种服务管理关系在一定程度上也表现为一种固定性和长期性，即一种较为固定的长期合作关系。

第四节　业主自治管理

一、业主自治的概念

业主自治是指在物业管理区域内的全体业主，基于建筑物区分所有权，依据法律法规的规定和民主原则建立自治组织、确立自治规范，管理本区域内物业的一种基层治理模式。

业主自治是基于建筑物区分所有权制度的确立和发展才成为必要的。多层建筑或居住小区的共用部位和共用设施的产权由多个区分所有权人共有，但各区分所有权人的要求各异，从而容易导致各种纠纷发生。为了统一意见、便于管理，业主组成管理团体委托其他组织或者自行对小区共用部位和共用设施设备的维护、公共环境、公共秩序等事项进行自治管理，以避免公共事务无人愿管或无人可管情况的发生，保证物业合理使用，使业主有一个良好的生活居住环境。只有业主真正实现自治，物业管理活动才能真正为业主服务，体现业主的利益，从根本上实现物业管理制度的目的。各国物业管理法律制度中，业主自治都是其基本组成部分。2003年我国颁布了《物业管理条例》，初步确立了以业主大会为核心的业主自治机制。

二、业主自治的必要性

业主自治对物业管理有着十分重要的意义，是物业管理中必不可少的一环，具体表现为以下几点：

（1）业主自治是物业管理的基础。建筑物的区分所有权的产生和广大居民社区自治意识的觉醒，产生了现在的物业管理制度。所有权是绝对性的权利，它排除了非所有权人对物的干预。无论物业管理企业还是政府都无权干预所有权人对其房屋的处分，但是其他共有所有权人却有权干预业主对房屋共用部分的处分，而这种干预也只能要求该业主不得损害其他业主的利益。因此，涉及共有部分或共用部分而产生的物业管理问题只有业主才有最终的发言权，而物业管理企业只能在业主的授权范围内开展服务活动。所以,物业管理的基础是业主自治。

(2)行使业主自治管理权利对于维护物业所有权人和使用权人权益、规范住宅物业管理有重要意义。无论是物业管理企业还是其他当事人都有可能出于自身的利益作出对业主不利行为,这就使得行使业主自治管理权利对于维护物业所有权人和使用权人权益、规范住宅物业管理有着重要意义。

(3)物业管理作为一种新兴的行业,怎样才能使其健康有序地发展,直接关系到管理公司与业主之间的关系。强化业主自我保护意识,是一个不可忽视的重要方面。只有加强和强化业主的自我保护意识,才能迫使物业公司增强透明度,增强业主对物业公司的信任度,在物业公司和业主之间建立良好的关系,进而促进物业行业健康发展。

三、业主自治的原则

业主自治的原则具体表现为以下七方面:

(1)主权原则。主权原则是指主权在业主,一切权利属于业主,业主采用民主的方式作出决定,重大问题由全体业主决定。

(2)程序原则。程序原则是指制定议事规则,一切决定要依法和依规则来作出。

(3)分权制衡原则。分权制衡原则是指建立业主自治组织,实行代议制,决策机构和执行机构分别设立,相对独立,相互制衡。

(4)保护少数原则。保护少数原则采用少数服从多数的民主表决机制,但要防止多数人作出侵害少数人利益的决定。如果为了公共利益而无法避免,必须给受损失的少数人作出合理的利益补偿。

(5)直选原则。直选原则是指业主委员和业主代表均由业主直接选举产生。

(6)非暴力原则。非暴力原则是指可以和平请愿,但不可采取暴力行动。

(7)参与原则。参与原则是指业主按程序有序、有效参与,投票和竞选业主委员、业主代表,是参与的积极形式。

本章小结

本章主要阐述了业主自治组织,即业主大会和业主委员会。业主即房屋和相关设施的所有权人。业主作为不动产所有权人,不受国籍限制,也不受自然人、法人或其他组织的属性限制。

业主大会是由物业管理区域内全体业主组成的,维护物业区域内全体业主共同利益,行使业主对物业管理自治权的业主自治机构。

业主委员会是代表全体业主实施自治管理的组织,由业主大会从全体业主中选举产生,经政府批准成立的代表物业全体业主合法权益的社会团体,其合法权益受国家法律保护。业主委员会不仅是业主参与民主管理的组织形式,从根本上讲,还是业主实行民主管理的组织形式。

在物业管理活动中,不仅需要专业的物业公司提供相应的管理服务活动,而且需要业主自觉的配合参与物业管理活动。

课后讨论

1.有些居民过去一直居住在老小区内,买了商品房后才知道小区还要进行物业管理,可他们对业主、物业管理、业主委员会、公摊面积、入伙等名词还感到陌生。他们又听说有业主自治管理,认为它就是业主自己管理自己的物业。业主自治管理是业主自己管理自己的物业吗?业主该怎样实现当家作主?

2.小区欲招聘某物业管理公司对小区内的物业进行管理。在招聘过程中,小区业主们发现该小区业主委员会某位委员是该物业管理公司的主要股东之一。业主们以此为由要求另选其他物业管理公司,而业主委员会却以法律没有明确禁止与业主委员会委员有直接关联的物业管理公司不能被聘用为由,坚持聘用该物业管理公司。于是,小区的业主们在该物业管理公司能否被聘用一事上与业主委员会发生了分歧。那么,与业主委员会委员有关联的物业管理公司能被聘用吗?

复习思考题

1.简述业主大会和业主委员会的性质地位。

2.物业管理公司与业主委员会之间的关系如何?

3.简述业主大会的职责。

实践与训练

项目:调查了解当地业主自治的情况。

实训目标:增强对业主自治的理解。

实训内容与要求:将全班分组,以组为单位深入到当地某一个住宅小区中去,通过各种形式调查了解该小区业主自治的情况,如是否召开过业主大会,是否成立了业主委员会以及该小区业主委员会日常的工作情况等。

成果与检测:

1.各组写出调查报告。

2.班级汇报与交流。

案例分析

案例1:某小区有位业主平时很热心小区事务,在业主中很有人缘,在一次业主代表选举中,该业主获票较多。但物业服务公司以该业主半年来拒交物业服务费为由,认为该业主不具备当选资格。在未交物业服务费用的业主能否当选业主委员会委员的问题上,部分业主和物业服务公司争执不下。

案例讨论:

未交物业服务费的业主能不能当选业委会委员呢?

案例2:某市新建住宅小区的物业管理公司为了开展多种经营,便在小区其中一幢楼底层电梯间分隔出一个小间,出租给一位业主并在此开了一家小吃部,每月向物业管理公司缴纳近千元租金。小吃部开业后,由于该小间缺少卫生设施,影响楼内的卫生,业主们意见纷纷,向物业管理公司和业委会投诉不断。业委会向物业公司提出意见,要求取消小吃部,把出租所得用在物业管理上。物管公司认为自己是为了方便居民,作为管理者有权处理这些事务,关于卫生可以对其进行管理,业主无奈,于是将物业管理公司告上法庭。

案例讨论:

1.如果你是法院的法官,你将如何处理?

2.假如你是物业公司领导,你今后应怎样做?

第四章
物业管理的主要内容

学习要点

1. 了解物业管理的宗旨和原则
2. 理解物业管理的不同模式
3. 掌握物业管理的基本业务环节,物业管理服务的范围及服务等级的内涵

关键概念

物业管理的宗旨   早期介入   业主入住   接管验收   服务等级

案例导入

业主的难题不能推

某开发商在上海西南地区投资开发了一个中高档住宅小区,这里绿树成荫、空气清新、环境幽雅、房型别致、设施齐全,吸引着不少成功人士入住。但是,因为供电不足,出现了业主用水桶从楼下提水装修的尴尬。

该花园小区首期正式交付使用时,开发商选聘的物业管理公司也正式运作。但业主的日常生活用水、用电受到影响,电梯也不能保证正常运行,急于要进行装修的业主,更是不方便。当时,正值上海盛夏高温季节,水电的需求量非常大,装修工人每天要从楼下用水桶装满水拎到楼上,一天往返好多次。特别是住在十多层以上的业主,更是苦不堪言,于是纷纷到物业管理处要求解决。

经理顶着烈日找开发商协调。经过多次沟通发现,开发商也有难言之隐。原来,小区是分期开发的,开发商与供电部门的供电协议里,电缆铺设分批进行,目前仅是一小部分,故供电不足,造成高层水泵和电梯用电不正常。物业管理处和开发商一起找供电部门协商,物业管理处详细反映了小区业主们用电用水难的苦。供电部门在了解了实际情况以后,答应修改协议日期,二天内解决。

在供电部门派出施工人员铺设电缆时,施工人员发现现场不宜铺设电缆,如建筑垃圾未清除,建房施工时挖的地坑积满水等。物业管理处立即答应这两个问题连夜解决。当天,物业管理处绝大部分员工冒着高温酷暑,投入建筑垃圾清运和地坑积水的抽出排放。第二天,供电部门施工队再进场,加紧了施工节奏,如期铺设好了电缆。

由于开发商建造的住宅小区是分期开发的,因而出现了首批售出商品房业主入住以后,用水用电未能满足需求的矛盾。业主在感激物业公司的同时提出,如果当初开发商请品牌物业管理公司前期介入,公司就可以避免出现类似麻烦了。

问题:

物业管理公司前期介入有什么好处?

<h1 style="text-align:center">第一节　物业管理的宗旨与原则</h1>

物业管理的原则与宗旨是物业管理的基本理念,是指导物业管理运作的基本要求和理顺物业管理方方面面的依据。

一、物业管理的基本原则

(一)业主自治与专业管理相结合的原则

这一原则规范业主与物业管理企业间的关系,划清业主与物业管理企业的地位、职责、权利和义务,其具体要求包括:

1. 业主自治管理

业主自治管理的立足点是保护业主的合法利益,包括业主的个体利益和整体利益,并协调好相互间的关系。业主自治管理是指业主在物业管理中处于主导地位,但这不意味着业主直接实施管理,而是通过合同的形式委托物业管理企业实施各项具体管理实务。

业主自治管理的权利包括决策、选聘、审议和监督权;义务包括履行合同、公约和规章制度,协助和协调各方关系。

2. 专业化管理

专业化管理体现在以下几个方面:

(1)专业机构:有专门的组织机构,例如由管理公司、专业服务公司和公司内部的各种专门机构来实施各种服务项目,分工合作,提高效率。

(2)管理人员:有专业管理人员和工程技术人员,这些人员还要经过规范化的培训和考核,取得岗位资格证书,以保证服务质量和树立良好的行风和职业道德。

(3)专业设备:有现代化的各种专业设备,这是专业管理的物质保证,并与物业的档次相适应,逐步向智能化方向发展。

(4)管理制度:有科学的、规范化的各种管理制度和工作程序、流程图,以保证专业化管理的正确实施。

(二)属地管理与行业管理相结合的原则

这一原则是指物业区域所在地的政府、街道办事处、相关专业部门和物业管理行业主管部门按各自职责范围共同负责小区的管理工作。地方性的工作由地区统一协调,专业性的工作归口行业主管部门和相关部门负责。这样条块结合有利于发挥多方面的积极性。

1. 主管部门

行业管理能有效地发挥政府主管部门的专业指导和监督作用,包括市、区县及其派出的办事处。

2. 行业协会

行业管理既能发挥政府主管部门的作用,同时又能发挥行业协会的作用。行业协会作为行业的自助自律组织,可以协助政府端正物业管理企业行风,发挥社会中介组织的联系和桥梁作用。

3.地区组织

属地管理有利于协调好物业管理部门与街道办事处、居民委员会和公安警署等地区组织的关系,协调好物业管理与社区建设的关系,有利于把优秀小区建设和社区建设相结合,共同创建文明小区。

4.相关部门

市政、绿化、卫生、交通、供水、供气、供热、邮电、广播、供电、环卫、环保等专业部门,可按专业归口的原则分工负责物业区域中的有关工作。

(三)统一管理,综合服务的原则

这个原则体现物业管理的基本特性和要求,包括统一管理和综合服务两方面,并且有机地结合在一起。

1.统一管理

统一管理可简称为一体化原则。这个原则实施的前提是"一个相对独立的物业区域,建立一个业主委员会,委托一个物业管理企业管理"。在这个前提下实施一体化的管理。

(1)管理一体化。管理一体化是指物业区域内的建筑物、构筑物、附属设备、设施、场地、庭院、道路以及公共活动中心、停车场等都由一个单位统一管理。

(2)服务一体化。服务一体化是指对业主和使用人的各种服务事项,包括专项、特约、代办项目都由一个单位统一实施。例如要聘请专业服务公司,也由本物业区域的管理单位统一办理。

(3)协调一体化。协调一体化是指同物业管理有关的方方面面的协调、联系由一个单位统一负责处理。业主、使用人、承租人有关物业管理的事务只找一个单位,这个单位不能推委,要认真负责解决问题。

(4)经济管理一体化。经济管理一体化是指有关物业管理的经济往来,包括各种物业管理费用的收支、基金的管理和物业经营的财务管理都由一个单位负责。

2.综合服务

综合服务是物业管理的基本属性,物业管理的综合服务既要达到一般服务业的要求,又有其自身的特殊要求。

(1)高效优质。综合服务的基本要求是讲究服务的效用,就是要处处主动为业主提供方便并使业主感到舒适、满意,这是综合服务的活力所在。因此,物业管理企业要按照高效、优质的标准来实施规范化服务、礼貌服务和微笑服务。

(2)以人为本。综合服务是以人为本,即以业主和使用人为中心来开展多样化、全方位、多功能的服务。综合服务就是要针对不同年龄、不同性格、不同层次以及不同民族、国籍业户的不同要求来开展丰富多彩、方式灵活、生动活泼的服务活动。

(3)个性化。综合服务由于提供富有个性化的周到服务,就能赢得不同类别业户的欢迎。因此,市场的潜力很大、前景广阔,是实现物业管理经济效益和社会效益的基本保证,也是树立物业管理行业声誉和企业的良好社会形象的基本保证。物业管理部门在掌握本原则时,要尊重各主管部门的职权,接受主管部门的指导。

(四)社会化与平等竞争的原则

在房屋商品化、自有化和产权多元化的条件下,物业管理不是按权属、按系统组建,而是按区域组建,按社会化原则管理。这个原则适应二权不分离的情况,即物业所有权与经营权不分离;也可以是物业二权分离的,即物业的所有者与经营权者不属于同一法人单位。在产权多元化情况下,物业多数是采用二权分离的方式来经营管理的。

社会化的原则有利于物业管理的市场培育和发展,这个原则的具体要求有以下三方面:

1.社会化的分工合作

现代社会不同产业间的分工和协作有助于提高各个产业的综合效益。房地产作为一个行业,其内部的开发、营销、咨询和物业管理等各个分支行业间同样要按照社会化大生产的要求分工协作,才有利于提高全行业的经济效益。特别是物业管理企业要从开发企业的附属地位剥离出来,独立为自主经营的管理服务型企业。物业管理公司和各类专业服务公司,如清扫、绿化等公司之间,同样应按照社会化大生产的要求相互之间分工协作。

2.平等条件下的市场竞争

业主和物业管理企业在平等的条件下通过市场用招投标或协议的方式建立委托管理服务关系。政府有关部门和开发商都不宜干预,物业管理企业只有通过自己的优质服务和良好的声誉才能在市场上取得一席之地。

3.三个效益的统一

物业管理的经营活动要实现经济效益、社会效益和环境效益的有机统一,要在经济效益的基础上以社会效益和环境效益为小区建设的最终目标。

物业管理服务于社会,理应得到社会有关各方的支助,社会有关各方则在自己职责范围内做好物业区域建设的工作。

(五)企业化与全过程效益的原则

物业管理作为一种市场化的经营行为,当然要按照企业化的原则来操作,并且要追求全行业、全过程的效益。企业在其经营活动中追求全过程的效益是现代管理的基本理念。这一原则体现在以下四方面:

1.实施主体要按企业化的原则组建

物业管理企业,不论是独立的具有法人资格的公司、非独立的物业管理部、房管所转制的物业管理公司等都要政、企分开,政、事分开,按照"独立核算、自主经营、自负盈亏、自我发展"的方针开展经营活动。

2.按经济规律办事

物业管理企业在处理方方面面的经济关系中严格按照经济规律办事,特别在同开发商的委托关系方面虽然业务联系密切,或属于同一企业集团,但在经济方面应按照合同和有关规定划清各自的职权。

3.早期介入

物业管理从追求全行业、全过程效益出发,就要使物业管理同项目开发同步进行。首先要做好物业管理的启动工作和前期基础工作。实践证明,只有早期、适时地介入房地产项目的开发经营活动,才能避免"前期后遗症",减少后期管理工作的损失。介入的时间要根据物业的开发情况,或者在设计阶段、或者在施工阶段、或者在验收阶段、或者在销售阶段适时介入。介入的对象包括购房业主的适时介入和物业管理公司的适时介入,或两者同时介入。

4.创建名牌

企业化的原则还要求物业管理企业努力提高经营水平、服务质量。创建名牌,应关注规模经济效益和拓展业务,以提高企业的声誉,树立良好的信用。

二、物业管理的宗旨

上述的物业管理属性、范围和原则都围绕一个基本的理念，即物业管理的指导思想，也就是物业管理的宗旨，可以概括为以下方面：

(一)营造良好的"安居乐业"的环境

物业管理的全部活动都环绕一个中心，就是"安居乐业"，具体地说就是为市民创建一个"整洁、文明、安全、方便"的生活和工作环境，或者说一个有利于生存、发展、享受的环境。并且要随着物业管理业务的拓展和管理水准的提高，根据每一小区的具体情况和业主的要求提高服务水准、拓展服务范围。居住区域要求舒适、安静、温馨、优雅，要求增添文化和艺术氛围等。办公和商务区域则强调高效、周到和形象，要求提供现代化的商务服务和智能化管理等。

物业管理应该是：第一是服务，第二是服务，第三还是服务。服务体现了物业管理的宗旨和基本属性，物业管理只有以服务为中心，开拓各项业务，才具有无穷的活力。

(二)物业的保值与增值

物业管理是受业主委托的经营管理行为，其行为的方向除了为委托人创建一个合适的"安居乐业"环境外，就是要保护业主、使用人的合法权益。物业管理的优点就在于通过精心的策划和良好的服务，改善物业的内外环境，提升物业的使用价值和经济价值，也就是使物业既能保值，又能增值。

第二节 物业管理的模式

一、物业服务企业的标准化运作模式

(一)标准化运作模式的必要性

当前，物业服务规范化、专业化、标准化已经成为行业的发展趋势。不论是从业主对物业服务提供的要求角度，还是从物业服务企业自身完善和适应市场，乃至物业服务行业发展的角度看，物业服务企业实施标准化运作模式非常必要。

(二)标准化运作模式的含义

物业服务既表现为提供劳务形式的无形产品，如秩序维护、客户服务等；又表现为与有形产品紧密结合在一起，如制冷供热、设备运行等。物业服务作为一种特殊的商品，其过程与结果具有一定的不确定性，其质量控制应以服务标准为衡量准则。完整的服务标准体系应包括服务基础标准、服务技术标准、服务提供规范和服务规范组成。服务规范是对客户可以直接观察和评价的服务特性的统一规定，是企业开展服务工作的依据，是服务质量的评判准则。而服务提供规范是服务提供过程的管理标准，是实现服务规范的保障。物业服务标准的制定是依据客户服务需求和法规要求，从服务的过程中找出共性的规则，对服务实际与潜在的问题做出统一规定，在预定的服务范围内获得最佳秩序的过程。物业服务企业对物业服务标准的制定和实施，以及对标准化原则和方法的运用就是物业服务的标准化过程。

(三)物业服务企业的标准化运作模式的实施

1.提供规范化客户服务

企业最重要的行为是为客户提供服务,制定规章制度、服务规范、运行手册应从规范客户服务开始。比如:海尔公司的竞争优势最先就是表现为客户服务规范,细化程度已经到了穿什么样的衣服、用什么样的工具箱、怎么敲用户的门、进门第一句话怎么说、第一件事是做什么、出门的时候如何打招呼的全过程规范。而且这套规范和内部管理结合得很好,服务规范、服务礼仪、服务用语、岗位衔接、互动制约、动态考核、激励升降等都是相互关联的,服务流程背后是一套庞大而高效的标准信息化组织保障,这些都非常值得学习借鉴。

2.标准化客户感受体验

服务行业的产品中还有一部分内容是客户体验。例如:高端项目的产品定位,对服务提出了更高的标准和要求,在客户体验的追求方面也会有一些差异。与普通服务的区别还会表现在为客户提供服务过程中追求的一种较高境界,而这一过程往往是建立在认识、了解、理解客户,提供全面、持续满意服务的基础上。对于服务文化的建立,企业服务对象要求的体验不同,服务方式也就不同,标准化管理模式中的标准化客户体验,就是要求客户对服务的感觉、对环境的感知、与服务人员的互动都应该有一致的体验和感受。

3.一致性公共关系处理

企业除了要与客户打交道之外,还有很多公共关系需要协调处理。就以企业的外委服务来讲,负责提供服务的供应商也需要为企业提供作业指导书和工作手册,以规范整个服务过程。例如在签订外委保洁服务合同的同时,除了要对双方的责任权利进行明确界定外,还要对服务人员素质、培训体系、操作规范、服务标准等方面进行严格的描述和规定,以便使客户感受到的服务和体验都是标准、一致的,细致的作业指导手册和规范作为合同附件同样具有法律效力。此外,一致性公共关系的处理还包括政府关系、媒体关系、社区关系、利益相关者等。

二、强化"经营"的物业运作模式

物业管理企业从物业管理向物业经营和服务过渡。物业管理企业从日常繁琐事务和"政府行为"的压力下摆脱出来,充分发挥所管物业的经济效益,为物业保值增值,给业主提供优质良好的社区环境和服务成为物业公司的中心任务。例如:物业租赁、中介、家政服务、生活后勤保障等,今后都将成为物业公司的主要工作。

(一)强化"经营"的必要性

物业管理是一种微利性行业,较低的行业风险和较低的行业条件要求吸引了大量资金和人才的进入。资本对利润的追逐,加深了物业管理企业之间的竞争,推动了物业管理的市场化进程。物业管理企业长期以来提倡的是管理与服务,而对经营的问题涉及较少。诚然,管理和服务是物业管理企业的本业和对社会提供的基本产品,也是物业管理公司存在的市场基础。但是,提供优质的管理和服务应是物业管理企业经营和竞争的一种手段。作为企业,经营应是其基本的行为,只有依法进行经营,并获取合法的利润才能从根本上解决物业管理企业的生存和发展问题,达到社会效益、环境效益与经济效益并重的良性发展的目标。

并且,物业管理企业忽视经营,会造成企业盈利能力的低下,企业自有资金的不足又形成物业管理企业的扩大规模、持续稳定发展的瓶颈,并反过来影响服务质量,会影响投资者和高水平人才的介入,从而限制整个行业的发展。物业管理企业可以通过多种经营,使物业的管理走向"以业养业、自我发展"的道路,从而使物业管理有了造血功能,既减少了政府和各主管部门的压力和负担,又使得房屋维修、养护、环卫、治安、管道维修、设备更新的资金有了来源,还能使业主得到全方位、多层次、多项目的服务。

随着物业管理市场化进程的加快,市场竞争日益激化,以及新的房地产形势的发展,经营越来越被提到物业管理企业发展的日程上来,物业管理企业要想快速发展,经营将是一条必由之路。

(二)管理经营物业的实施

1. 策划

策划即预先确定目标及方针,然后根据目标制定一整套详细的实施方案来达到目标的解决方案。策划的目的是要确定一个明确的行动方向,避免盲目性,避免出差错,同时它又是检查和衡量成绩的标准。

当我们接手入驻一个物业项目,首先就要确定该物业项目是一个什么样的项目,甲方的情况如何,项目内的客户群体如何,整体的消费、服务需求如何。并不是所有的物业项目都是千篇一律的,每一个物业项目都有自己特有的情况,特有的风格、性格和专门气氛。物业的经营管理内容,就是要给所服务的对象一个准确的市场定位,并恰如其分地提供相应服务,取得经济价值。

物业的经营管理策划是指实现经营管理目标的解决方案。要实现物业项目的经营管理目标,就必须根据每一个物业项目的实际情况、物业经营资源的优缺点、甲方及业主的心态、将来的市场的发展趋势和方向等,制定可行性方案。制定的目标不是轻易能实现的,但经过努力是可以实现的。与之相伴随的奖励机制及相关费用也要一并考虑到总目标的终结净利润因素中,物业项目中的操盘手在制定目标时可以做长计划,短安排,具体落实,逐步实现。

2. 组织

组织是指为了最有效地达到经营管理的目标,充分利用物业项目中一切可利用之资源,按照一定的结构形式、活动规律结合起来的,具有特定功能的开放系统。每一个单独的物业项目又是一个综合性企业,它有一套完整的系统。组织就是充分地、有效地利用物业项目中各个职能单位、每项设备、每个员工,在物业经营管理活动中,协调一致地发挥其功能和作用。有一个严密的整体感,就像一部完整的机车,有节奏地、正常地、快速地向着目标运动。

3. 领导

领导是促进和指挥属下员工履行岗位职责,对员工给予指导和监督,以确保得到最高和最佳的工作效率及经济收益的过程。在经营物业的项目中,领导的最有效的方法是实行逐级管理、逐级负责制,一级管理一级,每级都有职有权,领导者最好不要越级处理问题,越级处理容易造成上级犯主观主义和官僚主义的错误,同时也会影响到下级的积极性,形成下级的依赖心理,不敢大胆工作和处理问题,造成管理上的许多弊端,不利于将工作管深、管细,也不利于培养人才和发现人才。

三、以人为中心的物业管理运作模式

(一)以人为中心的必要性

物业管理是物业经营人运用现代经营手段,按合同对已投入使用的各类物业实施多功能、全方位的统一管理,为物业的产权人和使用人提供高效、周到的服务,以提高物业的经济价值和使用价值。因此,物业管理的对象是物业,服务对象是人,即物业所有人(业主)和使用人。而且对物的良好管理,也是为了对人的良好服务。在社会主义市场经济条件下,物业管理服务应该符合并充分体现社会主义的生产目的,既要获得经营管理的经济效益,又要提供良好的空间条件,以满足人们生存、发展和享受的需要。因此,可以说物业管理一切为了人,或者说首先是为了人。这是物业管理服务的基本出发点和归宿。它不仅仅是提供对房产物业本身的管理服务,更重要的是,通过这种管理服务构筑起一个有利于人与人之间沟通、人与自然和谐、人与文化融通的健康、开放的环境。所以,物业管理公司应当以高质、高效的服务来取得业主的信任,来参与市场竞争,从而不仅为自己的公司取得立足之地,而且可以取得良好的社会资产经济效益。

(二)以人为中心的实施

1.建立一流的服务团队

服务工作是在人与人之间进行的。提高服务人员素质,发挥他们的聪明才智和主动精神,对搞好整个服务工作具有决定性的意义。据美国学者调查表明,服务人员怠慢一名顾客,会影响40个潜在顾客对这家商店的看法。"万事人为本",要实现企业的经营战略,必须要有一大批专业人才通力协作。一流的管理,优质的服务,有赖于一流的人才。从这个意义上讲,搞好员工队伍的建设是企业体制改革和实现物业管理现代化的一个基础环节和可靠保证。

2.建立以业主为服务中心的物业管理服务架构

建立新的服务架构,第一层是业主,下面不是物业管理公司的总经理或者总监,而是大管家、客服大使;客服大使下面是一线的物业管理公司总监;总监下面是为业主服务的业务部门,然后向下才是整个物业管理公司的职能部门。这是一种金字塔的结构。

这个金字塔服务结构的寓意是:业主提出的需求通过一种很流畅的、无障碍的渠道直接由物业大管家、客服大使接收,物业管理中心、乃至整个物业管理公司都要围绕业主的需求进行工作。如果用形象比喻,业主是太阳,物业管理公司的工作就应像行星一样,围绕太阳旋转,它不是一段或者是一点,而是一个完整的圆。

3.让业主"百无猜测"

建立一站式、首问制、24小时跟踪制,杜绝业主对物业服务工作的猜测。

4.客户服务"大使"

"大使"一词的灵感源于国际外交礼仪,大使所代表的不是一个人,而是整个国家。作为物业管理公司来说,服务人员无异于"大使",他不代表个人,而是代表整个公司。作为物业管理公司的代言人,客服大使行使他的职能与客户打交道,他们的一言一行都要求认真、负责。每一位业主只要到达物业管理公司都会享受到服务大使的服务,物业管理公司变被动服务为主动服务,充分满足每位业主的诉求。

课堂案例【4-1】

"以人为中心"客户服务的重要性

泰国的东方饭店堪称亚洲饭店之最,几乎天天客满,不提前一个月预定就很难有入住机会,而且客人大都来自西方发达国家。泰国在亚洲算不上特别发达,但为什么会有如此诱人的饭店呢?

大家往往会以为泰国是一个旅游国家,而且又有世界上独有的人妖表演,是不是他们在这方面下了功夫。错了,他们靠的是真功夫,是非同寻常的客户服务。

他们的客户服务到底好到什么程度呢?我们不妨通过一个实例来看一下。

一个朋友因公务经常出差泰国,并下榻在东方饭店,第一次入住时良好的饭店环境和服务就给他留下了深刻的印象,当他第二次入住时几个细节更使他对饭店的好感迅速升级。

那天早上,在他走出房门准备去餐厅的时候,楼层服务生恭敬地问道:"于先生是要用早餐吗?"

于先生很奇怪,反问"你怎么知道我姓于?"服务生说:"我们饭店规定,晚上背熟所有客人的姓名。"

这令于先生大吃一惊,因为他频繁往返于世界各地,入住过无数高级酒店,但这种情况还是第一次碰到。

于先生高兴地乘电梯下到餐厅所在的楼层,刚刚走出电梯门,餐厅的服务生就说:"于先生,里面请!"于先生更加疑惑,因为服务生并没有看到他的房卡,就问:"你知道我姓于?"服务生答:"上面的电话刚刚下来,说您已经下楼了。"如此高的效率让于先生再次大吃一惊。

于先生刚走进餐厅,服务小姐微笑着问:"于先生还要老位子吗?"于先生的惊讶再次升级,心想"尽管我不是第一次在这里吃饭,但最近的一次也有一年多了,难道这里的服务小姐记忆力那么好?"

看到于先生惊讶的目光,服务小姐主动解释说:"我刚刚查过电脑记录,您在去年的6月8日在靠近第二个窗口的位子上用过早餐。"

于先生听后兴奋地说:"老位子!老位子!"小姐接着问:"老菜单?一个三明治,一杯咖啡,一个鸡蛋?"现在于先生已经不再惊讶了,"老菜单,就要老菜单!"于先生已经兴奋到了极点。

上餐时餐厅赠送了于先生一碟小菜,由于这种小菜于先生第一次看到,就问:"这是什么?"服务生后退两步说:"这是我们特有的某某小菜,"服务生为什么要先后退两步呢?

他是怕自己说话时口水不小心落在客人的食品上,这种细致的服务不要说在一般的酒店,就是美国最好的饭店里于先生都没有见过。这一次早餐给于先生留下了终生难忘的印象。

后来,由于业务调整的原因,于先生有三年的时间没有再到泰国去,在于先生生日的时候突然收到了一封东方饭店发来的生日贺卡,里面还附了一封短信,内容是:"亲爱的于先生,您已经有三年没有来过我们这里了,我们全体人员都非常想念您,希望能再次见到您,今天是您的生日,祝您生日愉快!"

于先生当时激动得热泪盈眶,发誓如果再去泰国,绝对不会到任何其他的饭店,一定要住在东方饭店,而且要说服所有的朋友也像他一样选择。于先生看了一下信封,上面贴着一枚六元的邮票。

六块钱就这样买到了一颗心。

案例点评：

这就是客户服务的魔力！

东方饭店非常重视培养忠实的客户，并且建立了一套完善的客户服务管理体系，使客户入住后可以得到无微不至的人性化服务，迄今为止，世界各国的约 20 万人曾经入住过那里，用他们的话说，只要每年有十分之一的老顾客光顾饭店就会永远客满。这就是东方饭店成功的秘诀。这个秘诀同样适用于我们的物业管理服务。

第三节　物业管理的业务环节

不管是什么管理工作，都是由一系列基本工作环节构成，物业管理工作也一样，是由一系列基本工作环节所组成。这些基本环节包括：物业管理的策划阶段、物业管理的前期准备阶段、物业管理的启动阶段、物业管理的日常运作阶段。

一、物业管理的策划阶段

这一阶段的工作包括物业管理的早期介入、制定物业管理方案、制定业主临时公约及有关制度、选聘物业管理企业四个基本环节。

（一）物业管理的早期介入

所谓物业管理的早期介入，是指物业服务企业在接管物业之前，就参与物业的项目决策、可行性研究、规划设计和施工建设，从业主、物业使用人及物业管理的角度提出意见和建议，以便物业建成后能满足业主和物业使用人的需求，方便日后的物业管理。早期介入不需要整个物业服务企业介入，只需物业服务企业的主要负责人和主要技术人员参与即可。也可邀请社会上的物业管理专家参加，倾听他们的意见。早期介入可以发挥如下作用：

（1）有助于完善物业的规划设计和使用功能。物业管理早期介入可在物业布局及配套、建筑造型、房型设计、电力负荷设计、垃圾站点布设、建材选用、供电供水、污水处理、电话及有线电视等的管线铺设及空调排烟孔位预留等方面，根据经验提出建设性意见，从而充分考虑到住用人生活的安全、舒适与便利。

（2）有助于更好地监理建筑施工质量，最大限度地消除施工质量的隐患，从而保证后期住用人的可靠使用和物业管理的方便。

（3）早期介入能为验收接管打下基础。早期介入使物业服务企业对物业的土建结构、管线走向、设施建设及设备安装等情况了如指掌，有利于其缩短验收时间、提高验收质量，并便于其在发现问题后进行交接处理。

（4）早期介入使物业服务企业能更方便地制定日后维修保养计划，从而方便其日后进行检修和改建改造工程。

课堂案例【4-2】

某市某花园住宅小区，建筑面积 10 万平方米，分期开发建设。第一期由多幢 12 层小高层组成，每幢楼均设有电梯。第一期业主入住前，聘请了物业管理企业。在第一期物业管理期间，曾有一位老人被困电梯半小时，但无人知晓，原因是电梯轿厢没有设置对讲呼叫系统，也没有安装监控探头,电梯困人既听不见,也看不见。另外电梯井底没有安装自动抽水泵,万一电梯井进水,就很容易发生水浸电梯事故,造成运输设备的损失。该住宅小区的物业管理针对第一期物业电梯配套设施的不完善,提出了两点建议供建设单位进行改进。

(1)在电梯轿厢内加装对讲呼叫系统及监控探头。管理人员监控录像画面,如果发现电梯困人的情况,马上通过对讲系统安抚被困人员,并组织解救,保障住户人身安全。

(2)电梯井底加装抽水泵,一旦有水流入电梯井,井底的抽水泵可自动启动抽水,保护电梯。

建设单位十分重视物业管理处的意见,立即组织有关专业人员制定整改方案。

在该住宅小区第二期开发建设时,一进入规划设计阶段,建设单位就邀请物业管理企业参与其中。物业管理处根据第一期物业使用过程中的问题,提出中肯的改进意见,结果第二期的建设杜绝了第一期电梯配套不完善的问题。该住宅小区的销售价格从第一期均价 4000 元/平方米上升到 4500 元/平方米,而且很快销售一空。

案例点评:

该案例反映了没有物业管理早期介入和有早期介入的差异。规划设计上的一些疏忽,造成使用过程的安全隐患。发现时想改,但常常已经没有办法补救了,只能留下遗憾。第二期建设有物业管理早期介入,能及早避免和消除设备设施的安全隐患。楼盘物业规划设计的完善能够带动销售,给建设单位带来经济效益。

(二)制定物业管理方案

在房地产开发项目确定后,开发商可自行筹划制定物业管理方案,也可聘请物业服务企业代为制定。物业管理方案的核心是物业管理档次所决定的物业管理应达到的服务标准和收费标准。具体来说,制定物业管理方案包括以下几个方面:其一,根据物业类型、功能等客观条件以及住用人的群体特征和需求等主观条件来规划物业消费水平,确定物业管理的档次。其二,确定相应的物业服务标准。不同类型、功能和档次的物业,需要提供的物业服务项目及服务质量是有较大差别的。其三,进行年度财务收支预算,进而确定各项物业服务的收费标准和成本支出。

(三)制定业主临时公约及有关制度

建设单位应当在销售物业之前,制定业主临时公约,对有关物业的使用、维护、管理,业主的共同利益,业主应当履行的义务,违反公约应当承担的责任等事项依法作出约定。建设单位制定的业主临时公约,不得侵害物业买受人的合法权益。

建设单位应当在物业销售前将业主临时公约向物业买受人明示,并予以说明。建设单位还应制定物业共用部位和共用设施设备的使用、公共秩序和环境卫生的维护等方面的规章制度。

(四)选聘物业管理

企业达到一定规模的住宅物业的建设单位,应当通过招投标的方式选聘具有相应资质的物业管理企业,物业管理企业不得超越资质承接物业管理项目。建设单位应与选聘的物业管理企业签订《前期物业服务合同》。建设单位通过招投标方式选聘物业管理企业,新建现售商品房项目应当在现售前 30 日完成;预售商品房项目应当在取得《商品房预售许可证》之前完成;非出售的新建物业项目应当在交付使用前 90 日完成。

二、物业管理的前期准备阶段

物业管理的前期准备阶段包括物业管理企业的内部机构设置和拟定人员编制、物业管理人员的选聘与培训、规章制度的制定、物业租售的介入四个基本环节。

(一)物业管理企业内部机构的设置与人员编制

物业服务企业内部机构与岗位要依据所管物业的规模和特点灵活设置,既要分工明确,又要注意各部门间的衔接配合。在物业正式接管前,只要组织成立管理层,临近物业正式接管时则要考虑安排作业层人员到位。

(二)物业管理人员的选聘与培训

物业服务企业应依据物业管理面积的大小及物业本身的复杂程度,选聘管理类型和工程技术类型的物业服务人员。为适应物业管理专业化和现代化的需要,满足物业多元化的产权、现代化的房屋设施和多方位多项目的服务内容的要求,必须对物业服务人员进行专业技术、管理方法和职业道德的培训,并对其上岗资格予以确认。

(三)规章制度的制定

物业管理规章制度是物业管理工作的必要准绳,是实施和规范物业管理行为的重要条件。物业服务企业从成立开始就应依据政府的有关法律法规、部门规章、政策文件和示范文本等,在借鉴国内外物业管理成功经验的同时,针对本物业的实际情况,制定一整套科学的、行之有效的规章制度,并应在实践中反复补充修改,逐步提高和完善。物业管理规章制度一般包括:管理规约、管理机构的职责范围、各类人员的岗位责任制、物业各区域内管理规定等。

(四)物业租售的介入

物业的租售在其建设阶段就已开始。一般情况下,房地产开发企业除自行进行市场营销与租赁外,还可委托给经纪代理机构进行。但是,物业服务企业在具备相应的资质,开始实施物业管理后,可介入剩余物业的销售与租赁工作。

知识链接

早期介入和前期管理的区别

早期介入是指新建物业竣工之前,建设单位根据项目开发建设的需要所引入的物业管理的咨询活动。物业管理的咨询活动,主要指从物业管理的角度对开发建设项目提出的合理化意见和建议,其可以由物业服务企业提供,也可以由物业管理专业人员提供。

所谓前期物业管理,是指"在物业业主购买物业以前由项目开发建设者选聘的物业管理企业,并与之签订物业服务合同由其来进行物业管理"。

早期介入对开发建设单位而言并非强制性要求,而是根据项目和管理需要进行选择。而前期管理是法律规定以招投标方式由房地产企业招聘物业管理公司。早期介入在项目的开发建设中有着积极的作用,与前期物业管理是不同的,主要表现在以下方面:

(1)内容作用不同。早期介入是建设单位开发建设物业项目阶段引入的物业管理专业技术支持,前期物业管理是物业服务企业对新物业项目实施的物业管理服务。

(2)服务的对象不同。早期介入服务的对象是建设单位,并由建设单位根据约定支付早期介入服务费用。前期物业管理服务的对象是全体业主,并按规定向业主收取物业管理服务费用。

三、物业管理的启动阶段

物业管理的启动阶段以物业的接管验收为标志,从物业的接管验收到业主委员会的正式成立,一般包括物业的接管验收、用户入住、产权备案和档案资料的建立、首次业主大会的召开及业主委员会的正式成立四个基本环节。物业管理的前期准备及启动阶段统称为前期物业管理阶段。市场营销学中有一句名言:"满意的顾客是公司最好的广告。"对于物业服务企业来说,在前期物业管理中能否形成良好的管理秩序,能否在开发商和业主中间产生较高的满意度,对于树立良好的企业形象以及促成与成立后的业主委员会之间长期稳定的委托合同关系都是非常重要的。这是每一个物业服务企业不断扩大其目标市场范围,赢得竞争优势的有效途径。

(一)物业的接管验收

物业的接管验收包括新建物业的接管验收和原有物业的接管验收。新建物业的接管验收是在项目竣工验收的基础上进行的接管验收。接管验收完成后,即由开发商或建设单位向物业管理企业办理物业管理的交接手续,就标志着物业正式进入实施物业管理阶段。原有物业的接管验收通常发生在产权人将原有物业委托给物业管理企业管理之时,或发生在原有物业改聘物业管理企业,在新老物业管理企业之间。对物业管理企业而言,物业的接管验收是对包括物业的共用部位、共用设施设备在内的接管验收。

物业的接管验收必须按照国家原建设部发布的《房屋接管验收标准》(ZBP30001—90)、《城市住宅小区竣工综合验收管理办法》(建法[1993]814号)和《关于做好住宅工程质量分户验收工作的通知》(建质[2009]291号)进行,同时做好档案资料的移交工作,以方便日后物业的管理和维修养护。必不可少的档案资料应包括规划图、竣工图、地下管网竣工图、各类房屋清单、单体建筑结构图、设备竣工图及合格证或保修书、公用设施设备及公共场地清单和有关业主或物业使用人的相关资料等。

(二)用户入住

物业用户入住,俗称"入伙",是物业管理十分重要的环节和阶段。物业的住户包括业主和物业使用人。为向住户负责,物业服务企业应在住户入住前营造一个能使住户感到满意的工作和生活环境,并能向住户提供包括清洁卫生、室内检查、治安服务、交通通道维护、环境整治以及解决施工建设中存在的各种遗留问题在内的各种服务。

(三)产权备案和档案资料的建立

房地产的产权备案是物业管理十分重要的一个环节。根据国家规定,产权人应按照城市房地产行政主管部门颁发的所有权证规定范围行使权利,并承担相应的义务。物业公共设施及房屋公共部位是多个产权人共有的财产,其维修养护费用应由共有人按产权比例分摊。物业档案资料是对前期建设开发成果的记录,是以后实施物业管理时工程维修、配套、改造必不可少的依据,是更换物业服务企业时必须移交的内容之一。物业管理档案资料包括物业构成的技术资料、物业周围环境的资料、业主和物业使用人的资料等。建立物业管理档案要抓好物业档案资料的收集、整理及归档等工作,同时要利用好历史和现状的物业管理档案资料。

（四）首次业主大会的召开和业主委员会的正式成立

住房和城乡建设部颁布实施的《业主大会和业主指导委员会指导规则》（建房［2009］274号）第八条规定："物业管理区域内，已交付的专有部分面积超过建筑物总面积50％时，建设单位应当按照物业所在地的区、县房地产行政主管部门或者街道办事处、乡镇人民政府的要求，及时报送筹备首次业主大会会议所需的文件资料。"第九条规定："符合成立业主大会条件的，区、县房地产行政主管部门或者街道办事处、乡镇人民政府应当在收到业主提出筹备业主大会书面申请后60日内，负责组织、指导成立首次业主大会会议筹备组。"第十五条规定："筹备组应当自组成之日起90日内完成筹备工作，组织召开首次业主大会会议。"制定和通过管理规约、业主大会议事规则，选举产生业主委员会。至此，物业管理工作从全面启动转向日常运作。

四、物业管理的日常运作阶段

物业管理的日常运作是物业管理最主要的工作内容，包括日常的综合服务与管理、系统的协调两个基本环节。

（一）日常综合服务与管理

日常综合服务与管理是指业主大会选聘新的物业管理企业并签订《物业服务合同》后，物业管理企业在实施物业管理中所做的各项工作，主要内容包括物业维修管理服务、设备维修养护管理服务、环境管理服务、安全防范管理服务等。

（二）系统的协调

物业管理社会化、专业化、市场化的特征，决定了其具有特定的复杂的系统内部、外部环境条件。系统内部环境条件主要是物业管理企业与业主、业主大会、业主委员会的相互关系以及业主之间相互关系的协调；系统外部环境条件就是与相关部门及单位相互关系的协调。例如，供水、供电、居委会、通讯、环卫、房管、城管等有关部门，涉及面相当广泛。

第四节　物业管理的服务范围和服务等级

一、物业管理的服务范围

物业管理的范围比较广泛，它几乎囊括了人们衣、食、住、行、文化教育、医疗卫生等各个方面，概括起来，大致有以下几个方面的内容：

（1）房屋的维护与修缮管理：这是房屋物业管理的主要方面。房屋及其设备的维护管理保证房屋及设备在正常状态下适用，不因不合理设施、不正确的使用造成损害，保持房屋及设备的完好。通过房屋及设备、设施的修缮延长房屋及设备、设施的使用年限，减少自然淘汰。充分发挥房屋及设备的效用，做到维护产权人、使用人的合法权益。

（2）绿化管理：制定和实施管区内的绿化管理条例，为产权人、使用人提供一个温馨、优雅的生活环境。

（3）卫生管理：为产权人、使用人提供一个高品质的卫生环境区域，满足产权人、使用人的居住需求。

　　(4)治安管理:包括对房屋建筑及其设备设施的安全管理,产权人和使用人的人身安全、财产安全管理,制定并落实防火防盗等安全措施。

　　(5)车辆交通管理:对小区的主要通道,停放车场地及设施的管理。

　　(6)公用市政设施管理:进行供水、供电、供气、供热、邮电、通讯等市政设施的委托管理,包括代收代交有关费用等。

　　(7)违章建筑的管理:配合违章建筑主管部门,对违章建筑进行举报监督管理。

　　(8)多种生活服务:进行公共楼道、楼外道路及公厕的保洁清扫,垃圾清运等常规性服务;开辟夜间收费停车场、收费农贸市场、旅游服务、养花种苗出售等经营性服务。为产权人、使用人提供方便,增加收入,弥补管理经费的不足。

二、物业管理的服务等级

　　为了提高物业管理服务水平,督促物业服务企业提供质价相符的服务,引导业主正确评判物业服务企业服务质量,树立等价有偿的消费观念,促进物业管理规范发展,根据国家发展与改革委员会会同建设部印发的《物业服务收费管理办法》,中国物业管理协会于 2004 年制定了《普通住宅小区物业管理服务等级标准》(试行),作为与开发建设单位或业主大会签订物业服务合同、确定物业服务等级、约定物业服务项目、内容与标准以及测算物业服务价格的参考依据。

　　1.普通住宅小区物业管理服务等级标准的内容

　　根据中国物业管理协会制定的《普通住宅小区物业管理服务等级标准》(试行)(以下简称为《标准》),物业管理服务等级由高到低设定为一级、二级、三级三个服务等级(详细内容见附录 6)。

　　2.普通住宅小区物业管理服务等级标准的使用说明

　　(1)本《标准》为普通商品住房、经济适用住房、房改房、集资建房、廉租住房等普通住宅小区物业服务的试行标准。物业服务收费实行市场调节价的高档商品住宅的物业服务不适用本标准。

　　(2)本《标准》根据普通住宅小区物业服务需求的不同情况,由高到低设定为一级、二级、三级三个服务等级,级别越高,表示物业服务标准越高。

　　(3)本《标准》各等级服务分别由基本要求、房屋管理、共用设施设备维修养护、协助维护公共秩序、保洁服务、绿化养护管理等六大项主要内容组成。本《标准》以外的其他服务项目、内容及标准,由签订物业服务合同的双方协商约定。

　　(4)选用本《标准》时,应充分考虑住宅小区的建设标准、配套设施设备、服务功能及业主(使用人)的居住消费能力等因素,选择相应的服务等级。

课堂案例【4-3】

三级资质物业服务企业能否按一级服务标准收费?

　　"明明是三级资质,物业却按一级资质的标准收费。"如果物业不给一个合理的说法,银丰山庄业主老李还是不打算交物业费了。和老李一样,业主王先生对物业费也有疑问,因为根据《济南市物业服务收费管理实施办法》,物业服务企业按照可提供的服务水平,分为三个等级,其中三级资质针对小高层、高层收 0.6~0.8 元,而一级资质针对小高层和高层收费 1.2~1.8

元。"现在物业收我们1平方米1.6元,得有个说法。"后来据该物业服务企业负责人介绍,物业费实际只收取了1元左右,其余5角钱,是小区电梯、水泵、管家式服务的费用,这两项费用他们算在了一起。

案例点评:

虽然物业服务企业本身资质有所不同,但服务标准却不必跟资质一样。物业服务各个等级的评分标准,与物业服务企业本身的资质并不矛盾,是让业主、开发商等在打分时有据可依。也就是说,一级资质的物业服务企业同样可以提供三级的物业服务,按三级的标准收费;三级资质的亦可提供一级的物业服务,按一级的标准收费。其关键在于业主们希望得到什么样的服务。所以,物业资质和服务水平不是一个概念,物业服务企业的服务水平到位了,在物业费上当然得有体现。在本案中,电梯运营和水泵二次加压费用不包含在物业费之内,这两项服务,物业另行收费有其合理性。但是,这两项费用应该单独收取,财务公开并向业主明示,把费用算在一起不合适。

✂ 本章小结

本章主要阐述了物业管理的主要内容,包括物业管理的宗旨和原则、物业管理的模式、物业管理的基本业务环节和物业管理的服务范围、服务等级等内容。其中物业管理的基本业务环节是重点内容。这些基本环节包括:物业管理的策划阶段、物业管理的前期准备阶段、物业管理的启动阶段、物业管理的日常运作阶段。这四个阶段是环环相扣紧密连接的。每一环节的工作都非常重要,物业管理公司和物业服务人员应做好每一项工作,保证物业服务的质量和水平,创造一个人居和谐的环境。

🐝 课后讨论

在物业管理的服务范围中包括治安管理这一项,那是不是说住宅小区有了物业管理的保安人员,就不需要派出所公安局了呢?

🐞 复习思考题

1. 物业管理的基本原则有哪些?
2. 物业管理的模式有哪几种?
3. 物业管理的基本业务环节包括哪几个阶段?

🐝 实践与训练

项目: 调查了解在业主入住阶段物业公司的主要工作内容

实训目标: 增强对物业管理基本内容的理解。

实训内容与要求: 将全班分组,以组为单位深入到当地某一新建住宅小区中去,了解物业公司在安排业主入伙阶段所做的主要工作,包括工作的流程和这一阶段的工作重点。

成果与检测:

1. 各组写出调查报告。
2. 班级汇报与交流。

🐞 案例分析

某小区物业管理处规定,装修户在每天装修施工期间不得将入户门关闭,以便装修管理人员随时检查。一天,管理处工作人员在例行巡查过程中,见一未签署《装修管理服务协议》的装修户房门虚掩未锁,内有施工的声音,于是推门而入。发现装修工人在满是易燃物的施工现场吸烟,并且没有按规定配备必要的消防器材。于是装修管理人员认为施工单位违反了该小区装修安全管理规定,勒令工人立即熄灭香烟并暂停施工,同时通知保安人员将装修施工负责人带到管理处接受处理。不久,业主知道了此事。遂投诉管理处工作人员在未经业主同意的情况下私闯民宅,并且非法滞留施工人员,侵犯业主和装修工人的合法权益。同时表示将诉诸公堂。

案例讨论:

如果你是法院的法官,你会如何审理此案?

第五章
物业管理的基础理论

📖 学习要点

1. 了解委托代理理论的产生及其作用
2. 理解委托代理理论的研究内容、代理的特征、物业管理委托代理的注意事项
3. 掌握物业管理委托代理的内涵、业务类型，建筑物区分所有权的概念、内容

🔍 关键概念

委托代理理论　　非对称信息　　逆向选择模型　　道德风险模型　　建筑物区分所有权　　专有权　　共有权　　成员权

👥 案例导入

外墙广告相邻纠纷

A市某路57号第6、7层非住宅房屋原系B公司购买所有。1997年11月，B公司与C公司订立《外墙使用协议》，约定B公司将57号房屋7层临街面外墙提供C公司修建广告牌，其广告牌的收益归C所有，使用期为12年。1997年12月，B公司向农业银行贷款，将上述57号第6、7层房屋抵押给农业银行作为担保。1998年9月，因C公司不能偿还A市商业银行贷款，遂将57号房屋7层外墙的广告使用权益抵偿给A市商业银行，该抵偿得到B公司的认可。2000年11月，A市商业银行与D公司订立《户外广告媒体转让协议》，约定将57号房屋7层外墙户外广告权利转让给D公司。该协议签订后，D公司即在该外墙上发布了广告，广告牌完全遮盖了第7层的所有窗户。2001年1月，因B公司不能归还农业银行贷款，遂经过司法程序最终将抵押的57号第6、7层房屋抵偿给农业银行。2001年8月，农业银行取得该房屋所有权证、土地使用权证。2004年5月，A市房屋安全鉴定所受农业银行委托对上述房屋及外墙附着广告牌进行检测认定，该建筑地处主干道，广告牌钢架结构锈蚀严重，存在重大安全隐患，建议对广告牌钢架立即拆除，以保护房屋及外通道行人安全。2004年8月，农业银行以D公司发布的广告侵犯其采光、通风、安全等权利为由，向法院提起诉讼，诉求判令D公司拆除广告牌，停止侵害，恢复原状。

问题：

1. 农业银行是否对该房屋享有占有、使用、收益和处分的权利？为什么？
2. 农业银行要求D公司立即拆除广告牌，停止侵害，恢复原状是否合理？
3. 根据此案例，应当如何行使区分所有建筑物专有部分和共有部分的权利？

第一节 物业管理的委托代理理论

一、委托、代理相关概念

1.委托与受托

委托是指把事情托付给别人或别的机构(办理)。受托则是指接受别人的委托。

委托方委托他人(即受托方)代表自己行使自己的合法权利,被委托人在行使权利时需出具委托人的法律文书。委托人不得以任何理由反悔委托事项。被委托人如果做出违背国家法律的任何事情,委托人有权终止委托协议。在委托人的委托书上的合法权益内,被委托人行使的全部职责和责任都将由委托人承担,被委托人不承担任何法律责任。

2.代理与被代理

代理是指代理人在代理权限内,以被代理人的名义同第三人实施法律行为,其后果直接由被代理人承担的民事法律行为。被代理人委托代理人进行某项法律行为的代理即为被代理。

委托、受托、代理与被代理之间的关系可以表述为:委托→代理;被代理→受托。

二、委托代理理论概述

委托代理理论(principal-agenttheory)是 20 世纪 60 年代末 70 年代初,一些经济学家深入研究企业内部信息不对称和激励问题发展起来的。委托代理理论的中心任务是研究在利益相冲突和信息不对称的环境下,委托人如何设计最优契约激励代理人。

委托代理理论建立的基础是非对称信息博弈论。非对称信息(asymmetric information)指的是某些参与人拥有但另一些参与人不拥有的信息。研究非对称信息博弈的模型包含逆向选择模型(adverse selection)和道德风险模型(moral hazard)。

委托代理理论以委托代理关系为主要研究对象。委托代理关系是指一个或多个行为主体根据一种明示或隐含的契约,指定、雇佣另一些行为主体为其服务,同时授予后者一定的决策权力,并根据后者提供的服务数量和质量对其支付相应的报酬。授权者就是委托人,被授权者就是代理人。该理论的主要观点认为:委托代理关系是随着生产力大发展和规模化大生产的出现而产生的。其原因一方面是生产力发展使得分工进一步细化,权力的所有者由于知识、能力和精力的原因不能行使所有的权力了;另一方面专业化分工产生了一大批具有专业知识的代理人,他们有精力、有能力代理行使好被委托的权力。在委托代理的关系当中,由于委托人与代理人的效用函数不一样,委托人追求的是自己的财富更大,而代理人追求的是自己的工资津贴收入、奢侈消费和闲暇时间最大化,这必然导致两者的利益冲突。在没有有效的制度安排下,代理人的行为很可能最终损害委托人的利益。而世界——不管是经济领域还是社会领域——都普遍存在委托代理关系。

由于委托代理关系在社会中普遍存在,因此委托代理理论被用于解决各种问题。如国有企业中,国家与国企经理、国企经理与雇员、国企所有者与注册会计师,公司股东与经理,选民与官员,医生与病人,债权人与债务人都是委托代理关系。因此,寻求激励的影响因素,设计最优的激励机制,将会越来越广泛地被应用于社会生活的方方面面。

三、物业管理委托代理

1. 物业管理委托代理的概念

委托代理是指代理人的代理权是基于被代理人授权的意思表示而产生的代理。

物业管理是一种委托代理,其依据是委托合同。代理关系的主体包括:代理人即物业服务企业;被代理人即开发建设单位或业主(业主委员会);相对人即专业服务公司等。

物业管理委托代理的过程如下:初始委托人(产权人)→业主委员会→物业服务企业→最终代理人(直接提供服务)。

2. 物业管理委托代理的业务类型

物业管理委托代理的业务类型主要有两类:一是受开发建设单位之托代理物业管理业务;二是受业主之托代理物业管理业务。

3. 实施物业管理委托代理应注意的方面

(1)尽可能掌握较多的信息,以减少物业委托中的信息不对称性。如物业服务企业在接受开发建设单位委托时,可通过早期介入获得较多信息,以确保建筑工程的质量,维护未来业主的利益。

(2)业主应尽可能了解有关开发建设单位和物业服务企业的信息,诸如诚信、实力、工程技术水平、服务水平、经营理念、企业文化等,改变在信息上的劣势地位。

(3)无论是哪种代理业务均应签订物业管理委托合同。合同的文本要规范,内容要全面,用词要准确,以确保信息的准确性和双方利益。

(4)物业服务企业和业主尽可能利用专业中介机构,如调查公司、律师事务所等搜集重要信息,为决策服务,减少决策失误。由于业主可能处于信息劣势,因此应慎重选择代理人。

课堂案例【5-1】

李某1999年11月购买了某房地产公司开发的某小区3号楼一套单元房。李某对房屋进行装修后,于2000年1月2日入住,并向该房地产公司物业管理部交纳了2000年上半年的物业管理费1200元。2000年3月10日晚9时许,李某外出回来后将新购买的摩托车放入楼下的车棚里。第二天早晨李某上班时,发现车棚大门被人撬开,自己的摩托车被盗。当地派出所到现场进行了调查并立案,但是直到6月底仍未有结果。李某在咨询律师后向房地产公司提出了索赔,房地产公司要求李某等案件侦破后再说。由于双方协商多次达不成一致意见,李某向法院提出了诉讼。

案例点评:

本案房地产公司售房广告中明确界定小区物业管理的服务范围包括维护财产安全的看护义务(在通常情况下广告是没有约束力的,但是本案中房地产公司的售房广告内容却符合《合同法》关于要约的规定,是房地产公司对购买者提出的物业管理服务合同的条款,对其具有约束力)。李某与房地产公司之间事实存在着委托物业管理合同关系,李某在向房地产公司物业管理部支付管理费后,已经尽了合同义务,有理由要求房地产公司履行合同义务。房地产公司在提供服务时,由于制度不完备,防范措施不力,疏于管理,没有尽到应尽的责任,造成李某摩托车被盗,显然违背了合同约定的义务。《合同法》第一百零七条规定"当事人一方不履行合同义务或者履行合同义务不符合约定的,应当承担继续履行、采取补救措施或者赔偿损失等违约责任"。由此可见,房地产公司应当赔偿李某的摩托车。房地产公司以应由盗窃人赔偿李某损失为借口来推卸自身责任是毫无道理的。

第二节 建筑物区分所有权

一、建筑物区分所有权的概念

建筑物区分所有权是指根据使用功能,将一栋建筑物于结构上区分为由各个所有人独自使用的专用部分和由多个所有人共同使用的共用部分,每一所有人享有对其专有部分的专有权与对共用部分的共有权的结合。

建筑物区分所有权是指同一栋建筑物上存在多个所有权的情形。这种状况,主要是现代社会大量高层或多层楼房的出现带来的。我国改革开放以来,由于住房制度的改革,大量商品房的出现,在城市已形成了很多的住宅小区,业主的建筑物区分所有权已经成为私人不动产物权中的重要内容。物权法适应现实的要求,确立了我国的建筑物区分所有权。

课堂案例【5-2】

家住某小区 7 幢 302 室的王某在对新房进行装修时,为了改善其客厅的采光条件,便在客厅朝南的外墙小阳台旁又自行开设了一扇 1.5 米×1.2 米的塑钢窗户。楼下住户刘某见状后,即以王某擅自在楼房外墙开设窗户对其居住造成安全隐患为由,要求王某立即将开设的窗户拆除并恢复原状。

案例点评:

王某擅自在外墙开设窗户的行为,构成对刘某的侵权,二人所居住的同一幢商品房系二人及该幢其他住户区分共有,二人及其他住户既对各自的专有部分享有单独所有权,又对共用部分按其专有部分的比例享有共有权,这是我国民法上的建筑物区分所有权理论。王某在其居室的外墙壁开设窗户的行为,从形式上看好像是其正常行使专有所有权,并未对原告的居住安全构成妨碍,但正是由于王某是在属于共有部分的其居室的外墙壁上擅自开设窗户,既未经城市规划建设部门的批准,又未征得其他共有人的书面同意,尽管该窗户的开设未对整幢楼房的主体造成明显的结构性损坏且目前不影响居住和使用安全,但王某的行为仍构成对刘某及其他共有人共有权的侵害,故依法应承担排除妨碍、恢复原状的民事责任。

二、建筑物区分所有权的法律规定

根据《物权法》第七十条规定,业主对建筑物内的住宅、经营性用房等专有部分享有所有权,对专有部分以外的共有部分享有共有和共同管理的权利。根据上述规定,业主的建筑物区分所有权,包括了三个方面的基本内容:

(1)业主对专有部分的所有权。即业主对建筑物内属于自己所有的住宅、经营性用房等专有部分可以直接占有、使用,实现居住或者经营的目的;也可以依法出租、出借,获取收益和增进与他人感情;还可以用来抵押贷款或出售给他人。

(2)业主对建筑区划内的共有部分享有共有权。即业主在法律对所有权未作特殊规定的情形下,对专有部分以外的走廊、楼梯、过道、电梯、外墙面、水箱、水电气管线等共有部分,对小区内道路、绿地、公用设施、物业管理用房以及其他公共场所等共有部分享有占有、使用、收益、处分的权利;对建筑区划内,规划用于停放汽车的车位、车库有优先购买的权利。

《物权法》第七十四条对建筑区域内的车位、车库的所有权归属作了如下规定:①建筑区划内,规划用于停放汽车的车位、车库应当首先满足业主的需要。②建筑区划内,规划用于停放汽车的车位、车库的归属,由当事人通过出售、附赠或者出租等方式约定。③占用业主共有的道路或者其他场地用于停放汽车的车位,属于业主共有。

(3)业主对共有部分享有共同管理的权利,即有权对共用部位与公共设备设施的使用、收益、维护等事项通过参加和组织业主大会进行管理。《物权法》第七十六条规定:制定和修改业主大会议事规则,制定和修改建筑物及其附属设施的管理规约,选举业主委员会和更换业主委员会成员,选聘和解聘物业服务企业或者其他管理人,筹集和使用建筑物及其附属设施的维修资金,改建、重建建筑物及其附属设施等事项需由业主共同决定。决定筹集和使用建筑物及其附属设施的维修资金;改建、重建建筑物及其附属设施,应当经专有部分占建筑物总面积 2/3 以上的业主且占总人数 2/3 以上的业主同意。决定有关制定和修改业主大会议事规则等其余事项,应当经专有部分占建筑物总面积过半数的业主且占总人数过半数的业主同意。

业主的建筑物区分所有权三个方面的内容是一个不可分离的整体。在这三个方面的权利中,专有部分的所有权占主导地位,是业主对共有部分享有共有权以及对共有部分享有共同管理权的基础。如果业主转让建筑物内的住宅、经营性用房,其对共有部分享有共有和共同管理的权利则也一并转让。业主享有建筑物区分所有权的同时,也必须履行相应的义务。如行使专有部分所有权时,不得危及建筑物的安全,不得损害其他业主的合法权益;业主专有部分装饰装修不能破坏建筑物的整体结构;住宅内不得存放易燃易爆等危险物品;对公共部分行使共有权时,必须遵守相关法律规定和管理规约的约定;业主不得违反法律、法规以及管理规约,将住宅改变为经营性用房;业主将住宅改变为经营性用房的,除遵守法律、法规以及管理规约外,应当经有利害关系的业主同意;业主应认缴物业共有部分维修、更新、改造等的住宅专项维修资金等。

知识链接

《物权法》第七十条规定:业主对建筑物内的住宅、经营性用房等专有部分享有所有权,对专有部分以外的共有部分享有共有和共同管理的权利。

三、建筑物区分所有权的构成因素

(一)专有权

建筑物区分所有人的专有权是指区分所有人对专属自己的,由建筑材料组成的,在构造上和使用上具有独立性的封闭建筑空间所享有的所有权。如德国法学家贝尔曼认为,专有权是在"供居住或供其他用途(尤其供营业或办公)的建筑空间上所设立的专有所有权"。

(二)共有权

1.共有权的概念

建筑物区分所有人的共有权是指建筑物区分所有人依照法律或管理规约的规定,对建筑物的共有部分所享有的占有、使用和收益的权利。

2.共有权的属性

(1)不可分割性。根据区分所有建筑物的使用目的,共有部分具有不可分割性。否则不称其为共有。

(2)从属性。鉴于区分所有建筑物的专有部分与共有部分在物理上具有不可分的统一结构体关系,区分所有人取得专有部分所有权,必须附带取得共有部分所有权,以获得使用上的方便。

3.共有权的范围

共有部分是建筑物区分所有权的核心问题。根据各国建筑物区分所有权法,共有部分范围包括以下方面:

(1)专有部分以外的其他部分,如门厅、电梯、走廊、屋顶、地下室。

(2)不属于专有部分的附属建筑物:①建筑物的附属物,如给水排水设备、供电设备、空调设备、各种配备线等;②建筑物的附属设备,如天井、水塔、游泳池、停车场、建筑物外的照明设备等。中国建设部1989年11月21日发布的《城市房产毗连房屋管理规定》以列举的方式明确了共有部分的范围,即门厅、阳台、屋面、楼道、厨房、院落、上下水设施、基础、柱、梁、墙、可上人层盖、楼梯、电梯、水泵、暖气、电照、沟管、垃圾道、化粪池等。

4.共有权的三项权能

共有权的三项权能包括使用权、收益权和处分权。所谓使用权是指各区分所有权人对共有部分依其设置目的及通常使用方法享有正当使用的权利,包括共同使用与轮流使用,如庭院、电梯、走廊等依其性质可共同使用,而电话、洗衣机、球类、会客室等仅可供轮流使用。所谓收益权是指收取共有部分的天然孳息及法定孳息的权利。对于共有部分所产生的收益,除区分所有权人之间另有约定外,应当由区分所有权人按其共有部分应有的比例收取。所谓处分权,包括事实上的处分和法律上的处分。对于事实上的处分,如对共有部分及其相关设施的拆除,应由区分所有权人全体会议决定。对于法律上的处分,如区分所有权人处分共有部分时,应与专有部分同时进行。

(三)成员权

成员权是建筑物区分所有权人由于使用同一建筑物而形成不可分离的共同关系,作为建筑物的一个团体组织的成员而享有的权利和承担的义务。成员权存在的基础是全体区分所有权人因在一栋建筑物内共同居住或工作而形成的共同关系。它是通过区分所有权人组成区分所有权人大会、制定管理规约、选举管理委员会、委托物业管理企业对建筑物进行管理等形式予以行使的。

课堂案例【5-3】

2003年下半年,陈某购买了坐落在繁华路段临街商住楼二楼的住宅房一套。底层店面房为某书店住所。2004年2月,经市城市建设监察大队批准同意,该书店在外墙设置户外广告。书店广告牌用铁架支撑,使广告牌距离二楼阳台外墙约30厘米,整个广告牌面积将二楼阳台外墙面全部遮掩。牌面上写有"某某书店"等文字内容。陈某认为广告牌虽离二楼阳台外墙面约 30 厘米,但是其仍占用了二楼阳台墙外的空间,若要在该处安装空调、晾衣架等,必将受到妨碍,遂多次找书店交涉,书店则认为陈某对其二楼阳台外墙横向空间没有优先利用权,二楼住宅阳台外墙的外侧属于公用部分,并非由二楼住户所专有,因此不同意将广告牌拆除。

案例点评:

同一幢高层建筑物中的不同所有权主体对各自墙外横向合理空间可以优先利用,他人不得妨碍。某某书店在其门面上方完全有足够的空间设置招牌和广告牌,并未达到非在二楼阳台外设置广告不可的程度。因此,陈某有权要求书店拆除广告牌以排除妨碍。

本章小结

本章主要介绍物业管理的两个理论基础——委托代理理论和建筑物区分所有权。

委托代理理论以委托代理关系为主要研究对象。委托代理关系是指一个或多个行为主体根据一种明示或隐含的契约,指定、雇佣另一些行为主体为其服务,同时授予后者一定的决策权力,并根据后者提供的服务数量和质量对其支付相应的报酬。物业管理是一种委托代理,其依据是委托合同。代理关系的主体包括代理人即物业服务企业,被代理人即开发建设单位或业主(业主委员会)以及相对人即专业服务公司等。

建筑物区分所有权是指根据使用功能,将一栋建筑物于结构上区分为由各个所有人独自使用的专用部分和由多个所有人共同使用的共用部分,每一所有人享有对其专有部分的专有权与对共用部分的共有权的结合。根据《物权法》规定,业主的建筑物区分所有权,包括了三个方面的基本内容:一是业主对专有部分的所有权;二是业主对建筑区划内的共有部分享有共有权;三是业主对共有部分享有共同管理的权利,即成员权。

课后讨论

假如你是某物业服务企业经理,在接受物业委托单位的物业管理委托时,应当注意什么问题?

复习思考题

1. 物业管理委托代理相关主体有哪些?
2. 物业管理公司与业主委员会之间的关系如何?
3. 业主的建筑物区分所有权包括哪些基本内容?

实践与训练

项目:案例解决方案策划与模拟表演。

业主张某刚刚入住,每天晚上在家唱卡拉 OK 且音量很大,其他业主投诉至物业后,物业管理处工作人员对张某进行劝阻。请运用《物权法》关于业主的建筑物区分所有权相关规定对其予以解释。

实训目标:增强对区分所有权理论的理解和应用。

实训内容与要求:在班级里抽取部分同学,分角色扮演案例中的人物,模拟情景,现场表演纠纷发生及处理过程。

成果与检测:

1. 班级现场情景模拟。
2. 一份纠纷处理的解决方案。

案例分析

  叶某、沈某、董某、朱某、林某均居住在江苏省扬州市某单位所有楼房的同一单元内。该幢房屋为商用楼,该单位将位于该单元一、二楼的营业用房租给孙某夫妻经营火锅店。叶某等人认为,火锅店擅自在房屋一楼与二楼的楼梯间开设边门,其对边门的使用致使楼梯间的墙面与楼梯踏步污损较重,为此,叶某等5位业主将该单位、火锅店及孙某夫妻告上法庭,要求被告立即用砖墙封闭在一楼、二楼楼道旁擅自开设的边门,恢复原状。

  案例讨论:

  1.根据建筑物区分所有权相关理论,火锅店边门的开设是否侵犯了业主的共有权?

  2.边门的存在是否侵害了其他业主的相邻权? 法院应当如何判决?

第六章
物业管理法律关系概述

学习要点

1. 了解法律基础知识及物业管理法的概念和调整对象,物业管理立法的过程等
2. 理解物业管理法的体系及效力,物业管理条例立法的原则与主要制度等
3. 掌握物业法律关系的构成要素、物业法律责任的类型等

关键概念

法　　法律　　物业管理法　　物业管理法律关系　　物业管理法律责任　　物业管理条例

案例导入

北京某物业中心是北京 A 实业总公司的下级单位,但二者是两个独立的法人单位。物业中心根据合同负责向某小区供暖,小区业主戴某以 A 实业总公司拖欠其工程款 7.35 万元为理由,要求用此款抵消物业中心的供暖款,拒绝向物业中心支付供暖款。物业中心多次向戴某索要供暖款未果,便将戴某起诉到法院,要求法院判决戴某付给供暖款并根据合同承担滞纳金。

问题:

1. 这三方是不是物业法律关系主体? 要成为物业法律关系主体的资格分别是什么?
2. 这三方各属于什么类型的法律关系? 为什么?
3. 法院应如何协调?

第一节　物业管理的法律基础

一、法律基础知识概述

(一)法和法律的概念及特点

1. 法的概念

法是指表现为国家意志,由国家制定或认可,以权利义务为主要内容,具有普遍约束力并受国家强制力保证实施的行为规则(规范)的总称。在中国,法包括全国人民代表大会及其常务委员会,国务院,各省、自治区、直辖市人民代表大会及其常务委员会等机构制定的规范性法律文件。

2. 法律的概念

法律的概念有广义和狭义两种。在广义上,法律与上述法的概念一致。在狭义上,法律仅指拥有最高立法权的国家立法机关制定或认可的,以权利义务为主要内容的,具有国家强制性的行为规则,即仅指全国人民代表大会及其常务委员会制定的规范性法律文件。

3. 法的基本特征

法的基本特征是法与其他社会规范的重要区别,对于法的基本特征的认识,有利于进一步深化对法的含义的理解与把握。法的基本特征主要有下列几个方面:

(1)法的国家意志性。法都是以国家意志的形式表现出来的。这种国家意志性主要包括两层含义:①法都是由国家制定或认可;②法都是以国家的名义颁行的,具有国家的权威性。法的国家意志性是法的基本属性和重要特征。法如果不具备这一特征,就无法将其与其他社会规范相区别。

(2)法的普遍约束力。法在其制定或认可者管辖的范围内具有普遍约束力,任何组织或者个人都不能违反,否则都应当承担相应的法律责任,其中包括接受严厉的法律制裁与处罚。在法的视野中,即使是那些在法律上享有特权的组织或个人,也只能在法律的范围内享有法定的特权。超越法律的特权行为,在任何时候都是法律本身所反对的。

(3)法的国家强制性。法具有以国家强制力作为保障的特征,具有国家强制性。社会成员在法律的强制下遵守法律,实际上是慑于法的国家强制性的压力。离开国家强制力,单纯的法律规范本身是无能为力的。正是因为法具有国家强制性,一些违法行为才会因法所伴随的国家强制力的存在而被遏制,一些违法行为也因此才受到法律的制裁。

(4)法的明确公开性。法都应当是明确公开的。这里的明确是指法的规定应当清楚明白而无歧义,便于人们遵守和执行。公开是指法的规定应当是为公众所知悉或所能够知悉的,不具有秘密性质。法的明确公开性使法具有了社会规范的意义,能够成为人们普遍遵守的行为准则;使法具有了客观的评判准则的意义,被用做行为的评判准则;也有利于人们根据法律的规定来调整自己的行为,成为人们行为的指南。

(5)法的权利义务性。法都是以权利义务作为自己的内容的。法通过对人们权利义务的设定,告诉人们在社会生活中可以做什么、必须做什么和不得做什么,从而为各种法律关系中的主体提供具体的行为准则。法的权利义务性质比道德规范、宗教教规更为严格、特殊,是法之所以成为法的重要标志。

(二)法的分类

1. 公法与私法

公法和私法是大陆法系国家中法最基本的分类。

公法与私法所调整的法律关系不同。公法是规范性法律关系主体中一方为国家、具有管理与服从关系的法。私法是规范人们之间平等的、自主关系的法。国家也可以出现在私法关系中,但这时国家是以非公权的身份出现。

公法和私法是相互制约、互为补充的关系:公法用以防止私法的滥用,私法则用以限制公法的无限扩大。

2. 成文法与不成文法

从法的创制方式和表现形式来分,有成文法和不成文法两种。

成文法是指由国家政权机关按照立法程序,用条文形式制定,并经公布施行的法。不成文法是指未经过国家立法程序制定,由国家认可并赋予法律效力的习惯、判例等。所以,不成文法也称国家认可法。

中国法属成文法,判例不是法的渊源(即表现形式)之一。

3. 实体法与程序法

从法所规定的内容来看,有实体法和程序法两类。

实体法是以规定主体的权利义务关系或职权职责关系为主要内容的法,如民法、刑法等。程序法是以保证主体的权利和义务得以实现或保证主体的职权和职责得以履行所需程序或手续为主要内容的法,如民事诉讼法、行政诉讼法、刑事诉讼法等。

4. 国内法与国际法

从法的适用范围来分,有国内法和国际法两类。

国内法是指由国内有立法权的主体制定,其效力范围一般不超出本国主权范围的法。国际法是由参与国际关系的两个或两个以上国家或国际组织制定、认可或缔结的,确定其相互关系中的权利义务,并适用于它们之间的法。其主要表现形式是国际公约。

5. 一般法与特别法

一般法与特别法的划分是以法律效力的范围作为标准的。

在一个国家内的一般公民、法人和一般事项都适用的法,为一般法。宪法和基本法律,包括宪法性法律、民法、刑法、民事诉讼法、刑事诉讼法、行政诉讼法等,都是一般法。

在一个国家内特定人(包括法人)、特定事项、特定区域适用的法,为特别法。如民族区域自治法、香港特别行政区基本法是宪法的特别法,担保法、著作权法、商标法、专利法是民法通则的特别法,全国人民代表大会常务委员会关于惩治偷税、抗税犯罪的补充规定等是刑法的特别法。

一般法与特别法的划分是相对而言的。这种相对性有两层含义:①一般法与特别法的划分不是绝对的,相对于此法是特别法的,相对于彼法有可能就是一般法。如公司法相对于民法通则是特别法,而相对于各企业法就是一般法。②一般法与特别法的划分中是以在“人”、“事”、“地”三方面相对狭小、较详尽者为特别法。根据《中华人民共和国立法法》规定,在同一阶位的法律之间,特别法优于一般法;对同一事项两种法都有规定,是特别法比一般法优先,优先适用特别法。

(三)中国现行法

在法律的效力形式上,中国现行法包括宪法、法律、行政法规、地方性法规(含民族自治区的自治条例和单行条例、特别行政区的法、经济特区的法)、行政规章等。

1. 宪法性法律

宪法性法律是以宪法典为核心,由所有具有宪法性质的法律构成的一个整体。它包括宪法、选举法、人民代表大会组织法、立法法等。

宪法是国家的根本大法,由全国人民代表大会制定和修改,具有最高的法律效力,是制定其他法律的依据。宪法规定国家的社会制度、国家制度、国家机构和公民的基本权利义务等。

2. 法律

这里的法律是狭义的,仅指由最高国家权力机关,即最高国家立法机关——全国人民代表大会及其常务委员会——依法制定的规范性法律文件的总称。它包括基本法律和基本法律以外的其他法律两类。基本法律是由全国人民代表大会制定的,调整国家和社会生活中具有普遍性的社会关系的规范性法律文件的总称,如民法、婚姻法、民事诉讼法、刑事诉讼法、行政诉讼法等。基本法律以外的其他法律是指某些调整具体社会关系的规范性法律文件的总称。

在一个国家内,法律必须以宪法作为根据,其效力仅次于宪法(包括具有宪法性质的法律),而高于其他法。法律的解释权属于全国人民代表大会常务委员会,其法律解释同法律有同等效力。

3.行政法规

行政法规是指由最高国家行政机关,即中央人民政府——国务院颁发制定的规范性法律文件的总称。行政法规应以宪法和法律作为依据,并不得与宪法和法律相抵触,其效力低于宪法和法律。行政法规通常规定有关行政管理和行政事项。

4.地方性法规(自治条例、单行条例)

地方性法规是由省、自治区、直辖市人民代表大会及其常务委员会根据本行政区域的具体情况和实际需要,在不与宪法、法律和行政法规相抵触的前提下,制定的规范性法律文件的总称。其效力不超过本行政区域范围,可作为地方司法的依据之一。

较大的市的人民代表大会及其常务委员会根据本市的具体情况和实际需要,在不与宪法、法律、行政法规和本省、自治区的地方性法规相抵触的前提下,可以制定地方性法规,报省、自治区人民代表大会常务委员会批准后施行。

民族自治地方的人民代表大会有权依据当地民族的政治、经济和文化的特点,制定自治条例和单行条例。自治区的自治条例和单行条例,报全国人民代表大会常务委员会批准后生效。自治州、自治县的自治条例和单行条例,报省、自治区、直辖市人民代表大会常务委员会批准后生效。

自治条例和单行条例可以依照当地民族的特点,对法律和行政法规的规定作出变通规定,但不得违背法律和行政法规的基本原则,不得对宪法和民族区域自治法的规定以及其他有关法律、行政法规专门就民族自治地方所做的规定作出变通规定。

5.行政规章

行政规章分为部门规章和地方政府规章两种,是有关行政机关制定的事关行政机关的规范性法律文件的总称。

部门规章是指国务院的组成部门及其组成机构在其职责范围内制定的规范性文件。国务院各部委、中国人民银行、审计署和具有行政管理职能的直属机构,可以根据法律和国务院的行政法规、决定、命令,在本部门的权限范围内制定规章。涉及两个以上国务院部委职权范围的事项,应当提请国务院制定行政法规或者由国务院各部委联合制定规章。如《房产测绘管理办法》(建设部令83号)为建设部、国家测绘局联合制定的部门规章。部门规章的效力低于宪法、法律、行政法规,不得与它们相抵触。

地方政府规章是有权制定地方性法规的地方人民政府根据法律、行政法规制定的规范性文件。地方政府规章可以就下列事项作出规定:①为执行法律、行政法规、地方性法规的规定需要制定规章的事项;②属于本政区域的具体行政管理事项。地方政府规章除了不得与宪法、法律、行政法规相抵触外,还不得与上级和同级地方性法规相抵触。

(四)中国现行法之间的效力

法律效力是指法律在什么条件下,在什么时间、什么区域,对什么人或什么事项有约束力。在上面讲述一般法与特别法以及中国现行法时,已讲了有关法的效力问题,在此再单独做一介绍。

根据《中华人民共和国立法法》的规定,在中国现行法中,宪法具有最高的法律效力,一切法律、行政法规、地方性法规(自治条例、单行条例)、行政规章都不得与宪法相抵触。

法律的效力高于行政法规、地方性法规和行政规章。行政法规的效力高于地方性法规、行政规章。地方性法规的效力高于本级和下级地方政府规章。省、自治区的人民政府制定的地方性规章的效力高于本行政区域内的较大的市人民政府制定的地方政府规章。

部门规章之间、部门规章与地方政府规章之间具有同等效力,在各自的权限范围内施行。

对于同一机关制定的法律、行政法规、地方性法规(自治条例、单行条例)、行政规章,特别规定与一般规定不一致的,适用特别规定;新的规定与旧的规定不一致的,适用新的规定。

地方性法规与部门规章之间对同一事项的规定不一致,不能确定如何适用时,由国务院提出意见,国务院认为应当适用地方性法规的,应当决定在该地方适用地方性法规的规定;认为应当适用部门规章的,应当提请全国人民代表大会常务委员会裁决。

部门规章之间、部门规章之间与地方政府规章之间,对同一事项的规定不一致的,由国务院裁决。根据授权制定的法规与法律规定不一致,不能确定如何适用时,由全国人民代表大会常务委员会裁决。

法律、行政法规、地方性法规(自治条例、单行条例)、行政规章不溯及既往,但为了更好地保护公民、法人和其他组织的权利和利益而有特别规定的除外。

知识链接

我国的立法体制

立法体制是一个国家立法权限如何划分的制度。主要内容包括两个方面:一是哪些国家机关享有立法权,享有多大的立法权;二是享有不同立法权限的国家机关之间是一种什么样的关系。从世界范围来看,主要有三种不同的立法体制:一是一级立法体制,即立法权由中央统一行使,地方不享有立法权;二是二级立法体制,即立法权由中央和地方共同行使;三是一元二级立法体制,即立法权主要集中在中央,地方享有部分立法权。一个国家采取什么样的立法体制,是由这个国家的国体、政体、国家结构、历史传统以及民族情况等一系列客观原因决定的。我国是一个统一的、多民族的、单一制的人民民主专政的社会主义国家,人民代表大会制度是我国的根本政治制度。我国的立法体制有自己的特点。根据宪法、立法法和有关组织法的规定,我国的立法体制是统一、多层级的立法体制。所谓统一,一是所有立法都必须以宪法为依据,不得同宪法相抵触,下位法不得同上位法相抵触,二是国家立法权由全国人大及其常委会统一行使,法律只能由全国人大及其常委会制定。所谓分层次,就是在保证国家法制统一的前提下,国务院可以制定行政法规,省、自治区、直辖市以及较大的市的人大及其常委会可以制定地方性法规,经济特区所在地的省、市的人大及其常委会可以制定经济特区法规,民族自治地方的人大可以制定自治条例和单行条例。此外,国务院各部、委员会、中国人民银行、审计署和具有行政管理职能的直属机构可以制定规章,省、自治区、直辖市以及较大的市的人民政府也可以制定规章。法律、行政法规、地方性法规、自治条例、单行条例、规章都是我国法律体系的组成部分。

二、物业管理法律法规

(一)物业管理法的概念

简单地说,物业管理法是调整物业管理关系规范的总称。对物业管理法的理解有广义和狭义之分。狭义的物业管理法指国务院颁布实施的《物业管理条例》;广义的物业管理法不仅包括《物业管理条例》,也包括全国人大常务委员会、国务院及各部门制定的法律、法规、部门规章,还包括有立法权的地方各级立法机关和行政机关制定的地方性法规、地方性规章和其他规范性文件。本书采用广义的物业管理法概念。

(二)物业管理法的调整对象

法律总是反映和调整一定的社会关系的,物业管理法作为法律的一个组成部分,它所反映和调整的是物业管理活动中形成的社会关系——物业管理关系。物业管理关系本质上属于以物质利益为直接内容的经济关系。作为物业管理主要对象的房屋及配套的设施设备和相关场地属于不动产范畴,从法律上讲具有不可移动性,这决定了物业管理活动不同于一般的经济活动,它具有自身的特性和经营规则,这也正是物业管理法产生的一个重要原因。物业管理关系既包括业主和物业管理企业依据物业管理合同约定,在对房屋及配套的设施设备和相关场地进行维修、养护、管理,对相关区域内的环境卫生和秩序进行维护过程中产生的社会关系,还包括有关行政机关在对物业管理行业发展进行管理、指导和监督过程中发生的社会关系。

(三)我国物业管理法的产生与发展

我国内地的物业管理产生于20世纪80年代初期。改革开放政策使商品经济得以复苏,特别是沿海开放城市率先打破了传统的土地管理和使用制度,并实施一系列优惠政策,从而吸引了大量的外资涌入,房地产业异军突起,涉外商品房产生。涉外商品房的业主、住户大多为港、澳、台地区同胞和海外侨胞,他们按海外生活的水准对商品房提出了售后要求,即所购房产保值、增值的要求和居屋环境安全、舒适、文明的要求。传统的福利性房管制度无法适应这一新形势,所以,物业管理在涉外商品房最先被配套引入。

1980年,深圳市房地产公司与港商合资开发的深圳第一个涉外商品房工程——东湖丽苑小区——开工兴建。深圳市房地产管理局借鉴香港地区的物业管理,于1981年3月10日成立了深圳市物业管理公司。深圳市物业管理公司率先打破福利性房管模式,在涉外商品房住宅区推行有偿服务,综合管理,首创"社会化、专业化、企业化经营型的物业管理体制",受到国家建设部的首肯,并向全国推广。

1988年,伴随深圳住房制度改革,房管制度的革新也连续展开,物业管理迅速发展。为把竞争机制引入住宅区管理,以提高住宅区管理水平,保证住宅区的环境清洁优美,让住户安居乐业,1988年深圳市制定了与房改方案配套的《住宅区管理细则》。1987年7月,在实施房改不到一年的时间,深圳市房产管理局就把下属事业性质的房管所全部改组成企业性质的物业管理公司,同时在所有的公产房住宅区推行企业化、专业化的物业管理。实施物业管理减轻了国家及企业的负担,提高了住宅区管理的效率。随着房改的深入,住户不仅增强了住房消费意识,同时也增强了物业管理的消费意识。1993年,在莲花北住宅区试行了通过招投标选择物业管理公司的办法,将市场竞争机制引入物业管理,物业管理开始走向社会化。物业管理的招投标打破了"谁开发、谁管理"的旧模式,打破了物业管理单位的终身制。1993年6月30日,深圳成立了国内首家物业管理协会。1994年，深圳市颁布了《深圳经济特区住宅区物业管理条例》，为深圳物业管理行业的规范化、法制化奠定了基础，使物业管理行业有章可循、有法可依，物业管理迈向了新的历程。

1994年3月，建设部颁布了《城市新建住宅小区管理办法》，把物业管理正式纳入法制化轨道。同年5月，我国颁布了《城市房地产管理法》，1998年8月，修改并通过了《土地管理法》，对土地利用方式和管理方式进行了重大改革。1999年建设部颁布了《全国物业管理从业人员岗位证书管理办法》和《物业管理企业资质管理试行办法》，对加强物业管理企业的资质管理，提高物业管理水平，促进物业管理行业健康发展具有重要作用。1991年至2004年国家先后颁布实施《城市房屋修缮管理规定》、《住宅室内装饰装修管理办法》、《物业管理条例》、《前期物业管理招标投标管理暂行办法》、《业主大会规程》、《物业服务收费管理办法》、《物业服务收费明码标价规定》等一系列法规。

《物业管理条例》（以下简称《条例》）已于2003年9月1日正式实施。这是我国物业管理业的一件大事，对我国的物业管理活动产生了积极的影响，并加速了我国物业管理业的发展。《条例》的正式颁布实施，对物业管理活动中各市场主体的权利义务及法律责任都以行政法规的形式做出明确规定，对于保障物业管理活动的顺利开展，维护业主、物业管理企业、建设单位及相关主体的合法权益都有着积极的作用。

《条例》的正式颁布实施还对过去物业管理活动中产生的难以解决的纠纷和诉讼，提供了规范的法律法规依据。《条例》既考虑到了物业管理市场主体中的局部利益，又保证了物业管理发展的总体利益；既顾及了我国物业管理的现状，又充分考虑到我国物业管理的长远发展。

《条例》体现了当事人的地位平等，维护了公平有序的竞争，为物业管理市场活动中自愿、公开、等价交换、诚实信用等原则的实施提供了法律保障，使物业管理活动中的法律诉讼运作、民事行为调节有了判断的依据，使各地方性法规的制订和修订有了依据，为在我国建立规范化的物业管理法律体系奠定了坚实的基础。

《条例》的颁布实施，还将进一步规范物业管理市场中的主、客体的行为，使物业管理市场竞争更加激烈、更加规范，促使物业管理企业在经营型、专业化、社会化、市场化等方面下大力去提高自身的竞争力。

三、物业管理的法律关系

(一)物业管理法律关系的概念

1.法律关系

法律关系是法律在调整人们行为的过程中所形成的权利、义务关系。法律关系是社会关系的一种特殊形态，与一般的社会关系相比较，它具有以下三个基本特征：

(1)法律关系是以法律规范为前提而形成的社会关系。法律关系是法律对人们的行为和相互关系加以调整时出现的一种状态，因此在没有相应的法律规范之前，就不可能形成相应的法律关系，虽然人与人之间存在某种社会关系，但它不具有法律意义，只是一种单纯的社会关系。如在国家颁布互联网有关法律规范前，人们通过网络可以形成一定社会关系，网上行为只受到道德等规范的约束，只有相关法律颁布以后，这些社会关系受到了国家调整，人们遵守网络法律规定，才形成了互联网络法律关系。

(2)法律关系是以法律上的权利、义务为内容的。法律关系与一般社会关系的区别就在于在法律化的社会关系中,当事人之间按照法律规范分别享有一定权利,承担一定义务,这种权利义务关系形成一条纽带,将当事人联系在一起。权利、义务来源于法律的规定,当事人之间的约定只有符合法律规范才为法律所认可,并受到法律保护。

(3)法律关系是以国家强制力为保障的社会关系。法律是由国家制定或认可的,它强烈地体现了国家的意志,必然得到国家的维护。法律规定了人们可以干什么,必须干什么,不能干什么。人们之间因为某种法律事实的出现,抽象的法律关系就变成现实的法律关系,当事人之间依据法律规范形成特定的权利和义务关系。如果这种权利、义务关系受到破坏,就意味着国家意志所维护的秩序遭到破坏,因此国家强制力会立即发挥作用或者经过权利人请求后发挥作用,给破坏者以适当的制裁。

2.物业管理法律关系

物业管理法律关系指物业管理法律规范在调整人们在物业管理行为过程中形成的权利和义务关系。它是法律关系的一个分支,是物业管理社会关系的法律调整形式。例如:在物业管理合同中,当事人约定房屋装修程序和监督内容,物业管理企业和房屋权属人之间就形成房产装修方面的物业管理权利与义务关系。

(二)物业管理法律关系的特征

物业管理法律关系具有法律关系的共有特征,与其他法律关系比较,物业管理法律关系有下述自身特征。

1.物业管理法律关系的复杂性

物业管理法律关系的主体间的权利、义务既有平等主体间的民事关系,又有不平等主体间的行政管理关系。比如,物业管理公司与业主管理委员会的关系是平等主体之间的民事关系,在物业管理过程中,物业管理公司作为一种民事主体,对物业进行修缮、养护、经营和对业主或使用人提供特约服务,业主或使用人给物业管理公司支付一定的劳务报酬。双方的权利、义务用物业管理合同的形式予以反映。另外,物业是城市的基本组成部分,管理维护物业及环境是一种重要的社会管理内容,各种物业管理主体在公共安全、公共秩序、社会责任等方面也应当承担一定的法律责任,所以政府或司法机关对开发建设单位、物业管理公司、业主、物业使用人在物业使用、维护、管理等方面存在着监管关系。因而物业管理活动也涉及国家物业管理行政机关与管理相对人之间的纵向行政关系,它具有隶属性,是一种命令与服从关系。因此物业管理法律关系具有综合性,是交叉重叠的法律关系。

课堂案例【6-1】

北京海淀区某小区的业主王小姐,在购买房屋时,开发商承诺,两个月后她入住时,天然气就可以使用。但是半年后办完入住手续,发现天然气未通气,更过分的是,办理入住手续时,物业公司强行扣了王小姐500元的燃气灶押金,由物业统一向各家发放灶具。由于王小姐家在购头整体厨房时已配齐炉灶,所以要求管理员退还押金,不想管理员态度蛮横并且说,只有使用配发的燃气灶,才给燃气试压通气,王小姐多次与物业交涉,但是都无结果。王小姐实在气不过,就向当地房地产行政管理部门投诉。

请问:该案例主要涉及哪些类型的物业法律关系?

案例点评：

该案例所涉及的物业法律关系主要有开发商与业主之间、物业公司与业主之间的民事法律关系，业主与行政管理部门之间、物业公司与行政管理部门之间的行政法律关系。该案例法律关系复杂，在实践过程中往往容易混淆。

2.主体地位的特殊性

物业管理法律关系中的主体地位表现为两方面：一方面是在物业服务合同中，物业管理企业与业主之间法律地位平等，双方依据法律法规的规定，就物业管理有关事项达成一致意见，形成物业服务合同关系。这种关系与一般民事主体关系一样。不同之处在于业主不仅仅是一个平等的当事人，而且在物业管理过程中依法处于主导地位。业主有权通过自治组织以招标投标方式选聘物业管理企业，监督物业管理企业的服务活动，也有权依法解聘违约的物业管理企业。业主自治组织与物业管理企业之间事实上是一种不对等的关系，业主自治组织作为服务消费者处于一种"买方市场"的优势地位。当然，业主自治组织也不能因此滥用权力，必须遵守法规和合同的规定。

3.物业管理法律客体的特殊性

法律关系的客体指法律关系主体享有的权利与义务所共同指向的对象。物业管理法律客体是物业和物业管理行为。物业是指已建成投入使用的各类建筑物及其相关的设备、设施和场地。毫无疑问，物业是物业管理的基础和依据，也是物业管理法律关系的客体。物业管理服务行为包括相应物业管理行政主管部门的行为、业主自治组织自治服务行为和物业管理企业经营性服务行为。

(三)物业管理法律关系构成

物业管理法律关系同其他法律关系一样，也是由三个要素构成，即物业管理法律关系主体、内容和客体。缺少其中任何一个要素，都不能形成物业管理法律关系；变更任何一个要素，会影响这种法律关系的构成。

1. 物业管理法律关系的主体

物业管理法律关系主体指依照物业管理法规规定，参与物业管理法律关系，并享有相应权利，承担相应义务的当事人。物业管理法律关系主体可分为权利主体和义务主体，享有权利的一方是权利主体，承担义务的一方是义务主体。

在我国，物业管理法律关系的主体十分广泛，主要有以下三方面：

(1)自然人或公民。自然人是指因出生而获得生命的人类个体，是权利主体或义务主体最基本的形态，一般包括本国公民、外国公民和无国籍人。公民是指取得一国国籍并根据该国宪法和法律规定享有权利和承担义务的人。自然人在物业管理活动中可以成为物业法律关系的主体，例如，业主、物业使用人、物业管理公司的管理人员等。

(2)法人。法人是与自然人相对应的概念，是指具有民事权利能力和民事行为能力，依法独立享有民事权利和承担民事义务的组织。根据《民法通则》第二十一条的规定："法人必须依法成立，有必要的财产或者经费，有自己的名称、组织机构和场所，能够独立承担民事责任。"

法人在物业管理活动中是最常见的主体。在我国，法人一般分为企业法人、机关法人、事业单位法人和社会团体法人。在物业管理活动中企业法人是指以营利为目的，独立从事商品生产和经营活动的法人。在物业管理活动中企业法人主要就是房地产开发商和物业管理公司等。机关法人是指依法享有行政权力，并因行使职权的需要而享有相应的民事权利和民事行为能力的国家机关,包括国家权力机关、行政机关、审判机关、检察机关、军事机关、政党机关等。事业单位法人是指以社会公益事业为目的,从事文化、教育、卫生、体育、新闻等公益事业的单位,如学校、医院等。社会团体法人是指自然人或法人自愿组成,为实现会员共同意愿,按照其章程开展活动的非营利性社会组织,如我国境内经过合法登记的各种协会、学会、研究会、基金会、教会、商会、联谊会等。

(3)其他社会组织。这里的其他组织是指依法或者依据有关政策成立,有一定的组织机构和财产,但不具备法人资格的各类组织。在现实生活中,这些组织也被称为非法人组织,包括非法人企业,如不具备法人资格的劳务承包企业、合伙企业、非法人私营企业、非法人集体企业、非法人外商投资企业、个体工商户、农村承包经营户等;非法人机关、事业单位和社会团体,如附属性医院、学校等事业单位和一些不完全具备法人条件的协会、学会、研究会、俱乐部等社会团体。在我国物业管理法律关系中一个十分重要的组织——业主大会——就属于这一类。

知识链接

法律关系主体能力

公民和法人要能够成为法律关系的主体,享有权利和承担义务,就必须具有权利能力和行为能力,即具有法律关系主体构成的资格。

1. 权利能力

权利能力又称权义能力(权利义务能力),是指能够参与一定的法律关系,依法享有一定权利和承担一定义务的法律资格。它是法律关系主体实际取得权利、承担义务的前提条件。

公民的权利能力可以从不同角度进行分类。首先,根据享有权利能力的主体范围不同,可以分为一般权利能力和特殊的权利能力。前者又称基本的权利能力,是一国所有公民均具有的权利能力,它是任何人取得公民法律资格的基本条件,不能被任意剥夺或者解除。后者是公民在特定条件下具有的法律资格。这种资格并不是每个公民都可以享有,而只授予某些特定的法律主体,如国家机关及其工作人员行使职权的资格,就是特殊的权利能力。其次,按照法律部门的不同,可以分为民事权利能力、政治权利能力、行政权利能力、劳动权利能力、诉讼权利能力等。这其中既有一般权利能力(如民事权利能力),也有特殊权利能力(政治权利能力、劳动权利能力)。

法人的权利能力没有上述的类别,所以与公民的权利能力不同。一般而言,法人的权利能力自法人成立时产生,至法人解体时消灭。其范围是由法人成立的宗旨和业务范围决定的。

2. 行为能力

行为能力是指法律关系主体能够通过自己的行为实际取得权利和履行义务的能力。

公民的行为能力是公民的意识能力在法律上的反映。确定公民有无行为能力,其标准有两个:①能否认识自己行为的性质、意义和后果;②能否控制自己的行为并对自己的行为负责。因此,公民是否达到一定年龄、神智是否正常,就成为公民享有行为能力的标志。例如,婴幼儿、精神病患者,因为他们不可能预见自己行为的后果,所以在法律上不能赋予其行为能力。在这里,公民的行为能力不同于其权利能力,具有行为能力必须首先具有权利能力,但具有权利能力,并不必然具有行为能力。这表明,在每个公民的法律关系主体资格构成中,这两种能力可能是统一的,也可能是分离的。

公民的行为能力也可以进行不同的分类。其中较为重要的一种分类,是根据其内容不同分为权利行为能力、义务行为能力和责任行为能力。权利行为能力是指能够通过自己的行为实际行使权利的能力。义务行为能力是指能够实际履行法定义务的能力。责任行为能力(简称责任能力)是指行为人对自己的违法行为后果承担法律责任的能力。它是行为能力的一种特殊形式。

公民的行为能力问题,是由法律予以规定的。世界各国的法律,一般都把本国公民划分为完全行为能力人、限制行为能力人和无行为能力人:①完全行为能力人。这是指达到一定法定年龄、智力健全、能够对自己的行为负完全责任的自然人(公民)。例如,在民法上,18周岁以上的公民是成年人,具有完全的民事行为能力,可以独立进行民事活动,是完全民事行为能力人。②限制行为能力人。这是指行为能力受到一定限制,只具有部分行为能力的公民。例如,我国民法通则规定,10周岁以上的未成年人、不能完全辨认自己行为的精神病人,是限制行为能力人。中国刑法将已满14周岁不满16周岁的公民视为限制行为能力人(不完全的刑事责任能力人)。③无行为能力人。这是指完全不能以自己的行为行使权利、履行义务的公民。在民法上,不满10周岁的未成年人,完全的精神病人是无行为能力人。在刑法上,不满14周岁的未成年人和精神病人,也被视为无刑事责任能力人。

法人组织也具有行为能力,但与公民的行为能力不同。具体表现在:①公民的行为能力有完全与不完全之分,而法人的行为能力总是有限的,由其成立宗旨和业务范围所决定。②公民的行为能力和权利能力并不是同时存在的。也就是说,公民具有权利能力却不一定同时具有行为能力,公民丧失行为能力也并不意味着丧失权利能力。与此不同,法人的行为能力和权利能力却是同时产生和同时消灭的。法人一经依法成立,就同时具有权利能力和行为能力,法人一经依法撤销,其权利能力和行为能力也就同时消灭。

2. 物业管理法律关系内容

物业管理法律关系的内容指物业管理法律关系主体依法享有的权利和承担的义务。权利、义务关系是法律关系中最基本的要素,任何法律关系都是在法律关系主体之间形成的一种权利、义务关系,离开特定的权利和义务,法律关系就不能构成。

在物业管理法律关系内容中,权利是物业管理法律关系主体依法具有的,在法律允许的范围内,自由地作为或者不作为,要求他人作为或不作为的资格。义务是物业管理法律关系主体为了实现或保障相对方的权利,依照法律规定或约定的要求,必须作为或不作为的责任。如业主有权参加业主大会,按照自己的意愿对业主公约表决,选举业主委员会,要求物业管理企业提供维修服务、安全服务等;同时又负有遵守业主公约,履行物业服务合同,支付物业管理服务费,不得擅自占用、挖掘物业管理区域内道路、场地,损害业主共同利益等义务。

权利和义务在结构上是对立统一的。权利和义务是两个相互排斥的对立面,同时又相互依存。没有无义务的权利,也没有无权利的义务。一方不存在了,另一方也不能存在。权利和义务在数量上是等值的。在具体的法律关系中,一方的权利是另一方的义务,反之亦然。权利的范围就是义务的界限,同样,义务的范围就是权利的界限。但在具体的法律关系中,权利、义务之间的关系又有差别。比如,在物业管理服务民事法律关系中,权利和义务是对等的关系,而在物业行政管理法律关系中,行政机关依法享有指导、监督和处罚的职权,该职权同时也是其职责,不能放弃和转让,作为业主和物业管理企业则负有服从管理的义务。

3. 物业管理法律关系的客体

物业管理法律关系的客体是物业管理法律关系主体所享有的权利、承担的义务共同指向的对象。客体是将法律关系主体间的权利与义务联系在一起的中介,没有客体为中介,就不可能形成法律关系。客体发生变更、转移或者灭失对法律关系会产生影响。

具体来讲物业管理法律关系的客体有以下三大类:

(1)物。物是指有机物,它是存在于人身之外,能满足人们的社会需要、能为人们所控制支配、具有价值的物质产品。在物业管理法律关系中表现为物的客体主要包括建筑物主体、附属设施设备、公共设施及相关场地等。

(2)行为。行为是指物业管理法律关系主体行使权力和履行义务的各种有意识的活动,包括作为和不作为。例如,业主对其物业专有部分进行装修或改良时,不得破坏整个建筑物的安全和外观结构等。物业管理业主公约、业主大会规程、前期及正式物业管理合同等均以各方主体的一定行为作为客体。

(3)非物质财富。非物质财富是指智力成果,也称精神产品,是指人们脑力劳动的成果或智力方面的创作成果,包括著作权、专利、商标、商业秘密等。例如,物业小区的荣誉称号、规划设计等均可成为物业管理各方主体权利义务的客体。

第二节 物业管理的法律责任

一、物业管理法律责任的概念

物业管理法律责任指物业管理活动中的民事主体、行政主体和行政相对人对自己违反物业管理法规的行为所应依法承担的具有国家强制性的不利的法律后果。这一概念包括以下几层含义:第一,承担法律责任的主体既包括公民、法人,也包括机关和其他社会组织,既包括中国人,也包括外国人和无国籍人;第二,违法行为的实施是承担法律责任的核心要件;第三,法律责任是一种消极的法律后果,即是一种法律上的惩戒性负担;第四,法律责任只能由有权国家机关依法予以追究。

二、物业管理法律责任的特点

1. 法定责任与协议责任相结合

物业管理活动基于业主与物业管理公司的委托合同而发生。自法国《民法典》开创"合同即为当事人之间的法律"的民法传统之始,合同的法律效力来源于国家对当事人之间的合同的认可并予以国家强制力保护。因此,物业管理中发生的法律责任确定,除依据法律相关规定外,也要以合同或契约为根据。

2. 技术规范确定的责任分量大

物业管理业务工作大部分涉及物业维护、房屋修缮、机电设备和市政设施维修养护、人居环境和工作环境改良、白蚁防治、危房管理和鉴定等许多专业性技术,国家往往有相关技术标准和技术规程,业主方也会提出技术标准方面的要约并获得物业管理公司的承诺。因此,在确定物业管理技术操作活动后果的法律责任时,必须充分注意有关法定技术规范和约定技术规范中关于技术问题和法律责任的规定。

3. 物业管理活动有关的法律责任种类繁多

民事责任、行政责任和刑事责任在物业管理法律责任制度中合并存在,并且"法律责任复合"的现象非常普遍,不少违反物业管理法规的行为都要依法由违法行为人承担多种责任。这种法律责任的复杂性决定了在确定物业管理法律责任时,要周全考虑相关法律法规对某一种行为从不同角度所设定的责任规范。

三、物业管理法律责任的分类

物业管理法律责任有多种分类,按主体违反法律规范的不同一般分为物业管理民事法律责任、物业管理行政法律责任和物业管理刑事法律责任。各种法律责任可以单独发生,也可能与其他法律责任同时发生,换言之,一种违法行为不一定只承担一种法律责任,许多场合违法行为人要承担两种以上法律责任,即出现所谓"法律责任复合"现象。究竟采用哪一种或哪几种法律责任形式,应当根据法律调整对象、方式的不同,违法行为人所侵害的社会关系的性质、特点以及侵害程度等多种因素来确定。

(一)物业管理民事法律责任

它是指法律关系主体违反民事法律规范,所应承担的应当给予民事制裁的法律责任。根据《民法通则》、《合同法》、《担保法》等法律的规定,我国民事责任的形式主要有停止侵害、排除妨碍、消除危险、返还财产、赔偿损失、消除影响、恢复名誉、赔礼道歉等。

物业管理民事法律责任主要包括以下方面:

(1)建设单位擅自处分属于业主的物业共用部位、共用设施设备的所有权或者使用权的,给业主造成损失的,依法承担赔偿责任。

(2)未取得资质证书从事物业管理的,给业主造成损失的,依法承担赔偿责任。

(3)物业管理企业聘用未取得物业管理职业资格证书的人员从事物业管理活动的,给业主造成损失的,依法承担赔偿责任。

(4)物业管理企业将一个物业管理区域内的全部物业管理一并委托给他人的,给业主造成损失的,依法承担赔偿责任。

(5)挪用专项维修资金的,由县级以上地方人民政府房地产行政主管部门追回挪用的专项维修资金,给予警告,没收违法所得,可以并处挪用数额两倍以下的罚款;物业管理企业挪用专项维修资金,情节严重的,由颁发资质证书的部门吊销资质证书;构成犯罪的,依法追究直接负责的主管人员和其他直接责任人员的刑事责任。

(6)未经业主大会同意,物业管理企业擅自改变物业管理用房的用途并且有收益的,所得收益用于物业管理区域内物业共用部位、共用设施设备的维修、养护,剩余部分按照业主大会的决定使用。

(7)有以下行为之一的,所得收益,用于物业管理区域内物业共用部位、共用设施设备的维修、养护,剩余部分按照业主大会的决定使用:擅自改变物业管理区域内按照规划建设的公共建筑和共用设施用途的;擅自占用、挖掘物业管理区域内道路、场地,损害业主共同利益的;擅自利用物业共用部位、共用设施设备进行经营的。

(8)违反物业服务合同约定,业主逾期不交纳物业服务费用的,业主委员会应当督促其限期交纳;逾期仍不交纳的,物业管理企业可以向人民法院起诉。

课堂案例【6-2】

法院依据新《民事诉讼法》开出首张高额罚单

业主杨女士因欠交物业费2000余元,被北京某物业管理有限公司诉至海淀法院申请强制执行。案件受理后,执行法官将执行通知及传票张贴在杨女士住所门上,并电话通知她到法院履行义务,但杨女士并未按传票规定时间到庭,而且拒绝接听执行员的电话。

执行法官经过查询发现,杨女士有1万余元银行存款,完全有能力履行生效判决书确定的义务。杨女士故意躲避的行为,已经构成拒不履行人民法院已经发生法律效力的判决、裁定,法院决定适用新《民事诉讼法》的规定对其处以3000元罚款。这一标准远高于修改前的1000元的最高罚款限额,这也是本市首张高额罚单。

案例点评:

据本案法官介绍,《民事诉讼法》修改前,对自然人的罚款数额最高为1000元,修改后,将该项罚款数额高限调整为1万元,加大了对自然人的处罚力度。之所以将本案的罚款数额定为3000元,是法院综合考虑了案件情况,认为应略高于执行标准为宜,与杨女士应承担的义务相当。法官认为,由于原告北京鹏翔物业管理有限公司曾因欠交物业费多次起诉多个业主并申请执行,此次开出高额罚单,不仅对本案的被执行人杨女士给予了处罚,对其他被执行人也有一定的震慑作用,对解决物业公司与业主之间的物业费纠纷及其他案件的执行均有积极作用。

(二)物业管理行政法律责任

物业管理行政法律责任又称为行政法律责任,是指法律关系主体由于违反行政法律规范,所应承担的一种行政法律后果。根据追究机关的不同,行政责任可分为行政处罚和行政处分。行政处罚是由国家行政机关或者授权的组织,对公民、法人或者其他组织违反行政管理法律、法规行为所实施的制裁。根据《中华人民共和国行政处罚法》的规定,行政处罚的种类主要有警告,罚款,责令停产、停业,暂扣或者吊销许可证、执照及有关证照、没收违反所得与非法财物、行政拘留以及法律、行政法规规定的其他行政处罚。行政处分是由国家机关、企事业单位对其工作人员违反行政法律法规或者政纪的行为所实施的制裁。根据《行政监察法》,行政处分主要有警告、记过、记大过、降级、撤职、开除等。

物业管理行政法律责任包括以下方面:

(1)住宅物业的建设单位未通过招投标的方式选聘物业管理企业或者未经批准,擅自采用协议方式选聘物业管理企业的,由县级以上地方人民政府房地产行政主管部门责令期限改正,给予警告,可以并处10万元以下的罚款。

(2)建设单位擅自处分属于业主的物业共用部位、共用设施设备的所有权或者使用权的,由县级以上地方人民政府房地产行政主管部门处5万元以上20万元以下的罚款。

(3)不移交有关资料的,由县级以上地方人民政府房地产行政主管部门责令限期改正;逾期仍不移交有关资料的,对建设单位、物业管理企业予以通报,处1万元以上10万元以下的罚款。

(4)未取得资质证书从事物业管理的,由县级以上地方人民政府房地产行政主管部门没收违法所得,并处5万元以上20万元以下的罚款。以欺骗手段取得资质证书的,依照前款规定处罚,并由颁发资质证书的部门吊销资质证书。

（5）物业管理企业聘用未取得物业管理职业资格证书的人员从事物业管理活动的，由县级以上地方人民政府房地产行政主管部门责令停止违法行为，处5万元以上20万元以下的罚款。

（6）物业管理企业将一个物业管理区域内的全部物业管理一并委托给他人的，由县级以上方人民政府房地产行政主管部门责令限期改正，处委托合同价款30%以上50%以下的罚款；情节严重的，由颁发资质证书的部门吊销资质证书。委托所得收益，用于物业管理区域内物业共用部位、共用设施设备的维修、养护，剩余部分按照业主大会的决定使用。

（7）挪用专项维修资金的，由县级以上地方人民政府房地产行政主管部门追回挪用的专项维修资金，给予警告，没收违法所得，可以并处挪用数额2倍以下的罚款；物业管理企业挪用专项维修资金，情节严重的，并由颁发资质证书的部门吊销资质证书。

（8）建设单位在物业管理区域内不按照规定配置必要的物业管理用房的，由县级以上地方人民政府房地产行政主管部门责令限期改正，给予警告，没收违法所得，并处10万元以上50万元以下的罚款。

（9）未经业主大会同意，物业管理企业擅自改变物业管理用房用途的，由县级以上地方人民政府房地产行政管理部门责令限期改正，给予警告，并处1万元以上10万元以下的罚款。

（10）有下列行为之一的，由县级以上地方人民政府房地产行政主管部门责令限期改正，给予警告：擅自改变物业管理区域内按照规划建设的公共建筑和共用设施用途的；擅自占用、挖掘物业管理区域内道路、场地，损害业主共同利益的；擅自利用物业共用部位、共用设施设备进行经营的。

个人有前项规定行为之一的，处1000元以上1万元以下的罚款；单位有前项规定行为之一的，处5万元以上20万元以下的罚款。

（11）业主以业主大会或者业主委员会的名义，从事违反法律、法规的活动，尚不构成犯罪的，依法给予治安管理处罚。

（12）国务院建设行政主管部门、县级以上地方人民政府房地产行政主管部门或者其他有关行政管理部门的工作人员利用职务上的便利，收受他人财物或者其他好处，不依法履行监督管理职责，或者发现违法行为不予查处，尚不构成犯罪的，依法给予行政处分。

（三）物业管理刑事法律责任

物业管理刑事法律责任是指法律关系主体违反国家刑事法律规范所应承担的应当给予刑罚制裁的法律责任。刑事责任是最严厉的法律责任，只能由国家审判机关、检察机关依法予以追究。根据我国《刑法》规定，我国刑罚分为主刑和附加刑两大类。主刑主要有管制、拘役、有期徒刑、无期徒刑、死刑，附加刑主要有罚金、剥夺政治权利、没收财产。

物业管理刑事法律责任包括以下方面：

（1）物业管理企业挪用专项维修资金，构成犯罪的，依法追究直接负责的主管人员和其他直接责任人员的刑事责任。

（2）业主以业主大会或者业主委员会的名义，从事违反法律、法规的活动，构成犯罪的，依法追究刑事责任。

（3）国务院建设行政主管部门、县级以上地方人民政府房地产行政主管部门或者其他有关行政管理部门的工作人员利用职务上的便利，收受他人财物或者其他好处，不依法履行监督管理职责，或者发现违法行为不予查处，构成犯罪的，依法追究刑事责任；尚不构成犯罪的，依法给予行政处分。

第三节 物业管理的主要法律依据及管理制度

一、我国物业管理的立法

(一)我国物业管理立法的体系

法的体系,又称法律体系,是指一国现行的全部法律规范按照一定的结构和层次组织起来的统一整体。法的体系具有两个特点:一是它是由一个国家现行有效的全部法律规范构成的整体,二是法的体系具有内在的结构性和层次性。同理,我国物业管理法的体系是指由我国现行有效的有关物业管理的全部法律规范组成的统一整体,即由不同类型、不同层次、结构合理、内部和谐、体例科学的,既各自明确分工,又互相协调统一的,调整物业管理法律关系的法律规范构成的有机整体。我国物业管理法的体系框架是由宪法、法律、行政法规、部门规章、地方性法规等不同层次法律效力的法律规范组成的。

1. 宪法

宪法是国家根本大法。宪法的地位和效力在法律规范形式中居于首位。一切法律、行政法规、地方性法规都必须根据宪法的基本原则制定,不得与宪法的规定相抵触,否则无效。宪法中关于住宅、城市管理、公民权利等方面的规定和原则,是物业管理立法的基本依据和指导思想,是物业管理法律规范的最重要组成部分,在物业管理法的体系中具有最高层次的法律效力。

2. 法律

法律是我国最高国家权力机关即全国人民代表大会及其常务委员会,经过一定程序制定的规范性法律文件。我国有多部法律直接或间接涉及物业管理,例如,《民法通则》的相邻关系制度、《物权法》的区分所有权制度、《合同法》的委托合同制度等,均是物业管理立法的基础;而《土地管理法》、《城市房地产管理法》、《城市规划法》等法律则包括一些物业管理应该遵循的强制性规范。

3. 行政法规

行政法规是国务院根据宪法和法律制定和发布的规范性法律文件。我国物业管理的行政法规数量还不多,例如,1983年国务院颁布的《城市私有房屋管理规定》,1990年国务院发布的《城镇国有土地使用权出让和转让暂行条例》等,以及在物业管理立法中居于核心地位的2003年9月1日实施的《物业管理条例》。由此也可看到,我国目前物业管理立法的层次不高,在行政法规以上缺乏一部由最高国家权力机关制定的专门的物业管理法律。

4. 地方性法规

地方性法规是由省级和较大规模城市的人民代表大会及其常务委员会制定和发布的,实施于本地区的规范性文件。地方性法规在我国物业管理发展初期发挥了重要作用,一些物业管理先行地区均出台了物业管理的地方性法规。目前,我国大部分省市都出台了物业管理条例或物业管理办法,例如,1994年《深圳经济特区住宅物业管理条例》、1997年《上海市居住物业管理条例》、1998年《广东省物业管理条例》等。

5.行政规章

行政规章是国务院有关部门、省级和较大规模城市人民政府依照法律规定的权限制定和颁布的规范性法律文件。其中以建设部的规章居多,例如 1990 年《城市危险房屋管理规定》、1994 年《城市新建住宅小区管理办法》、1996 年《城市小区物业管理服务收费暂行办法》、1999 年《物业管理企业资质管理暂行办法》、2003 年《前期物业管理招标投标管理暂行办法》等。我国有关物业管理的规范性法律文件中,行政规章占了较大比例。

二、《物业管理条例》的立法原则和主要制度

前文已经介绍了我国物业管理的立法历程,以下介绍一下我国物业管理的立法原则和主要制度。

1.《物业管理条例》的立法原则

立法原则是贯穿于立法过程中的基本出发点。我国《物业管理条例》(以下简称《条例》)在立法过程中主要有以下四个原则:

(1)物业管理权利和财产权利相对应的原则。在我国《物权法》尚未出台的情况下,《条例》吸收了发达国家成熟的建筑物区分所有权理论,对业主权利义务的规定,其实就是明确了业主作为建筑物区分所有权人的权利和义务。对业主在首次业主大会会议上的投票权的规定,是基于业主拥有的财产权份额,将业主的物业管理权利相应建立在对自有房屋拥有的财产权基础上。

(2)维护全体业主合法权利的原则。为维护全体业主的合法权益,《条例》既对物业管理企业的行为、业主大会的职责及其对涉及业主共同利益事项的表决、个别业主不按合同约定交纳物业服务费用损害全体业主利益的行为、有关政府部门的行政监督管理责任等作了明确规定,也对建设单位、公用事业单位等物业管理相关主体依法应当履行的义务作了详尽规定。在处理行政处罚和承担民事责任关系方面,《条例》设定的法律责任充分体现了优先保护全体业主利益的原则。

(3)现实性与前瞻性有机结合的原则。《条例》注重保持法规、政策的连续性和稳定性,对被实践证明是行之有效的制度,如业主自律、物业管理企业资质管理等制度,予以保留。《条例》注重肯定实践成果,将在实践中积累良好经验,如主管部门加强对业主大会指导和监督、物业管理企业做好物业接管验收等被确立为法律规范。对于如何解决现实中存在的问题,如开发企业不交纳未售出物业的物业服务费用、任意扩大物业管理企业的治安责任、公用事业单位向物业管理企业转嫁责任等,《条例》也作出了明确规定。《条例》贯穿发展的指导思想,设立的业主大会、强制性维修养护等制度,符合市场经济的基本规律,符合未来立法趋势。

(4)从实际出发,实事求是的原则。我国各地区的物业管理发展很不平衡,沿海地区与中西部地区、大城市与中小城市,在物业管理市场发育程度、市场环境、管理服务水平等方面差异较大。《条例》在坚持法律制度统一性的前提下,充分考虑各地区的实际情况,对房地产开发与物业管理分业经营、物业管理区域划分等问题仅作出原则性规定,有的规定的具体执行办法,授权省、自治区、直辖市制定。

2.《物业管理条例》的主要制度

为了规范物业管理活动,维护物业管理当事人的合法权益,《条约》突出建章立制的重要作

用,确立了以下几项物业管理的基本制度。

(1)业主大会制度。《条例》确立了业主大会和业主委员会并存,业主大会决策、业主委员会执行的制度。规定物业管理区域内全体业主组成业主大会,业主大会代表和维护物业管理区域内全体业主的合法权益。同时,明确了业主大会的成立方式、委员条件、职责、备案等。业主委员会作为业主大会的执行机构,可以在业主大会的授权范围内就某些物业管理事项作出决定,但重大的物业管理事项的决定只能由业主大会作出。这一制度有利于维护大多数业主的合法权益,保障物业管理活动的顺利进行。

(2)业主公约制度。鉴于业主之间在物业管理过程中发生的关系属于民事关系,不宜采取行政手段进行管理,《条例》对各地实施物业管理中已具有一定实践基础的业主公约制度进行确认,规定业主公约对全体业主具有约束力。规定建设单位应当在销售物业之前,制定业主临时公约,对有关物业的使用、维护、管理,业主的公共利益,业主应当履行的义务,违反公约应当承担的责任等依法作出约定。建设单位制定的业主临时公约,不得侵害物业买受人的合法权益。业主大会有权起草、讨论和修订业主公约,业主大会制定的业主公约生效时临时公约终止。业主公约是多个业主之间形成的共同意志,是业主共同订立并遵守的行为准则。实行业主公约制度,有利于提高业主的自律意识,预防和减少物业管理纠纷。

(3)物业管理招投标制度。《条例》突出了推行招投标对于促进物业管理健康发展的重要作用,提倡业主通过公平、公开、公正的市场竞争机制选择物业管理企业。鼓励建设单位按照房地产开发与物业管理相分离的原则,通过招投标的方式选聘具有相应资质的物业管理企业。并对住宅物业的建设单位,应当通过招投标的方式选聘具有相应资质的物业管理企业作了明确规定。

(4)物业承接验收制度。为了明确开发建设单位、业主、物业管理企业的责、权、利,减少物业管理矛盾和纠纷,并促使开发建设单位提高建设质量,加强物业建设与管理的衔接,《条例》规定物业管理企业承接物业时,应当对物业共用部位、共用设施设备进行查验,应当与建设单位或业主委员会办理物业承接验收手续,同时规定建设单位、业主委员会应当向物业管理企业移交有关资料。

(5)物业管理企业资质管理制度。物业管理具有一定的专业性,企业的素质及其管理水平的高低,直接影响到业主的生活环境和工作质量。为了整顿和规范物业管理市场,《条例》规定:国家对从事物业管理活动的企业实行自治管理制度。在现阶段对物业管理行业实行市场准入制度,严格审查物业管理企业的资质,是加强行政监管、规范企业行为、有效解决群众投诉、改善物业管理市场环境的必要手段。

(6)物业管理专业人员职业资格制度。物业管理活动的特殊性、经营管理的专业性以及涉及学科多、管理复杂等特点,决定了应对物业管理专业人员实行职业资格制度。《条例》规定:从事物业管理的人员应当按照国家有关规定,取得职业资格证书。我部将配合人事部抓紧将这一制度纳入国家专业人员职业资质制度系列。

(7)住房专项维修资金制度。实践证明,建立专项维修资金,对保证物业共用部位、共用设施设备的维修养护,保证物业的正常使用,保障全体业主共同利益,是十分必要的。针对目前存在的专项维修资金交纳范围不明确以及挪用专项维修资金等问题,《条例》规定:住宅物业、住宅小区内的非住宅物业或者与单幢住宅楼结构相连的非住宅物业的业主,应当按照国家有关规定交纳专项维修资金。同时规定:专项维修资金属业主所有,专项用于物业保修期满后物业共用部位、共用设施设备的维修和更新、改造,不得挪作他用。

本章小结

本章主要介绍了法律基础知识和物业管理法的概念、调整对象以及物业管理立法的过程,重点介绍了物业法律关系与物业法律责任。物业管理法律关系指物业管理法律规范在调整人们在物业管理行为过程中形成的权利和义务关系。它是法律关系的一个分支,是物业管理社会关系的法律调整形式。物业管理法律关系同其他法律关系一样,也是由三个要素构成,即物业管理法律关系主体、内容、客体。缺少其中任何一个要素,都不能形成物业管理法律关系;变更任何一个要素,会影响这种法律关系的构成。物业管理法律责任指物业管理活动中的民事主体、行政主体和行政相对人对自己违反物业管理法规的行为所应依法承担的具有国家强制性的不利的法律后果。物业法律责任主要有民事责任、行政责任与刑事责任。本章还介绍了物业管理法的渊源以及物业管理条例的管理原则与制度。

课后讨论

我国涉及物业管理的法律法规有哪些?

复习思考题

1.简述法的基本特征。
2.简述中国现行法及其效力。
3.简述物业管理法律关系的特征。
4.物业管理法律责任的特点。
5.《物业管理条例》的主要制度。

实践与训练

调研当地物业管理立法情况及物业管理依法管理的践行情况,写成调研报告。

案例分析

案例1:2002年10月,李某入住某住宅小区,拒绝签订小区业主公约和物业合同。2002年11月,李某对自己的住宅进行装修,未经批准,擅自改变房屋的承重结构。为此,某物业管理企业以李某破坏房屋结构,且施工影响小区他人的休息,危及房屋安全为由加以制止,又被李某拒绝。为此,某物业管理企业向人民法院控诉李某。

案例讨论:

1.李某与某小区的物业管理企业之间是一种什么法律关系?并说明理由。
2.李某的上述行为是否违反物业管理法规?为什么?
3.人民法院能否受理此案?若李某的行为违反了相关法规,应当承担什么法律责任?

案例2:王某喜欢养花,经常把花盆放置在其家的外窗台上。一天,天气预报说当天有台风来临,让市民做好防风准备。王某因赶时间上班,未将放置在窗台上的花盆移至屋内。中午台风来临,住在同楼的黄某放学回家,恰好途径王某家楼下,被台风刮落的花盆砸中头部,当场昏倒在地,物业管理公司的巡逻保安员见状,忙把其送往医院抢救。所幸经医院救治痊愈,但花费数万。见到黄某被砸的保安员也证实跌落花盆系王某家,并且一邻居也证实前几日去王某家,也有见到这盆花,当时王某还特意告诉他,此花很名贵。于是黄某父母找到王某,要求其赔偿损失,王某说,这花盆不是他的,即使是他的,那也是台风刮下来的,属于不可抗力,不同意赔偿损失。为此,黄某的父母向人民法院起诉,要求王某赔偿损失,并以管理不善为由将物业公司告上法庭。

案例讨论:

1.本案可以依法由谁来承担什么法律责任? 法律依据是什么?

2.台风将花盆刮落属于不可抗力吗? 为什么?

第七章
不同类型物业的管理

学习要点

1. 了解各类不同物业类型的概念及其特点，智能化物业管理的涵义
2. 理解各类不同物业类型物业管理的特点，智能化物业管理的特点
3. 掌握各类不同物业类型（住宅、非住宅物业）管理的内容和要求

关键概念

住宅小区　　公寓　　花园洋房　　别墅　　写字楼　　商业物业　　工业物业　　特种物业

案例导入

某住宅小区业主刘某下班回家后，发现家中被盗，共丢失现金 13000 元，价值 9000 元的玉镯一只及香烟若干包。发现被盗后即向管辖地派出所报案。报案后业主刘某了解到在盗窃发生之日的上午十一点，其楼上邻居经过刘某家门口时发现防盗铁门被撬坏，便立即将情况告诉了该小区的值班保安，但保安不知何故一直未作任何处理。业主刘某认为该小区物业公司未尽到安全管理职责造成了业主的财产损失，应当予以赔偿。遂多次向物业公司提出赔偿损失款 23000 元的要求，但物业公司称与其无关拒绝赔偿。为此，业主刘某向法院提交了诉状。

问题：

该物业公司是否应对业主刘某家庭财产被盗的损失承担责任？承担何种责任？

第一节　居住物业

所谓居住物业是指居民赖以生存的空间和必要的条件，即住宅以及附属的设备设施和环境。从房地产业角度看，居住物业是与土地密切相关的、满足人们以居住为主要功能的房地产产品，主要包括普通住宅、花园洋房、公寓、别墅等，并以一定的聚落作为其分布特征，如农村中的村落、城市中的住宅小区、居住区等。

一、居住物业的主要类型及其特点

1. 住宅小区

住宅小区是按照城市统一规划进行综合开发、建设，达到一定规模、基础设施配套比较齐全的居住区。住宅小区是现代城镇人们居住的一种模式，是符合现有生产水平和人们生活水

平的一种居住模式,随着生产力的进一步发展和人们生活水平的进一步提高,其形式和功能也将逐步发展和优化。

住宅小区的特点是:①居住功能单一,相对封闭独立;②人口密度高,人口结构复杂;③房屋产权多元化,共用设施社会化;④统一规划建设,配套设施齐全。

住宅小区的功能包括:①居住功能。这是住宅小区最重要也是最基本的功能。住宅小区首先要为城市居民提供生活场所和环境,保证为人们提供舒适、方便、优美的生活环境。②服务功能。住宅区的公用配套设施应能为住户提供多种类、多层次的服务,这是城市经济发展和房地产综合开发的要求。它包括各类教育卫生项目,商业、服务业,以及文体娱乐服务系统。③经济功能。住宅小区的物业管理是一种有偿的委托管理,体现着一种交换关系。因此,住宅小区管理是经营型的,具有明显的经济功能。④社会功能。居民以及为之服务的各种行政、商业、文体等团体之间相互联系,相互影响和制约,共同构成了住宅区的社会关系和社会活动,形成了一个社会网络。

2. 公寓

公寓一般是指具有分层住宅形态,各有室号及专门出入,成为各个独立居住单位的物业。它是能容许多人家居住的房屋,多为楼房,房间成套,设备较好。相对于独院独户的别墅,公寓式住宅更为经济实用,其建筑档次与其他商业物业基本相同,在设计上讲究质量,适用性强,而且硬件设施配备较为齐全,如除了有水、电、暖、煤气、通讯、有线电视外,还供应热水,设有中央空调,配有家电、家具等。高档的单元还提供酒店式服务,是为租户提供特有家庭气氛的住宅。

公寓式住宅根据其设计和建造的不同,可分为花园式公寓、高层豪华公寓及普通公寓。花园式公寓一般是指建在住宅小区、花园洋房或纯别墅区内,配备完善的居室设施以供出租的单元;高层豪华公寓强调景观、设施和黄金地段,装修豪华,家庭用具齐全,有方便、良好的酒店式服务;普通公寓是满足大众化市场需要的,一般地段较偏远,其配套、环境与前者相距甚远。

3. 花园洋房

花园洋房一般是指容积率不超过 1.0,户户拥有花园,建筑风格以欧洲、北美、南洋等外国风格为主,小区园林规划较好,绿化率较高,强调景观均好,形成有一定规模的低密度住宅社区。

一般性的花园洋房具有以下特征:①建筑风格以外国风格为主,多为欧洲和北美风格,也有少许南洋风格;②建筑密度很低(容积率一般小于 1.0),绿化率较高,景观性能好,首层普遍拥有私家花园;③普遍分布于市郊一带,距离市区较远;④一定程度上依赖于现代都市文明,环境舒适而宁静,住宅水、电、暖供给一应俱全,周边配套较为完善,购物、道路交通、通讯设施等的标准较高;⑤目标消费群体定位于中高收入人群。

4. 别墅

别墅是指带有庭院的、两至三层的独立居室和住宅,占地面积大,容积率非常低。

别墅的特点:①别墅造型外观雅致美观,独幢独户,庭院视野宽阔,花园树茂草盛,有较大绿地。有的依山傍水,景观宜人,使住户能享受大自然之美,有心旷神怡之感;②别墅内部设计得体,厅大房多,装修精致高雅,厨卫设备齐全,通风采光良好;③别墅还有附属的汽车间、门房间、花棚等;④社区型的别墅大都是整体开发建造的,整个别墅区有数十幢独立独户别墅住宅,区内公共设施完备,有中心花园,水池绿地,还设有健身房、文化娱乐场所以及购物场所等。

目前在市场上我们按照别墅的建筑形式将别墅产品分为五大类:独栋别墅、联排别墅、双拼别墅、叠拼别墅、空中别墅。

二、居住物业管理

1.居住物业管理的目标

居住物业管理的目标概括起来就是要通过科学的管理手段和专业化管理技术来实现社会效益、经济效益、环境效益的统一。

(1)社会效益。小区管理的社会效益首先表现在为居民提供一个安全、舒适、和睦、优美的生活环境,包括居室、楼宇内的,以及整个社区的治安、交通、绿化、卫生、文化、教育、娱乐等方面。它对于调节人际关系,维护社会安定团结,都有着十分重要的意义。

(2)经济效益。首先,物业管理企业管理好、维护好房屋住宅及附属设备、设施,延长它的使用寿命,可以保障业主的经济利益。其次,物业管理企业通过收取管理费以及各种有偿服务的开展,可以获取较好的经济效益。再次,政府不再对小区房屋维修、环卫、治安、绿化等其他公共市政设施上投入财力,同时可向物业管理企业收取税收,增加财政收入。最后,小区管理有利于开发建设单位的房产销售,加速资金的周转以及获取更多的销售利润。

(3)环境效益。小区管理有利于从根本上治理城市住宅内脏、乱、差现象,改善人居环境。因此,搞好环境的绿化、净化,不仅有助于人的身心健康,还将对整个城市建设规模、格局和风貌产生积极影响。

(4)心理效益。有效的小区管理可以使人产生积极向上的心态,使人安逸、满足、趋善;反之则会产生使人烦躁、低迷和不负责任的消极心理。

2.居住物业管理的内容和基本要求

(1)居住物业管理的内容:①负责物业共用部位、共用设施的养护、修缮,保证物业的正常使用;②为物业使用人提供治安保卫、清洁清扫,代业主传呼、收发报纸、邮件、信函等公共服务;③代业主进行家庭装修、装饰、搬家等专项服务;④代理、代办业主要求的有关事项,提供一些特约服务;⑤维护物业所有人、使用人的合法权益不受侵害。

(2)居住物业管理的基本要求:①物质环境要求:首先,搞好小区设施配套建设。主要是指治安、消防、卫生、交通、文体、娱乐等公共设施的配套,一般按照"统筹兼顾、添建补缺"的原则,就近方便地配置。其次,美化环境,保护环境,卫生保洁,保证园区的干净、整洁,主要在绿化美化上下功夫,要绿化空地、规划园区,提供宜人的环境。最后,做好小区的基础管理工作,尤其是房屋修缮、公共设施保养维护、道路交通管理等工作要做到规范正规、便捷优质。②社会环境管理要求:首先,健全机构,形成机制,实行专业管理与业主自治管理相结合的模式。充分发挥业主委员会的作用,调动多方面的积极性,使专业管理与民主管理相结合。其次,完善制度,协调理顺内、外部各方关系,进行综合治理。最后,开展社区文化活动,加强精神文明建设,丰富业主和使用人业余文化生活。

知识链接

中国物业管理协会印发的《普通住宅小区物业管理服务等级标准(试行)》及建设部制定的《全国物业管理示范住宅小区(大厦、工业区)标准及评分细则》。

课堂案例【7－1】

北京密云县某住宅小区的物业公司为了维护小区的公共秩序,在小区的四个门口设立了 2.2 米的限高杆。2008 年 7 月 7 日 18 时 15 分,业主蔡某骑电动自行车进入小区西门门口,适有司机王某驾驶"江西"牌小型轮式拖拉机从小区西门门口进入。王某发现限高栏杆后,自认为可以通过继续由东向西行驶,小型轮式拖拉机上直立捆绑的超高铁管与物业公司设置在小区口限高栏杆相刮,限高栏杆北侧与支柱脱离后,将蔡某砸伤。蔡某之伤经诊断为"急性闭合性颅脑损伤(重型)、硬膜外血肿、额颞骨线型骨折、右额顶部头皮裂伤"。蔡某之伤经鉴定为伤残程度Ⅹ级(伤残赔偿指数 10％)。蔡某认为司机王某驾驶超高的拖拉机进入小区撞到栏杆造成自己受伤应当对自己的损失予以赔偿;物业公司设置限高栏杆无合法依据,且物业公司安排在小区门口的护卫未能有效阻拦司机王某驾驶的超高拖拉机进入小区,与司机王某的行为结合后造成自己受伤亦应对其损失予以赔偿。为此,蔡某将肇事司机王某和物业公司诉至法院,要求其共同赔偿医药费等各项损失。

案例点评:

本案案中,司机王某和物业公司属于间接结合导致的共同侵权,司机王某驾驶超高的拖拉机进入小区撞到栏杆造成原告受伤,是直接侵权人,当然应对业主蔡某的损失予以赔偿;而物业公司在没有法律依据的情况下设置限高栏杆,是导致业主蔡某受伤的间接原因,且物业公司安排在小区门口的护卫未能有效阻拦司机王某驾驶的超高拖拉机进入小区,与司机王某的行为结合后造成原告受伤,故亦应对业主蔡某的损失予以赔偿。

第二节 非居住物业

一、非居住物业的类型与特点

非居住物业是指居住物业以外的物业类型,主要包括写字楼物业、商业物业、工业物业及学校、医院等特种物业。

1.写字楼

写字楼就是专业商业办公用楼。写字楼按照楼宇品牌、地理位置、客户层次、服务品质、硬件设施等标准的不同,划分为甲、乙、丙三个等级,甲级级别最高。从一般意义上讲,国际上判断甲级写字楼有八大特征:管理国际化;24 小时写字楼;人性化;空间的舒适性和实用性;数字化;节能化;便捷的交通和商务化。写字楼 5A 智能化则是指 OA(办公智能化)、BA(楼宇自动化)、CA(通讯传输智能化)、FA(消防智能化)、SA(安保智能化)。

2.商业物业

商业物业是指能同时供众多零售商和其他商业服务机构租赁,用于从事各种经营服务活动的大型收益性物业。商业物业有两层含义:一是以各种零售商店(或柜台、楼面)组合为主,包括其他商业服务和金融机构在内的建筑群体;二是购物中心的楼层和摊位是专供出租给商人零售商品作为经营收入的物业。现代商场百业陈杂,不仅有多家零售商店、专业商店,还有各种服务业、娱乐场所、银行等。

商业物业的特点是：①规划科学、实际。商业楼宇建设时，对商业楼宇的布局、规模、功能、档次等方面都要更加合理、科学，更加符合社会、经济发展和消费者的需求。②结构设计新颖、有特色。商业楼宇在设计时都力求做到新颖、别致有特色，布局比例合理，内部装修颜色协调，令人赏心悦目，流连忘返。③选址、设施与规模能满足不同层次的消费需求。商业楼宇要根据城市人口的数量、密集程度、顾客的多少，做到分散与集中相结合。

3. 工业物业

工业物业是指为人类的生活的生产活动提供入住空间，包括工业厂房、高新技术产业用房、研究与发展用房（又称工业写字楼）、仓储用房等。

工业物业的特点可以概括为：①规划区域大；②工业厂房建筑结构独特；③基础设施配套要求高；④环境易污染（空气污染、水体污染、固体废物污染、噪声污染、电磁波污染）；⑤交通条件好；⑥享受优惠政策工业区物业管理包括工业厂房与仓库等房屋建筑的管理，以及厂房、仓库以外工业区地界桩、建筑红线以内的给排水系统、围墙、道路、绿化带等公共设施及场地的管理。

4. 特种物业

特种物业主要是指除住宅小区物业、写字楼、商业场所、酒店物业和工业物业以外，有必要运用物业管理的方法实施管理的物业。

一般人们经常接触的特种物业有以下几类：①文化教育类物业：包括学校、图书馆、科技馆、档案馆、博物馆等；②体育类物业：包括体育场馆、健身房、游泳馆、高尔夫球场等；③卫生类物业：包括医院、疗养院、卫生所、药检所等；④娱乐类物业：包括影视剧院、歌舞厅、游乐场、卡拉OK厅；⑤其他：包括机场、码头、农业建筑、寺庙、公用建筑、教堂、宗祠山庄、教养院、监狱等。

二、非居住物业的物业管理

1. 写字楼物业管理

写字楼物业管理是一项因写字楼物业的存在而产生的一种特定的管理服务交易。写字楼物业管理水平直接影响写字楼的品质。专业的物业管理服务，能够给写字楼营造出一个良好的内部办公环境，对大厦的设备设施提供优质的维护，保证长期使用，对保证物业口碑、提高出租率、保持租金水平非常重要。

写字楼物业管理的要求有以下几方面：

(1)加强治安防范，严格出入制度，建立客户档案。写字楼的安全保卫工作涉及国家、企业和个人财产与生命安全及大量的行业、商业、部门机密，必须加强治安防范，建立健全各种值班制度、检查登记制度、定期检查楼宇防盗与安全设施制度、上下班交接检查制度等。同时，物业服务企业应全面建立客户档案，熟悉客户情况，确保客户的人身和财产安全。

(2)加强消防管理服务，做好防火工作。写字楼规模大、功能多、设备复杂、人员流动频繁、装修量大，加之高层建筑承受风力大和易受雷击，火灾隐患因素比较多，应特别注意加强对消防工作的管理。

(3)重视清洁服务。清洁与否是写字楼物业服务水平的重要标准之一，关乎写字楼的形象。物业服务企业要完善各种清洁、巡视保洁等制度，保证大堂、电梯、过道、办公室、门窗、会议室等部位的整洁干净。

(4)加强设备管理和设施的维修保养工作。保证设备、设施的正常运行是写字楼运作的核心任务。物业服务企业应重视对写字楼水电设施、电梯、消防系统、公共场所和设施等的管理、保养和维修。对客户的设备报修要及时处理,并定期检查。

(5)设立服务中心,完善配套服务。写字楼的管理其实就是一种服务。为方便客户,满足客户的需要,写字楼应设立服务中心。服务中心负责帮助客户办理各类咨询、商务类服务,如打字、传真、复印及订票服务等。

2. 商业物业管理

商业物业管理服务的内容和要求有以下几方面:

(1)建筑物及设备设施的日常维修及养护。商业场所的楼宇及设备设施的管理是商业物业管理的重要组成部分,它直接关系到商业场所中营业环境的优劣,是物业管理中比较复杂的内容。由于设备设施投资额大、技术先进、种类多、维修费用高,物业管理者应完善设备保养制度,现场巡视,发现安全隐患及时解决,保证设备设施的正常使用及运行。

(2)安全管理。商业场所的安全管理是物业安全使用和社会安定的重要保证,平时应重视消防安全管理,建立消防责任制,完善管理制度;注重电梯、照明等设备设施的日常维护;制订相应的责任制度及常见突发事件的应急预案;注意车辆管理,以免交通阻塞,给顾客带来不便。

(3)环境卫生管理。商业场所的环境卫生管理要求比较高,要做到流动保洁,时刻保证商场的清洁卫生,保持良好的购物环境。

(4)绿化管理。现代商业物业的空间造型讲究简洁、利落、大方,而绿化的造型则是千姿百态、高低疏密各自不同,这样两者就形成了呼应,更增加了商业楼宇建筑的艺术表现力。

(5)装修管理。管理处要严格按照规定的程序对入住新商户的装修方案、装修行为和过程进行审批、管理和监督。防止施工时破坏相应的设施设备,及影响其他商户的正常营业的行为。

(6)广告宣传。物业服务企业对商户设计的广告外形、尺寸等进行统一规划并管理,费用分担应遵循"谁受益、谁负担"的原则。

3. 工业物业管理

工业物业不同于住宅、写字楼等物业,其业主是法人,法人代表着企业,寻求的是一个适应其生产经营的公共空间。所以物业管理服务就是要顺应这些特殊要求,有的放矢。

工业物业管理服务需求主要有基础服务、延伸服务和小区企业文化建设服务三大需求。基础服务除住宅物业服务内容外,还包括直接保障正常生产的供电、给排水、电梯、消防、通讯、信息网络等设施、设备的维护,企业消防安全检查和室内电检,为保障企业正常生产秩序对来访人员的严格管理,为企业产品、货物的安全出入对各类车辆的管理,生产废弃物的清运、书刊信报和邮件的收发,等等。延伸服务包括根据生产需求对厂房、办公用房的装修改造,车辆的落户年审、会务服务、员工就餐以及与市政、卫生、交通、治安、供水、供电、供热、街道等行政部门相关事务的协调,园区内的固定资产管理等。

4. 特种物业管理

特种物业的物业管理,具有一般物业管理的共性,即都是"以物为媒,以人为本"的管理服务,管理专项如物业维护、环境清洁、治安保卫、车辆管理等方面有其共同点。然而,在具体实施物业管理时,还应着重分析各类不同物业的不同特点,实行有效的管理和服务。这些差别主要体现在以下几个方面:

(1)不同的服务对象。各种不同类型特种物业的服务对象不同,因而决定了其管理重点的不同。例如,学校是青少年集中的场所,他们充满活力,行动敏捷,动作幅度大,相对而言对设备设施的坚固性、耐久性、安全性的要求比较高。游乐场所,游客流动性很大,清洁和疏散可能成为管理的主要方面。再如图书馆,接待对象主要是中青年,要求环境安静并适当配置餐饮服务。

(2)不同的服务需求。在特种物业中,求知的场所要求灯光明亮柔和,环境安静。医疗卫生场所应特别强调通风,并配置一定数量的坐椅供患者和家属休息等候。

(3)不同的管理对象。物业管理服务除了服务对象因人而异以外,还涉及对于"物"的管理。例如,图书馆、档案馆、博物馆收藏了不少珍贵的图书、资料、文物等,对环境的要求比较高,在防火、防盗、防光、防潮、防灰、防虫、防鼠、防有害气体等方面必须采取专门的有效措施。再如,对医院的化疗、放射性工作室应作防护测定,并配以警示装置等。

课堂案例【7-2】

国庆节某写字楼物业服务中心发函通知全体业户按政府规定从 10 月 1—7 日放假,9 月 29—30 日(周六、日)假期调至 10 月 4—5 日。休假期间大厦中央空调暂停供应,业户如需加班办公用空调须交纳空调附加使用费。某外资企业收文后来函服务中心,称其公司不能按中国规定放假,9 月 29 日—30 日照常休息,10 月 4—5 日正常上班。4—5 日上班时要求服务中心提供免费空调供应。业户提出把 29—30 日休息时省下的中央空调费用补偿在 10 月 4—5 日。当服务中心拒绝业户要求时,业户来函投诉,称其每月均准时交纳管理费用,有权享受空调供应,服务中心额外收取费用不合理,拒绝业户合理的要求更是不应该,要求给予解释,否则业户将自行安装一台分体空调在公共区域。

案例点评:

首先,物业服务中心应向业户解释:大厦管理费中包含的空调使用费是正常时间的空调费,非办公时间使用空调则需按"谁使用,谁付费"的公平收费原则,由业户支付;其次,放假时间安排是中国政府规定的,且大厦多数业户都参照此规定,作为外资企业也应遵守所在国家和地区的有关规定,同时将空调费的测算依据、收费标准等随函附入;最后,物业服务中心应向业户说明该大厦为高档写字楼,为保证大厦统一美观的对外形象,按管理规约规定,业户不得私自安装分体空调。

物业服务中心可以做好以下几方面工作,以避免此类投诉发生:①在《服务指南》中告之业户非办公时间使用空调,应提前向服务中心申请,并交纳加时费用;②应在夏季来临前发文给全体业户,告之业户如加班使用空调须交纳加时空调费用,并附使用标准及测算说明;③根据国家的放假要求,大厦的放假安排报业委会批准后再通知业户。

第三节 智能化物业的管理

一、物业管理智能化的概念

物业管理智能化是指将信息技术及高新技术应用于物业管理工作中,辅助处理日常事务,全面提供信息服务并参与辅助科学决策,从而达到充分利用各种资源,提高管理效率和管理质量的目的。

二、智能化物业管理的特点

智能化物业管理与传统的物业管理在根本目的上没有区别,都是为业主、用户提供高效优质服务,创造物业最佳的综合效益。但由于管理对象层次不同,服务对象(业主)对物业的使用、要求等不同,二者在内容上必然会有所不同。

智能物业由于采用了高度的自动化装备和先进的信息通信与处理设备,能全面获取物业的环境、人流、业务、财务及设备运行状况等信息,有更加高效便捷的服务手段,所以在管理上更要科学规范、优质高效。可以把智能化物业管理看成是在传统物业管理服务内容上的提升,这种提升也就是"智能化"的体现,主要表现在以下几个方面:

1.对各种智能化设备系统的自动监控和集中远程管理

不同于传统物业管理,智能化管理在中央监控室了解各种设备的运行状况并调节设备的运行,可根据设备自动报警信号显示故障区,迅速启用备用设备线路或及时到位抢修,确保大厦设备的正常运行。这种集中远程自动监控管理,极大地提高了设备的管理维护效率,确保了物业的正常使用和良好环境。

2.保安、消防、停车管理高度自动化

完善的智能系统,例如电视监控系统、红外探测系统、电子巡更系统、门禁系统等可以实现保安、消防自动监控。消防全套探测报警设备可以自动探测、自动报警,显示异常,管理人员可在中心监控室进行实时监控和果断处理。智能化的停车收费系统可以通过感应车头标签自动识别、自动计时和收费放行。

3.管理服务网络化、信息化

物业管理服务与被服务双方通过完善的计算机网络系统进行交互沟通,更加便捷。物业服务企业利用网络查询、记录用户的服务要求与投诉,及时给予答复;也可以网上发布通知、公告,催交费用,催办有关事项,征集管理意见、建议,组织网上文娱活动等。这种物业信息化管理程度的提高,改变了传统的管理服务方式,促进服务效率的提高。

4.三表自动计量,各种收费一卡通

智能抄表系统免去人工挨家挨户上门抄表的繁琐,实现多表数据自动采集、传输、计费,配以一卡通系统又可以免去管理人员上门收费或用户到指定地点交费的不便,住户只需手持一卡便可通过刷卡交费。

随着高新技术的发展,现代建筑中引入科技含量高的设施设备,物业管理智能化已为大势所趋。网络化、智能化管理服务已成为当前和今后一段时期内物业管理企业竞争制胜的关键筹码,成为物业管理企业基本管理服务手段。

✖ 本章小结

本章介绍了居住物业(住宅小区、公寓、花园洋房、别墅)、写字楼、商业物业、工业物业和特种物业等各种不同类型物业的涵义、特点及各自物业管理的内容和要求。

居住物业管理的重点包括物质环境和社会环境要求两个方面。物质环境管理要求搞好小区治安、消防、卫生、交通、文体、娱乐等公共设施配套建设和环境的整洁美化,并做好小区房屋修缮、公共设施保养维护、道路交通管理等基础管理工作。社会环境管理要求建立健全专业管

理与业主自治管理机制,充分发挥业主委员会的作用,协调理顺内、外部各方关系。通过开展社区文化活动,丰富业主和使用人业余文化生活。

非居住物业管理突出治安、消防管理。重视清洁卫生和环境管理。强调建筑物、设备设施的日常维修及养护,及各类设备、设施的正常运行。特种物业的管理针对各类不同物业的不同特点,分别实施有效的管理和服务。

智能化物业管理是传统物业管理服务内容上的提升,其特点是采用高度自动化装备和先进的信息通信与处理设备,全面获取物业的环境、人流、业务、财务及设备运行状况等信息,是更加高效便捷的服务手段。

课后讨论

1.住宅小区的特点和功能有哪些?

2.针对住宅小区内物品或物资的出入,为保障业主财产权益安全,当值保安员及物业服务企业应当如何处理?

复习思考题

1.简述居住物业管理的内容和基本要求。

2.写字楼物业管理的重点是什么?

3.什么是物业管理智能化?

实践与训练

项目:选择当地居住或非居住物业调查了解其智能化物业管理情况。

实训目标:增强对智能化物业管理的理解。

实训内容与要求:将全班分组,以组为单位到当地某一个居住或非居住物业,通过各种形式调查了解该物业区域智能化物业管理情况,主要包括其智能化物业管理内容、特点及其管理水平。

成果与检测:

1.各组写出调查报告。

2.学生汇报成果并进行交流。

案例分析

案例1:某居民住宅小区住户与物业管理公司签订有物业管理合同,约定由物业公司对小区进行管理。李某某系小区外某厂职工,2008年6月的一天,李某某独自一人走进小区,小区的管理人员因疏忽大意未看见李某某进入小区。李某某走进小区的一个单元楼顶,从楼顶跳下自杀。在李某某坠楼之时,恰好小区内的住户陈某从楼下经过,李某某刚好坠落在陈某身上。陈某因抢救无效死亡,李某某自杀未遂,造成严重残疾。事后,陈某的家人向人民法院提起诉讼,要求李某某及物业公司承担赔偿责任。

案例讨论:

对于李某某的死亡,应该由谁来承担?

案例2:2003年某日凌晨,负责某写字楼大厦物业管理的物业公司巡逻岗(新入职未转正员工)在巡逻楼层过程中发现一租户将钥匙遗忘在门上未拔出,因害怕钥匙丢失,随即将钥匙拔出(巡逻岗考虑到已是凌晨2时多,租户已下班回家),交到控制中心,直至当天中午才将钥匙还给租户并向其说明情况。租户认为物业公司处理此事欠妥,因办公室内有重要文件资料,租户认为钥匙可能被配制过,存在安全隐患。

案例讨论:

1. 物业公司这位员工的做法是否得当?

2. 此类事件发生后,物业公司应当如何处理?

第八章
物业管理费用

学习要点

1. 了解物业管理资金的类型及筹措的渠道和使用原则,物业管理税收的主要税种等
2. 理解物业保险的重要性及保险商品的特殊性
3. 掌握专项维修资金的筹措、使用与监督的各项规定,物业保险合同的内容、合同形成、履行、变更等

关键概念

住房专项维修资金　　物业税收　　物业保险　　物业保险合同　　物业保险标的

案例导入

几年来,某小区物业服务企业只公布了专项维修资金结存对账单,业主们无从了解专项维修资金的具体收支细节,对此意见很大。2007年9月22日,该小区的业主们以业主委员会名义向管理该小区的物业服务企业送达了一份意见书,其主要内容为:要求物业服务企业向全体业主公布2005年7月1日到2007年6月30日期间的本小区专项维修资金的具体开支和结余账目。

问题:

1. 业主们的要求是否合法合理?
2. 若物业服务企业拒绝,业主们该怎样维护自己的权益?

第一节　物业管理资金

物业管理企业为了满足业主的各项需求,要对物业管理进行有效地管理和经营,就必须要投入大量的活劳动和物化劳动,其中就涉及各种类型的物业管理资金。物业管理各种类型资金使用的好坏和使用效率的高低,直接关系到物业管理水平的高低,因此,物业管理中资金的筹集、使用和管理是物业管理中极为重要的一项工作,也关系到物业管理企业自身能否实现利润目标。

一、物业管理中的资金类型

一般来说,物业管理过程中,会涉及以下几种资金。

1.注册资本

根据《中华人民共和国公司法》和《物业管理企业资质管理办法》的规定,设立物业管理公司必须具有一定数额的货币注册资金。如《物业管理企业资质管理办法》规定,设立最低资质三级物业管理公司的注册资本人民币 50 万元以上。注册资本除用于启动公司运行、支付必要的开办费以外,还可用于首期物业管理的启动资金。

2.物业接管验收费

物业的接管验收费是物业管理公司在接收、接管物业时,由开发商向物业管理公司缴纳的专项验收费用。它主要用于物业管理公司参与验收新的物业和接管旧的物业时,组织水电、管道等专业技术人员和管理人员所支付的费用,包括人工费、办公费、交通费、零星杂费、资料费等。

3.物业服务费

物业服务费是指业主和租用人入住或使用物业时,接受物业管理公司的管理与服务,向物业管理公司缴纳管理服务费。

4.专项维修基金

专项维修基金是指为保障物业的维修和正常使用,住宅物业、住宅小区内的非住宅物业或者与单幢住宅楼结构相连的非住宅物业的业主交纳的资金。专项维修资金属业主所有,专项用于物业保修期满后物业共有部位、共用设施设备的维修和更新、改造。

5.物业质量保证金

《中华人民共和国建筑法》第六十二条规定:"建筑工程实行质量保修制度。"物业一般体积大、投资大,构成要素具有连带性和隐蔽性的特点,决定了物业的保修期要比一般耐用消耗品长。开发商在向物业管理公司移交物业时,向物业管理公司交纳的保证物业质量的资金,用于交房后的保修期内被接管物业的保修。建筑工程的保修范围应当包括地基基础工程、主体结构工程、屋面防水工程和其他土建工程,以及电气管线、上下水管线的安装工程,供热、供冷系统工程等项目;保修的期限应当按照保证建筑物合理寿命年限内正常使用,维护使用者合法权益的原则确定。具体的保修范围和最低保修期限由国务院规定。

6.多种经营收入

随着时间的推移,房屋及其附属设备设施会日渐损坏,日常保养、维修的各项费用也与日俱增。完全靠开发商的扶持和从业主、使用人中收取的物业服务费、专项维修基金是无法满足需要的。为此,客观上要求物业管理企业以各类物业为依托开展多种经营服务,以增加物业管理资金的来源。同时,开展多种经营服务也是物业管理公司实现企业利润目标的要求。

7.信贷资金

物业管理公司启动后,管理费用尚未收缴上来以前,物业管理资金十分紧张。物业管理公司往往可以通过银行信贷来筹措流动资金,以弥补物业管理费用的早期缺口。

二、物业管理资金的筹措

物业管理资金筹措是物业管理正常运转的基础,也是物业管理资金良性运作的保障。随着物业租售完毕,物业公司就进入维护物业功能,为人们生产生活提供服务的长期运营阶段,而物业的日常养护、维修、更新和管理,都要投入一定的人力和物力,需要有大量的各种类型资金的收取和支出。因此,物业管理企业的各项资金筹集和落实到位,对物业管理走良性循环轨道显得尤为重要。

(一)物业管理资金筹措的原则

1.量出为入原则

量出为入原则是指在筹措各项业务管理资金,确定各种收费标准时,应严格按照专款专用的支出需要来计算确定。

2.收支平衡、保本微利的原则

物业管理企业的收支要达到平衡并略有盈余,获得合理利润。依次原则筹措各项管理资金,可用下列公式表示:

筹措各类管理资金的总额＝各类管理资金支出＋物业管理企业的酬金

3.相对稳定、适当调整原则

收取各类物业管理资金,涉及开发商、物业管理企业、业主和使用人的切身利益,一旦收费标准确定并为人们所接受后,就应保持相对稳定,至少1～2年保持不变。但由于经济的发展和人们生活水平的提高以及通货膨胀因素,收费标准可以在适当的时机作适当调整。

(二)物业管理资金筹措的渠道

1.注册资本

从物业管理公司的所有制来看,不同所有制的物业管理公司注册资本的筹集各不相同。一般来说,国有企业由国家出资,合营企业由各营各方出资构成,中外合资和股份制公司由中外各方按比例出资和股东出资筹集构成,外资物业管理公司则由外方单独出资构成。

2.物业接管验收费

物业接管验收费一般向开发商收取。物业管理公司要参与竣工验收,是全面考核房地产项目开发成果,检查设计和工程质量的重要环节,做好竣工验收工作对促进开发项目及时完成接管验收,尽快投入使用,发挥投资效益,有着重要的意义。物业管理公司参与项目的竣工验收,对保证物业顺利完成建管交接,确保业主的利益,增强管理责任是必不可少的。由于专业物业管理公司在长期的管理经验中,比开发商和承建商更了解业主对物业的各种使用需求,由他们参与验收工作,校验设计和工程质量,既可及时发现和解决一些影响正常运转和使用的问题,又能使将来的业主满意,从而一方面保证物业能按设计要求的技术经济指标,正常投入使用,最大限度地满足业主的需求,另一方面验收新物业和接管旧物业还可分清物业损坏的责任,是开发商建造过程中遗留的问题导致物业损坏,还是物业管理公司管理中的问题导致物业损坏,或者是业主和使用者使用过程中导致的物业损坏或旧物业本身就有问题,不至于在业主入住使用后才发现问题而产生责任不清的纠纷,从而可避免不必要的赔偿损失。实际上物业公司参与竣工验收工作,也是开发商建造生产出业主满意的物业所做的努力,是完成开发商建设物业的最后一个生产环节,因而开发商理应缴纳给物业管理公司因组织验收而发生的专项验收费用,同时对旧物业的接管也一样需要检验其是否合格。

3.物业服务费

物业服务费的筹措渠道主要有以下几个方面:

(1)定期向业主收取。根据国家发展和改革委员会、建设部制定的《物业服务收费管理办法》,物业管理企业可以而且应该就其提供的物业服务收费。该费用向业主收取,是物业管理经费长期稳定的主要来源。通过双方谈判,制定合理的收费标准,确保稳定的资金来源是每一个从事物业管理的物业管理企业必须面对的一个非常重要的问题。

（2）物业管理企业开展多种经营的收入和利润。在不向政府要钱,不增加业主和使用人经济负担的情况下,物业管理企业可根据物业状况和自身情况,开展多种经营,创造经济效益,以业养业,补充物业管理经费的不足。物业管理企业开展多种经营有以下两种情况：

①利用物业共有部位、公用设施设备进行经营活动。在征得相关业主、业主大会同意后,物业管理企业可以利用物业共用部位、共用设施设备进行经营活动。这种经营活动所得收益属于业主,应主要用于补充专项维修基金,经业主大会同意,也可弥补物业服务费的不足。

②利用自身条件,开展各种经营活动。物业管理企业可以利用自身条件,开展多种经营活动,如组建工程队,完善住宅小区配套建设,建小区围墙、停车场等,开办商店、餐饮、健身房、美容美发厅等。这些经济实体既可为物业内住户提供服务,也可向社会承接业务,用多种经营取得部分利润,弥补管理经费的不足,实现以业养业的目的。此时的收入和利润,从性质上讲属于物业管理企业的收入和经营利润,无法准确地测算和预计,因此,这种收入和利润并不属于物业管理经费的主要来源。之所以将物业管理企业开展多种经营的部分利润也作为物业管理经费的一个来源,主要是考虑目前我国物业管理的市场经济体系尚不完善,从推动物业管理的运作、建立物业管理良好声誉和人民群众经济承受能力的实际出发,而提出的在一定时期内的带有较强过度色彩的措施。

课堂案例【8-1】

物业公司开展多种经营惹官司

某住宅小区由于房屋结构设计的原因,每栋楼房内有一层电梯旁都有不少面积的共用部位,物业管理企业认为,该共用部位蕴含有一定商机,让其闲置太过浪费。于是未经业主委员会的同意,擅自将总共为100余平米的电梯旁的空地出租给他人设摊营业。小区的业主委员会向物业管理企业提出意见,要求物业管理企业停止侵权,将违法所得返还给业主。但物业管理置之不理,于是业主委员会向法院提出诉讼。

案例点评：

物业公司开展多种经营,特别是利用物业共有部位、公用设施设备进行经营活动,必须先征得相关业主、业主大会同意后,物业管理企业才可以利用物业共用部位、共用设施设备进行经营活动,并且所得收益属于业主。

（3）政府多方面的扶持。考虑到目前我国的实际情况,广大居民的收入水平和低租金的住房政策,普通住宅物业管理经费完全由住户负担尚有一定困难。因此,为推动物业管理的发展,政府还在多方面对物业管理企业给予大力扶持。特别是对经济适用住房,按房改房政策出售的公有住房、安居房、普通居民住宅,物业服务收费实行政府指导价。其收费标准低于管理服务成本的,各地人民政府给予优惠政策。

目前,政府对物业管理的扶持主要体现在制定相关的政策和给予一定的资金支持,主要包括以下方面：制定住宅小区物业服务收费办法和政府指导价,加强对收费的管理；规定物业管理企业可享受国家对第三产业的优惠政策,在开展多种经营中可适当减免部分税金等。《物业管理条例》第五十二条规定：供水、供电、供气、供热、通讯、有线电视等单位,应当依法承担物业管理区域内相关管线和设施设备的维修、养护责任。

（4）业主的赞助。物业管理服务的质量直接关系到全体业主的切身利益,其中家庭经济状况较好的部分业主的赞助也是物业管理经费的来源之一。这种来源的前提是物业管理企业和业主之间建立良好关系以及区域内业主之间的良好人际关系,业主大会设立专项赞助基金,所得款额用于物业管理费用的补充,以减轻小区内其他业主的负担。随着社会经济的发展和人民群众收入的提高,业主赞助会逐渐有所增加。

4.专项维修基金

专项维修基金的筹措渠道主要有以下几个方面:向业主收取;向售房者收取;向国家有关部门申请。

5.工程质量保证金

工程质量保证金的缴纳有多种方法:它可以留在开发商处,由物业管理公司在接受业主报修、组织施工后实报实销;也可以由开发商一次性缴纳给物业管理企业,保修期满后结算,多退少补;或可采取包干办法一步到位,盈亏由物业管理公司负担。具体运用哪种方法,物业管理公司可视自己情况与开发商协商决定。

6.多种经营收入

根据多种经营服务类型,向接受服务者收取。

7.信贷资金

信贷资金主要是通过银行获得。

三、物业管理资金的使用原则

1.专款专用原则

物业管理资金种类多,每一项资金都对应着相应的用途,即都是"专款"。按照财务管理制度的有关规定,专项资金必须专款专用,严禁挤占、挪用、套用,以保证物业管理资金的运用严谨、有序,从根本上维护业主和居民的利益。

2.厉行节约原则

物业管理资金的筹集是经过核算的,筹集的过程也是艰难的,因此,物业管理资金必须节约使用,决不能铺张浪费。为此,必须按计划使用资金,不超支、不超计划增加使用项目,必须建立科学、有效的行政、财务和审计监督制度,并把资金的节约与员工利益挂钩,建立资金使用的责权利的结合机制。

3.效益原则

业主、开发商、政府把物业管理资金委托给物业管理公司经营管理,是对物业管理公司的最大信任。物业管理公司只有科学、高效管理和使用这些资金,使各方均能获得预期的效益,才能不辜负委托人的期望和重托。同时,也只有高效管理利用好物业管理资金,物业管理公司才能创造丰厚的利润,才能实现物业管理的良性循环。为此,应研究物业管理资金的运动规律,严密制定各项物业管理工作计划,加强资金的核算管理,努力增收节支,以最少的资金投入,争取最好的物业管理效果。

4.民主管理原则

物业管理资金的使用与管理状况既关系到多方利益,又关系到后续资金的收缴,特别需要业主、政府及居民的理解与支持。所以,实行民主管理,公开物业管理资金的筹集、使用状况,主动接受各方的监督,积极吸收业主、开发商、政府、员工代表参与重大资金事项的管理,对于规范物业管理资金的使用与管理,树立良好物业管理形象,争取各方支持与合作,实现物业管理资金的良性循环,都具有重要意义。民主管理也是物业管理企业现代化管理的潮流和方向。

第二节　专项维修资金

为了加强对住房专项维修资金的管理,保障住房的维修和正常使用,维护住房专项维修资金所有者的合法权益,《物业管理条例》规定,住宅物业、住宅小区内的非住宅物业或者与单幢住宅楼结构相连的非住宅物业的业主,应当交纳住房专项维修资金。

住房专项维修资金是指业主或者共有住房售房单位缴存的,专项用于住房共用部位、共用设施设备保修期满后的维修和更新、改造的资金。专项维修资金属业主所有,专项用于物业保修期满后物业共用部位、共用设施设备的维修和更新、改造,不得挪作他用。

一、专项维修基金的使用与管理监督

(一)专项维修基金的使用

1.专项维修基金的用途及使用原则

专项维修基金的使用执行《物业管理企业财务管理规定》,专项专用,专项用于住宅共用部位、共用设施设备保修期满后的大中修、更新与改造。

住宅专用维修资金的使用应当遵循方便快捷、公开透明、受益人和负担人相一致的原则。

2.专项维修基金的支出

住宅专项维修基金的使用支出应符合以下规定:

(1)实施物业管理的住房,对全体业主共有部位、共用设施设备进行维修和更新、改造的,由物业管理企业提出住房专项维修资金使用计划,经业主大会通过后实施;对部分业主共有的部位、共用设施设备进行维修和更新、改造的,由物业管理企业提出住房专项维修资金使用计划,经对该共有部位、共有设施设备具有共有关系的业主2/3以上通过后实施。

实施物业管理但未成立业主大会,以及未实施物业管理但有房屋管理单位的住房,由物业管理企业或者房屋管理单位提出住房专项维修资金使用计划,经对该共有部位、共有设施设备具有共有关系的业主2/3以上通过后实施。

未实施物业管理,也没有房屋管理单位的住房,由对共有部位、共有设施设备具有共有关系的业主提出住房专项维修资金使用计划,经对该共有部位、共用设施设备具有共有关系的业主2/3以上通过后实施。

(2)发生危及房屋安全的情况,需要立即对住房共有部位、共有设施设备进行维修和更新、改造的,可由物业管理企业或者房屋管理单位预先垫付有关费用,经规定程序审核确定后从住房专项维修资金中列支。

(3)因对商品住房共有部位、共用设施设备进行维修和更新、改造,使用住房专项维修资金的,从对该共有部位、共用设施设备具有共有关系的业主账户中列支。

因对已购公有住房共用部位、共用设施设备进行维修和更新、改造,使用住房专项维修资金的,可以按照业主和售房单位缴存住房专项维修资金的比例,分别从对该共用部位、共用设施设备具有共有关系的业主账户和售房单位的住房专项维修资金账户中列支。

(4)住房共用部位、共用设施设备在保修期内应由建设单位承担的维修和更新、改造费用，不得从住房专项维修资金中列支。

(5)供水、供电、供气、供热、通讯、有线电视等管线和设施设备的维修、养护责任依法应由相关单位承担的，所需费用不得从住房专项维修资金中列支。

(6)住房共有部位、共用设施设备属于人为损坏的，修复费用由责任人承担，不得从住房专项维修资金中列支。

(7)根据物业管理合同约定，应当由物业管理企业从物业服务费用或者物业服务资金中支出的住房共用部位、共用设施设备的维修养护费用，不得从住房专项维修资金中列支。

课堂案例【8-2】

到底该用专项维修资金还是物业服务费

2012年9月，广州市住宅专项维修资金管理中心接到某小区递交的关于"停车棚和树木修剪"的维修资金使用申请，经中心现场查看及按照相关规定对该小区提交的材料进行审核后，明确"停车棚"符合维修资金的使用范围，可依程序受理其维修资金的申请和使用，而"树木修剪"不在维修资金使用范围内，因此，不予批准该单位"树木修剪"使用维修资金进行施工改造。

请分析管理中心对小区申请批复结果的原因。

案例点评：

住宅专项维修资金，是指业主或者公有住房售房单位交存的，专项用于住宅共用部位、共用设施设备保修期满后的大修、更新、改造的资金。"停车棚"作为共用设施符合维修资金的使用范围，而"树木修剪"在物业服务企业的服务费使用范围内。因为物业服务费的收取是物业服务企业按照合同规定对业主房屋及配套设施设备和相关场地进行维修、养护、管理，维护相关区域内的公共秩序、环境绿化、卫生保洁，向业主所收取的费用。

3.专项维修基金的增值收益

在保证住房专项维修资金正常使用的前提下，代管单位可以按照国家有关规定将住房专项维修资金用于购买一级市场国债。业主大会成立后，代管单位用住房专项维修资金购买一级市场国债的，应当经业主大会同意。

住房专项维修资金存储或者购买国债的增值收益应当转入住房专项维修资金滚存使用。

4.其他规定

利用住房共用部位、共用设施设备进行经营的，税后所得纯收益应当主要用于补充住房专项维修资金，业主大会另有决定的除外。

住房共用设施设备报废后回收的残值，统一纳入住房专项维修资金。

（二）专项维修基金的管理与监督

住房专项维修资金管理实行统一缴存、专户存储、专款专用、所有人决策、政府监督的原则。专项维修基金属于代收代管基金，因此，必须加强对专项维修基金的管理与监督。

1.专项维修基金的代管

专项维修基金的代管主要包括以下方面：

(1)业主首次缴存的住房专项维修资金，由直辖市、市、县人民政府房地产主管部门或其委托的单位代收代管。

(2)成立业主大会的，住房专项维修资金的代收代管由业主大会决定。

（3）公有住房售房单位缴存的住房专项维修资金，由直辖市、市、县人民政府房地产主管部门代管。

业主应当在住房产权登记前，将住房专项维修资金交至代收单位。

公有住房售房单位应当在业主交纳购房款30日内，将提取的住房专项维修资金交至代管单位。

代收、代管单位应当向缴存人出具由省、自治区、直辖市以上人民政府财政部门统一监制的住房专项维修资金专用票据。

2. 专项维修基金的储存

住房专项维修资金代管单位应当委托商业银行办理资金账户的设立、储存、提取、查询等手续。业主缴存的住房专项维修资金按幢设账，按业主分户核算；公有住房售房单位缴存的住房专项维修资金按售房单位设账，按幢核算。

具有区分所有关系的业主的住房专项维修资金应当存储于一家商业银行。

3. 专项维修基金的过户

业主转让住房时，应当结清欠缴的住房专项维修资金，该住房结余的住房专项维修资金应当随房屋所有权同时过户。

4. 专项维修基金的结余

因拆迁等原因造成住房灭失的，住房专项维修资金代管单位应当将业主缴存的住房专项维修资金账面余额返还业主，售房单位缴存的住房专项维修资金账面余额纳入政府统筹管理。

5. 专项维修基金的监督

住房专项维修资金代收代管单位应当定期向业主公布，接受业主咨询，并依法接受审计部门的审计监督。

住房专项维修资金的财务管理和会计核算应当执行国务院财政部门有关规定。住房专项维修资金专用票据的购领、使用、保存、核销管理，应当按照省、自治区、直辖市以上人民政府财政部门的有关规定执行，并接受财政部门的监督检查。

财政部门应当加强对住房专项维修资金收支财务管理和会计核算制度执行情况的监督。

第三节　物业管理的税收和保险

一、物业税收

税赋是调整社会分配的积极的财政手段，体现了政府和社会对一个行业的支持与否。物业管理作为一个新兴的行业，在维护城市运行、提升物业使用价值、促进人们安居乐业、整合社会资源、安置社会就业方面扮演着越来越重要的角色，理应得到更多的关注和支持。笔者认为，现阶段物业管理方面的税赋还没有完全体现本行业特点，没有非常适合本行业发展规律，尚待进一步完善。

（一）税收

1. 税收的基本概念

税收也称为税赋。它是一个古老的财政范畴，是人类社会发展到一定阶段的产物。国家的产生是税收产生的前提,有国家才有税收。在现代经济生活中,税收几乎渗透到我们生活中的每一个角落。因此,税收已越来越受到人们的关注和重视。

税收是指国家为了实现其职能,凭借政治权力,按照法定标准,强制地、无偿地、固定地取得财政收入的一种手段。

理解税收的概念可从下面几方面把握:

(1)征税的目的是为了履行国家公共职能的需要。国家是阶级统治的工具,为了行使其职能,维护国家机器的正常运转,必然要耗用一定的物资和资金,因而必须采取适当方式取得财政收入,而税收正是这样一种方式。

(2)国家征税凭借的是其政治权力。国家的权力有两种:一种是财产权力;另一种是政治权力。国家取得财政收入不是凭借财产权力,而是凭借政治权力采取多种形式参与社会产品的分配,并运用政治强制手段集中一部分社会产品归其支配。

(3)税收属于分配范畴。国家税收就是把一部分社会产品由其他社会成员所有,强制地转变为国家所有,由国家分配使用。

2.税收的本质

(1)税收体现分配关系。征税过程中,必然会产生对社会产品的分配关系。"国家征税,纳税人缴税"就意味着这部分原来属于纳税人占有或支配的实物或货币,纳税人失去了它的占有权和支配权,而国家得到了它的占有权和支配权。这样,不同的阶级、阶层和不同经济部门占有和支配社会产品的比例和份额都会发生变化。

(2)税收是凭借国家政治权力实现的特殊分配。税收是一种特殊的分配形式。之所以特殊,就在于税收是凭借国家政治权力,而不是凭借财产权力实现的分配。国家征税不受所有权的限制,对不同所有者普遍适用。一切税收都是站在国家的立场上,按照国家的意志行事的。税收就是国家在国家机器的保证下,通过法律体现国家意志,为实现其职能的需要,强制地取得财政收入,从而参与社会的分配。

3.税收的形式特征

(1)税收的无偿性。税收的无偿性是指国家征税以后,其收入就成为国家所有,不再直接归还纳税人,也不支付任何报酬。税收的无偿性体现了财政分配的本质,是税收"三性"的核心。

(2)税收的强制性。税收的强制性是指国家依据法律征税,而并非一种自愿交纳,纳税人必须依法纳税,否则就要受到法律的制裁。国家征税的方式之所以是强制的,就是由于税收的无偿性这种特殊分配形式决定的。

(3)税收的固定性。税收的固定性是指国家征税以法律形式预先规定征税范围和征收比例,便于征纳双方共同遵守。这种固定性主要表现在国家通过法律,把对什么征、对谁征和征多少,在征税之前就固定下来。税收的固定性是国家财政收入的需要所决定的。此外,税收的固定性也同强制性特征相联系。

税收的三个特征是相互依存、相互决定的。征税的无偿性,必然要求征税方式的强制性。强制性是无偿性和固定性得以实现的保证。国家财政的固定需要,决定了税收必须具有固定性特征,税收的固定性也是强制性的必然结果。

(二)物业管理行业的税收

1.当前物业管理行业的税收情况

物业管理属于服务性行业,其税收情况大体有以下几方面。

（1）营业税及附加。按服务业标准,该税额为管理服务费和有偿服务等经营性收入的 5.5%（其中营业税为物业管理服务收入的 5%,营业税附加城建税和教育附加费分别是营业税的 7%和 3%）。

（2）企业所得税。企业所得税按 33%缴纳,并实行两档优惠税率,对于年应纳税所得额 3 万元以下（含 3 万元,下同）的,其税率为 18%;对年应纳税所得额在 3 万～10 万元（含 10 万元,下同）的,按 27%税率征收。

（3）企业所得税税前允许的成本工资费用。以广州地区 2004 年为例,亏损企业月人均 960 元,盈利 3 万元以下的为 1000 元,盈利 3 万～10 万元的为 1100 元,盈利 10 万元以上的为 1200 元。在上述标准基础上,纳税人全年月人均纳税所得额每满 1000 元,另增加扣减月人均平均 50 元,这个税项是在结算前产生的。此外,企业实发工资额超过可扣除工资额部分,需按 33%计缴企业所得税。

知识链接

物业税

物业税又称财产税或地产税,主要是针对土地、房屋等不动产,要求其承租人或所有者每年都要缴纳一定税款,而应缴纳的税值会随着不动产市场价值的升高而提高。比如说公路、地铁等开通后,沿线的房产价格就会随之提高,相应地,物业税也要提高。从理论上说,物业税是一种财产税,是针对国民的财产所征收的一种税收。

世界上大多数成熟的市场经济国家都对房地产征收物业税,并以财产的持有作为课税前提,以财产的价值作为计税依据。依据国际惯例,物业税多属于地方税,是国家财政稳定而重要的来源。各国房地产保有税的名称不尽相同,有的称"不动产税",如奥地利、波兰、荷属安的列斯群岛;有的称"财产税",如德国、美国、智利等;有的称"地方税"或"差饷",如新西兰、英国、马来西亚等;中国香港则直接称"物业税"。

物业税改革的基本框架是,将现行的房产税、城市房地产税、土地增值税以及土地出让金等税费合并,转化为房产保有阶段统一收取的物业税,并使物业税的总体规模与之保持基本相当。这样一来,物业税一旦开征,将对地方政府、消费者、投机者的经济行为产生不小的冲击。

2.当前物业管理行业税收存在的问题

采用酬金制收取物业管理费的物业管理企业不应承担物业服务资金的节余部分的税费。现阶段,物业管理企业收取酬金的方式有两种:一种是包干制,即企业按照约定收取物业服务费用,盈余或亏损由企业享有或承担;一种是酬金制,即企业预收的物业服务资金由物业服务支出和企业酬金构成,实际操作中物业服务支出的节余部分转到来年继续使用。从酬金制的构成来看,物业服务支出是代收代付的行为,因而物业管理公司收取的物业管理费不能全额作为营业收入计缴营业税赋,只有作为企业酬金的部分才应计税。同时,物业服务支出的节余部分不是物业管理企业的利润,而是为业主代收代付费用的余额,企业只是承担代为保管之责任,所以不应作为企业的利润计缴企业所得税。

3.当前物业管理行业税收问题的解决办法

切实分析物业管理行业税收存在问题,结合物业管理行业属于服务性行业的特征,将物业管理列入特种行业,享受税费优惠,扶持企业发展,是解决物业管理行业税收问题的最好办法。

(1)将代收代付的服务资金列入营业税"服务业"税目中的"代理业务"。物业管理行业在为百姓分忧解难、减轻社会与政府就业压力、保一方平安等方面起着积极的、不可代替的作用。物业管理企业自身的特殊性决定其承担税费的能力是薄弱的。税务部门应充分考虑物业管理企业的承受能力,尤其是酬金制的代收代付性质,将物业服务资金的节余部分归为物业管理企业代理业主和承租者收取的税费、电费、燃气费、房屋租金、房屋维修基金及其他代收款项行为,一并列入营业税"服务业"税目中的"代理业务",即以与物业管理相关的全部收入减去以上"代理业务"后的余额,作为营业税。

另外,建议参照代理广告业、金融业外汇转贷和外汇买卖的营业税计征方法,给予物业管理企业按总收入减去总支出后的余额外负担计征营业税;参照建筑行业、旅游业、邮电通信业的分割业务后营业税计征方法,把物业服务费收入也视为营业税"服务业"税目中的"代理业务",将扣减工程维修费、清洁费、保安费和其他代收代付款项后的余额作为营业额征收营业税。

(2)参照《企业所得税暂行条例》支持和鼓励发展第三产业的税收优惠政策,给予物业管理服务企业3～5年内免征企业所得税的优惠。对实行酬金制的物业管理企业,其服务支出的节余部分作为代管资金而非企业的实际利润,应免交企业所得税,改以物业管理企业所收的酬金减去企业管理费用后的部分(企业的实际利润)计缴企业所得税。同时应充分考虑物业管理行业仍是劳动密集型行业,企业管理成本主要由人工费支出构成,工资含量占总收入的比例较高,在征收企业所得税时,适当提高物业管理企业的成本计税工资标准,以减少企业的税费压力。

近年来,物业管理行业的快速发展有目共睹,但它的健康成长和发展,仍需要一个更为良好的环境,更需要政府在税收政策上的关注与扶持,使物业管理企业能够轻装上阵,不断壮大。

二、物业保险

(一)物业保险概念

1. 物业保险的含义及其特征

物业保险从属于保险范畴,是指以物业和相关财产为标的,以及围绕物业经营和管理所涉及的各种风险的补偿和给付制度。

物业保险既然从属于保险范畴,因而同样具有保险商品的共同特征。保险属于一种风险保障性质的商品。这种商品供求双方,都得遵循自愿对价、公平互利原则来完成交易。不过,保险商品也具有区别于一般商品的特征。

(1)保险是一种特殊商品,不属于物质形态的商品而是无形商品。投保人投保缴付了保险费,意在将自己可能遭遇的风险转嫁给保险公司,此时得到的只是一份保险合同,是保险公司的一种有条件的承诺,而并非即期可使用商品。这份保险承诺也仅仅以约定偶然发生的保险事故致使保险标的在保险金额内的损失为限而已。

(2)保险商品的价格具有预估性,且以迂回形式表示。保险经营事前不能测定其事件成本,只能到保险期满后才能计算出实际损失金额和经营费用开支。同时保险价格不是用货币单位直接表现出来,而是以百分比的形式表示,与其他商品的价格的表现形式完全不同。物业保险也同样如此。

(3)保险商品的生产与销售过程同步完成。卖出一份保单,建立一份保险合同即为保险生产,这也是与其他物质形态商品生产完全不同的。物业所涉及的各个险种,也只有在出售给有关标的的利益人时,才算完成了整个物业保险关系。

(4)保险制度不等同于灾害救济,不同于银行储蓄,更不同于赌博。投保与承保是一种合同行为,合同双方存在着一定的权利与义务关系,损失补偿或给付是必须要履行的义务。而物业保险的相关利益人也必须要按预先约定的权利与义务履行各自的职责,不得谋取任何额外利益。

2.物业保险的类别

有关物业标的以及围绕物业管理所需的保障保险涉及面相当广。如果从物业建造、形成、租售直至日常管理的整个流程考察,大致可以分为四个阶段,从而形成不同的物业保险类别。

(1)物业建造方面的保险,包括建筑工程一切险、安装工程一切险以及一些附加险和扩展责任险种。

(2)物业住宅质量方面的保证保险。

(3)物业租售过程中的保险,包括建筑物产权保险、住房信贷保险。

(4)物业日常经营管理所涉及的保险,包括财产基本险、财产综合险、住房保险、机器设备保险、商务盗窃保险、与物业有关的汽车保险和车库责任险、公众责任险、雇主责任险,以及商务管理人员意外伤害保险、人身保险、养老保险、健康保险、员工忠诚保险等。

3.物业保险的目的

由于物业管理所涉及的某些风险所造成的损失金额巨大,物业管理者或业即使已在预算中预备了备用金也难以应付如此巨大的数量。然而,如果投了保,一旦事故发生,物业管理者就可以将此意外经济损失分散、转移到保险人身上,以减轻物业管理人和其所服务的业主受经济损失冲击的程度。

购买保险不仅可以分散、转移巨大的经济损失,还可在意外发生后,减轻物业管理者处理索赔方面的负担,而可专心处理意外的善后工作。

(二)物业保险合同

1.物业保险关系的确立

确立保险关系,按常规,投保人首先要向保险人提出要约,经过协商和审核,保险人做出承保允诺,此时表明双方达成了协议,双方的保险关系即告确立。物业利益的有关方需要通过保险转嫁风险的,同样也需经过要约和保险公司的承诺来确立保险关系。通常,保险关系的确立是以保险合同的形式表示的。保险合同不仅记载了双方合意的内容,而且也是续存保险关系的正式凭证。

保险合同是投保人与保险人在公平互利、协商一致和自愿诚信原则的基础上,为实现一定的经济目的,依法约定权利与义务关系的协议。其中投保人一方要向保险人缴付与其所获保障权利相应的保险费,保险人一方则要承担已约定保险期限内,保险事故所造成保险标的损失的赔偿责任或人身保险金的给付责任。保险合同的订立意味着保险双方建立了权利与义务的对价关系,这种保险关系的实质是一种民事法律关系。

2.物业保险关系确定的基本原则

(1)诚信原则。所谓诚信原则即要求订立保险合同的双方都要诚实守信。这里的诚信不仅要求在签订合同前当事人双方如实说明情况和条款,而且要求在签订合同后如果情况有所改变,也需要投保人如实申明并作出双方同意的相应变动,否则承保人会以情况失实而拒赔。

(2)可保利益原则。可保利益原则要求投保人对投保标的具有一定的经济利益、经济效益或责任关系。如果投保人对投保标的无可保利益,则保险合同为无效合同。

(3)近因原则。近因原则对风险的致因要求以最直接的因果关系来衡量。近因不是实践上最接近风险损失的原因,而是促成风险损失的最直接原因。在损失的原因有两个以上,且各个原因之间互有因果关系的情况下,则最先发生的原因为近因。承保人分析引起损失的原因是以近因为准的。

(4)比例分摊原则。比例分摊原则是在投保人对投保标的进行了重复保险,也就是由多个保险人对同一标的承保的情况下产生。在此情况下,一旦投保标的受到损失,则由所有承保此标的的承保人按承包责任的大小来共同分摊。

3.物业保险合同的特点

如前所述,保险合同是保险双方确立权利与义务关系的正式文件,也是保险双方协议内容的书面记载文件,因为我们也可将保险合同视为保险关系内容和形式的统一,保险合同是经济合同的一种形式,它既具有一般经济合同所共有的承诺性、有偿性、商业行为性的特征,又具有区别于其他合同的标志和特点。

(1)物业保险合同是以保障已约定的不可抗力风险为特点的合同。保险合同是将不可抗力自然灾害和意外事故风险所造成的损失作为核心义务,在被保险人和保险人之间进行转嫁和分摊。这一点是任何其他经济合同,诸如买卖合同或租赁合同所不具有的。

(2)物业保险合同是具有鲜明的附和性与条件性特点的合同。保险合同一般采用定式合同形式,其内容格式,一般是由保险行业协会和政府主管机构所制定和审定,而且大多数险种都有标准化的条款。在签订保险合同过程中,投保人只能概括地表示接受或者不接受,而不能逐条拟定基本条款。及时需要变动保险单上的某些内容,也只能在保险人事先准备好的附加条款和批单条款中作出"取与舍"的选择。因而保险合同全然不同于协商合同。

另外,保险合同不仅具有鲜明的附和特点,而且还附有一些条件作为保险人赔偿与给付的决定性前提,投保人和被保险人必须严格履行了合同所约定的一切义务,才能顺利地获取保险人的赔偿。

(3)物业保险合同是具有射幸性的利益平衡合同。射幸合同,又称为侥幸合同,是指合同的一方支付的代价所得到的仅是一个机会,是一个或是"一本万利"或是"一无所获"的可能性。具体地说,在保险合同有效期内,一旦发生合同所约定的保险事故,投保人就可以获得大大超过所支付的保费的赔偿额;而如果在此期间无保险事故发生,投保人将一无所获。

对于大多数不出险的被保险人而言,虽然交付了一定的保险费,但通过保险可以解除后顾之忧,获得安全保障以及相关的防灾防损服务。保险公司收取的保险费,是以大多数法则、概率法则和平均率为基础的,投保人所交付的保险费总额与保险人实际赔付的金额总和形成对价关系。这种对价又是相互联系且基本对应的,往往一方所享有的权益恰好是另一方应尽的义务。保险公司所收取的保险费中包括了经营的稳定系数和总准备金的提取因素,以足以支付各个年份的赔款成本为基本条件。因此投保群体与保险公司的权益从长期和总体上看也是平衡的。这是保险合同有别于其他经济合同的又一特点。

4.物业保险合同的主要内容

一份完整的物业保险合同,按照相关规范,一般应载明以下一些主要条款。

(1)当事人的姓名及地址。姓名包括自然人或法人的名称以及经济组织的名称;地址包括住址或经营地址。

(2)保险标的。为了确定保险的种类以及判断投保人或被投保人对所保标的有无保险利益的存在,保险人一般要求投保人在合同中详细明确记载投保标的。一个保险合同可以有单一的保险标的,也可以允许有一个以上保险标的的集合。

(3)保险金额。保险金额也称保险额或保额,它是保险人计收保险费的基础,也是保险人在损失发生时给付的最高金额。保额不得超过保险标的保险价值,超过保险价值的,超过部分无效。

(4)保险责任范围。保险责任范围是指那些风险的实际发生所带来的损害应由保险人承担补偿或给付责任的风险。责任范围可以是单一的,还可以是多种责任的综合险,也可以是除了除外责任以外的一切险。

(5)除外责任。除外责任是指保险合同明确指明保险人不予承担的风险责任,一般包括战争造成的损失、自然损耗、被保险人的故意行为所造成的损失等。

(6)保费。保费也称保险费,是被保险人根据合同约定向保险人支付的费用。保费的多少决定于保险额的大小以及保险费率的高低两个因素。

(7)保险期间。保险期间是指保险合同的有效期间。只有在此期间,保险人才能承担保险责任。保险期间的开始,也就是保险合同的生效时间,它不同于保险合同的订立时间。订立时间可以是生效时间,也可以不是,这取决于双方合同的约定。我国规定,保险期的起讫时间为生效日当天北京时间的零点开始,至规定终止日北京时间 24 时止。

(8)违约责任。由于保险合同是保障性合同,也是最大诚意合同,所以,保险合同当事人在合同中明确规定违约责任是至关重要的,否则会引起不必要的法律纠纷。

5. 物业保险合同效力的维持及终止

签订了保险合同,保险关系确立后,有时也会因为多种原因导致合同失效,即依法终止原合同的效力或终止合同关系。

(1)保险合同关系的解除。保险合同关系的解除是指合同一方当事人依照法律或合同规定行使解除权,使合同的一切效果消失而恢复到合同未订立前的状态。保险合同关系的解除分为协议解除和法定解除。协议解除是在保险合同规定的自然终止前,双方当事人约定在发生某种事项时行使解除权。法定解除则是在保险合同自然终止前,由于法律规定的原因,保险合同的一方当事人依法行使解除权。

(2)保险合同效力的终止。保险合同效力的终止是指保险合同的法律效力因法定或约定的事由出现而永远消失。首先,如果保险有效期内没有发生约定的保险事故,或保险人只履行了部分赔偿责任,但只要保险期限届满,保险合同的效力也就此终止。其次,保险期间因保险人已履行了全额保险责任而终止。在保险合同有效期内发生了保险事故,保险人赔偿了全额财产损失或给付了全额保险金后,则一般不论保险期限是否满期,保险合同效力便即行终止。

6. 保险争议

保险争议一般是指由于保险关系当事人因履行保险合同,对于应享有的权利和应该履行的义务有不同的看法而发生争执。众所周知,保险合同是保险双方当事人约定各自权利与义务关系的正式证明文件,其条款内容约束着保险合同双方的行为,双方都必须严格遵守,否则就会影响保险合同的效力。保险合同一经双方确认而生效,就受法律保护,一旦发生争议,无论采取何种解决方式,也都需要以保险合同约定的内容作为评判依据,这是解决保险争议的基础。

世界各国保险界基本上都对主要险种采用定制格式合同,条款内容基本都统一规范。不过现时保险市场还存在着激励的竞争,各家保险公司也需要创设各自特色的险种,因此各个险种的保险单还不能实现完全的标准化。况且保险条款也只能做原则规定,而保险实际情况却是千变万化的。保险标的性质、用途、场所、投保单位管理水平的差异以及因人们主观判断理解力上的不同,都会产生对保险合同条款解释上的争执和分歧,而不同的解释又会直接涉及保险当事人双方的合法利益,因此,有必要确定对保险合同相关条款及内容的解释原则。

(1)保险合同文意解释原则。保险合同措词的文意按照通常的文字含义做统一解释,专业术语按行业通用含义解释。保险公司必须严格按照国际保险惯例规定执行约定的义务。

保险行为意图解释需尊重双方订约时的真正意思,根据订约时的背景和实际情况,作实事求是的分析,而不能在双方发生争执时任意改动、强词夺理而仅作出对己有利的解释。

由于保险合同是格式合同,如若双方对合同条款发生争执,按一般惯例应作有利于被保险人的解释,这是国际保险通行的准则,但这一原则不能绝对化。

(2)保险合同争议的处理方式。保险双方当事人在履行保险合同的过程中,如因缴付保险费、合同的有效期、赔偿处理以及责任归属等问题发生争议,一般可采用协商、仲裁和司法诉讼等方式进行处理。

①协商。争议双方通过友好协商,达成协议,这是解决争议最好的方法,也是通常双方都希望首选的方式。协商通常有两种做法:一是双方当事人直接协商达成和解;二是由第三者调停,促成双方和解。第三者调解多为由双方当事人所信任的、具有丰富经验的、熟悉保险和法律知识的人充当调解者,容易获得良好的效果,同时也可节省时间,以便及时解决争端。

②仲裁。仲裁是指争议的双方根据保险合同原先约定的仲裁条款,或者在争议发生后自愿将争议提交给双方都同意的第三者裁决的一种解决争议的方法。仲裁协议的形式主要有两种:一种是双方当事人在保险合同订立之初,就以保险合同款项的形式加以确立。许多险种的保险合同中就有专门的仲裁条款,表明将来一旦发生争议,双方愿意采用仲裁机构解决争端。另一种是在争议发生以后,双方同意将争议提交仲裁机构解决而达成的协议,通常称为提交仲裁协议。

仲裁过程必须要有仲裁员参加。由于仲裁员具有专业和法律知识,与合同当事人又不存在直接利害关系,而且仲裁又必须严格按照一定的程序规则进行细致的调查和审理,在查清事实真相、分清责任的基础上作出裁决,况且仲裁员是以裁判者的身份而不是以调解员的身份对双方争议事项作出裁决,一般而言,裁决的结果是公正和客观的,并且由于仲裁是双方自愿选择的解决争议的方式,因此双方当事人一般都愿意接受裁决决议。

③诉讼。诉讼是处理争议较为严厉的一种方式,一般也是争议双方最后采用的解决方式。

保险合同的争议一般属于民事诉讼,只要一方当事人向有管辖权的法院起诉并得到法院受理,则另一方就要应诉,具有强制性。法院审理以事实为依据,以法律和保险合同条款为准绳,经过调查、辩论和评议后作出判决。

(三)物业管理过程中的保险

1. 物业保险标的

从完整意义上来说,物业是指已经建成并具有使用功能和经济效用的各类供居住的房屋,以及属于非居住性质的高层楼宇、商业大厦、厂房仓库等建筑和配套的设施设备,以及相关的场地。

按照物业管理的通常规则,物业管理公司不仅需要对房屋建筑公用部位包括楼盖、屋顶、外墙面、承重墙体、楼梯间、走廊通道、门厅、庭院进行维修养护和管理;而且还需要对公用的上下水管道、落水管、污水管、共用照明、中央空调、供暖锅炉房、楼内消防设施设备、构筑物(包括道路、室外上下水管道、泵房、自行车棚、停车场)进行维修养护和管理;此外,物业管理还负有安全监控、巡视、保证安全的职责。可见,物业管理是围绕着保全物业及其设备而展开的。

因此涉及物业风险保障的标的无疑应包括不动产标的和内设的设备等。不动产建筑物标的是开发商和业主考虑投保的首要标的。

2.物业管理过程中的保险

(1)建造过程中的物业保险。

①建筑工程保险。各类民用、工业、商业和公共事业用的建筑物都属建筑工程保险的承保标的范围。按常理,与工程的所有权有任何有关利益人,即物业的所有人、工程的承包人、技术顾问,以及管理者等都可以充当投保人。不过一般情况下,房产所有权人、房产投资人出面投保建筑工程保险能涵盖工程全过程,并能兼顾各个利益方,是最为恰当的。

②安装工程保险。新建或扩建建筑物必然要求安装相应的设备或附属钢结构部件,在安装操作期间可能会因为意外事故而造成物质损失和第三者损害赔偿责任,这些风险是可以通过安装工程保险得以转嫁的。安装工程保险是针对超负荷、超电压、碰线、电弧、走电、短路、大气放电以及电器引起的财产损失和安装技术不善所引起的事故损失承担责任。

(2)物业租售过程中可投保的险种。

①物业产权证书保险。物业租售过程中,物业的产权会发生变更。受让人为了能保障自身合法权益可向保险公司投保物业产权证书保险。其保险的保障内容是对于财产所有人因产权证明文件上的法律缺陷而遭受的经济损失提供保险保障。

②房屋产权的全面保险。房屋产权全面保险保障的内容不仅提供包括产权登记、防止法律文件伪造和缺陷方面的保护,而且还包括对物业产权的丈量、尚未登记的留置权、地役权,以及有关产权侵占等方面的检查保护。

③个人住房保险和抵押住房保险。我国的个人住房保险规定的投保标的限于被保护人合法拥有的产权住房,并在销售合同中列明的房屋附属设施和其他室内财产。我国的抵押住房保险承保标的只承保毛坯房建筑框架。

(3)物业日常管理中所涉及的财产险种。物业建造和租售完成之后,就进入漫长的管理期,期间物业管理公司或接受房产商的委托,或者在销售基本完毕后受业主聘用,对物业进行日常管理。通常在物业管理中会遭受一些风险可以通过选择适当的保险险种转嫁风险。

①财产保险基本险。我国现行财产保险基本险承保的保险标的范围:凡是属于被保险人所有或与他人共有而由被保险人负责的财产、由被保险人经营或者他人保管的财产,以及其他具有法律上承认的与被保险人有经济厉害关系的财产都可作为投保标的。

②财产保险综合险。财产保险综合险是在基本险的基础上,扩展了保险保障责任范围,以便能更好地满足被保险人的需求。因此财产保险综合险的保险标的范围与基本险是一致的,关键区别在于承包责任范围的扩展。

③火灾保险。按国际保险界常规火灾保险承保的范围,一般包括动产和不动产,即住宅、

商店、工厂、仓库、医院、娱乐场所等建筑物,也可包括附属于投保建筑物的固定设备,以及建筑物内的家具、衣着、书籍、商品、货物、机器、原料及成品等。

(4)物业及其设备财产方面可附加的保险险种。

①破坏性的地震保险。我国财产标的地震方面的保障险已采取附加险的方式,在投保财产基本险和综合险的基础上都可附加破坏性的地震保险。

②水暖管爆裂保险。水暖管爆裂保险通常也是作为附加险承保的。在财产保险基本险和综合险的保障基础上都可以根据被保险人的需要选择该附加险。

被保险人自有的水暖管因火灾、爆炸、雷击、飞行物及其他空中运行物体坠落、高压、碰撞、严寒、高温造成水暖管爆炸,只是水暖管本身损失以及其他保险财产遭受损害、侵蚀、腐蚀的损失,均属保险人承担的责任,但如果因水暖管年久失修、腐蚀变质以及没有采取必要的防护措施而导致的损失,或在水暖管处安装、检修、试水、试压阶段而发生的损失,不属于保险责任范围。

③盗抢保险。盗抢保险主要保障建筑物内企业或个人所拥有的财产,此种保障通常采用附加险的形式。其保障的是保单所载明的放置场所内,由于遭受了外来的、有明显的盗、抢痕迹,并经公安部门证明确系盗抢行为所致的财产丢失、毁损或污损的直接损失。

④煤气保险。现代建筑屋内都设置有煤气或天然气供气设备,有的还安装有燃气热水器,这无疑能提高居住人的生活质量,有积极的社会意义。然而,也会产生煤气中毒或煤气爆炸侵害的风险。对此需要根据实际情况投保煤气保险,为需要转嫁这类风险的住户提供了保险保障。

(5)批单扩展责任条款。

①自动恢复保险金额条款。经保险双方约定,保险公司可以对保险单明细表中列明的保险财产在遭受损失履行赔偿后,自动恢复到原保险金额,但被保险人需按日比例补交自损失发生之日起至保险终止之日恢复保险金额部分的保险费。

②定制保险条款。如若投保人希望采用定制保险的方式就需要通过特别约定、用批单的方式加以修正。经保险双方同意,被保险人交费附加保险费,保险公司按保险单明细表中明列的保险财产约定价值履行赔偿职责,但被保险人在投保时必须提供详细的财产清单,并且该财产清单要作为保险单的组成部分。

③自动喷淋水损条款。经保险双方约定,被保险人缴付附加保险费,保险公司扩展承保保险单明细表所列保险财产因喷淋系统突然破裂、失灵造成的水损。

④建筑物变动条款。经双方同意,被保险人缴付附加保险费,保险公司扩展承保保险财产在扩建、改建、维修、装修过程中发生的物质损失,但被保险人必须以书面形式通知保险公司,并恪尽职守防止损失发生。

本章小结

本章主要介绍了物业管理过程中所涉及的各种类型的资金,以及其筹措的原则、渠道和使用原则。重点介绍了专项维修基金的筹集、使用与监督管理。所谓住房专项维修资金是指业主或者共有住房售房单位缴存的,专项用于住房共用部位、共用设施设备保修期满后的维修、更新和改造的资金。专项维修基金的筹集因物业的产权性质不同而不同。

专项维修基金的使用执行《物业管理企业财务管理规定》,专项专用。住房专项维修资金管理实行统一缴存、专户存储、专款专用、所有人决策、政府监督的原则。还介绍了物业税收与保险。

课后讨论

设立专项维修基金有什么好处？调查一下其在实际使用的过程中会遇到什么问题？

复习思考题

1. 简述物业管理中的资金类型。
2. 简述物业管理资金的使用原则。
3. 简述不同住房专项维修基金的筹集。
4. 住房专项维修基金的代管和储存有哪些规定？
5. 请问物业保险合同的主要内容有哪些？

实践与训练

请以一家物业公司购买物业保险的情况为例，剖析保险的重要性以及物业公司必须购买的基本险种。

案例分析

案例1：原告：某小区业主委员会；被告：某物业管理公司。

某小区业主入住达到一定比例时成立了业主委员会，辞退了开发商自己成立的物业管理公司，另聘其他物业管理公司进行物业管理。不料，原物业管理公司将其代收业主缴纳的房屋修缮基金在移交给业主委员会时，擅自扣除了18万元，称这笔钱已用于小区交通车的修理、绿化补种、避雷装置检修等项目上了。

业主委员会认为：在房屋的两年住宅保修期内，物业公司不应该用房屋修缮基金来支付以上项目的维修费用。即使过了保修期，上述用途不属修缮基金的支付范围，因为业主们已另缴了物业管理费等费用，要求原物业管理公司退还这笔钱。

原物业管理公司认为：避雷装置属于共用设备，不属于两年保修范围；绿化补种及交通车的修理，理应从物业管理费中支付。而且，根据小区物业管理的成本每月每平方米应缴1.6元，实际只收1.2元，两年共亏损100万元左右，业主应以此款项抵消物业公司的亏空，所以不应交出已扣除的修缮基金。

由于业主委员会与原物业管理公司对于这笔经费支出有着不同的观点，双方发生纠纷，不能协商解决。于是，业主委员会便将原物业管理公司告上了法庭。

案例讨论：

法院会怎样判决？为什么？

案例2：林先生原是某花园小区的住户，由于工作变动，所在单位离家较远，交通不便，很少回小区住。后来林先生在单位附近另买了一套住房，原来的那套便被闲置起来。

林先生为了方便花园小区的物业管理公司的管理，能按时检修房间水电设备，就留了一套钥匙在管理处，并委托管理处人员照看好自己的房子，遇到有合适的租房人时就帮他租出去。后来，管理处打来电话联系林先生，告诉他房屋已按他要求的条件与租金租了出去，并要求林先生向物业管理公司缴纳近1000元的房屋中介服务费。林先生拒绝交费，说物业管理公司为业主服务是应该的，并且他虽然没有在小区住但一直照常交着管理费。为此事双方发生了纠纷，诉讼到法院。林先生称某物业公司是由业主委托专门对物业进行管理的服务公司，它有义务帮助业主照看房子和出租房子。物业公司拿出了双方签订的合同，合同中没有约定物业公司有义务帮助业主出租房屋。

案例讨论：

1.物业管理的责任是什么？

2.代租物业属于什么服务？物业服务收费的项目有哪些？

3.本案纠纷关键是什么？

案例 3：2012 年 5 月 28 日，深圳市某物业管理公司向市法院起诉称业主袁某拒交按新收费标准收取的物业管理费，诉请法院判令被告缴纳所欠物业费及罚金，责令被告以后按期缴纳。袁某称只同意按原先与物业公司签订的物业服务合同中规定的标准及项目缴纳对应的物业管理费，除此之外拒不承担。

案例讨论：

1.法院会如何判决？为什么？

2.物业公司确实要正当增加物业服务费时，该如何做？

第九章

物业管理与人居环境

学习要点

1. 了解构建社区建设与物业管理的和谐关系的重要意义及实践探索,人文环境的概念及其目标

2. 熟悉绿色生态住宅小区标准的内容及绿色生态住宅小区建设包括的九大系统

3. 掌握物业管理与社区管理的共性、区别和关系

关键概念

社区　　和谐社区　　环境　　人居环境　　物业管理

案例导入

无锡新区旺庄街道前身旺庄镇,是无锡国家高新区的一个组成部分。随着大开发、大拆迁、大建设和城市建设的不断加快,到 2003 年底,100％的农民实现了"农转非",2004 年 3 月,实现了"撤镇建街"。常住人口 5.3 万人。

旺庄街道党工委在城市化进程中,以构建和谐社会为重点,贯彻落实科学发展观,强化管理和服务,不断推进"农村向城市、农民向市民、管理向社区"三个转变步伐,街道政府投入近 20 亿元巨资,建造了 170 万平方米的安居房。目前,80％的农民已经全部集中居住到环境优雅和谐安定的新时代小区。社区全面实施"就业安置、社会保障、扶贫帮困"三大阳光政策,深得民心;街道每年财政投入 1000 多万推进落实保障性政策,使街道广大被征地农民在全面享受"医有所保、老有所养"的同时,享受到"看小病基本不掏钱、物业管理不付钱、九年制义务教育全免费"的普惠政策,赢得了居民群众的交口称赞。

问题:

和谐小区的构建需要从哪几个方面做工作?

第一节　和谐社区与物业管理

一、社区理论概述

1. 社区的含义

社区指聚集在某一地域中的社会群体、社会组织所形成的一个在生活上互相关联的社会实体。德国学者滕尼斯称之为结合社会,英国学者麦其弗称之为社区。

2.构成社区的基本因素

一般地说,构成社区的基本因素有五个:①必须有以一定的生产关系为基础组织起来的、进行共同生活的人群,对于人口的多少并无一定的要求。②有一定的地域,即有人口集体或居民群赖以进行生产和生活活动的、有一定地界的地理区域,其面积的大小亦无一定的标准。从这个角度看,社区是人类与自然环境的统一体,这种自然条件对于人类的社会活动具有很大的制约作用。③居民群之间要共同进行社会活动,彼此结成一定的社会关系,如亲属关系、邻居关系、职业关系等,这些人不仅具有基于血缘纽带的共同成员感,而且具有同类意识,表现出牢固的、内聚的相互作用。④由于现实的经济条件、政治条件、社会条件及历史文化传统,居民的职业构成各不相同,每个社区都有自己特有的文化、制度和生活方式。⑤有各方面的生活服务设施,如商业、服务业、文化、教育等设施以满足居民的物质需要和精神需要。美国学者帕森斯认为,社区是行动者的一个集体,他们有一个有界限的地区作为进行最大部分日常生活的基础。

3.社区建设的必要性

社区建设是指对一定地域的居民社会生活的共同体的物质生活与精神生活需求的满足与提高。

现代社会中,人们从把住房当做栖身的目的转为把住房当做满足物质生活与精神生活的需要。除了追求硬件条件(房屋布局合理、设备齐全、结构可靠等)以外,更加追求软件条件(治安良好、道路清洁、交通方便、环境优美、服务设施齐全等),这些要依靠物业管理公司推行社区建设来保证。

二、和谐社区

"和谐"广义上讲含有合调、匹配、恰当、协调、合度、对称、秩序等意思。它是最珍贵的价值,是最美好的状态,也是人类几千年来所追求的一个理想境界。

社区作为社会的缩影与基石,是社会的承接载体。一个健康的、成熟的和谐社区,应该是社区与政府、社区与企业、社区与社会、社区与生态、社区与群众处于良性互动和协调发展的社区。在那里,党的执政基础巩固,自治功能充分发挥;在那里,管理规范有序,服务丰富多样,文化特色鲜明,环境整洁优美,保障体系健全;在那里,居民生活殷实,安居乐业,人际关系和谐融洽。

新形势下,社区是多种矛盾体现的焦点,社区内老、弱、病、残等弱势群体的生活问题,下岗再就业问题,社会闲散人员和刑满释放人员妥善安置问题,青少年思想道德教育问题等大量事情都需要社区来处理,这些问题解决不好势必带来城市建设中不稳定因素的增加,影响到社会安定有序发展。而创建和谐社区,就是要通过社区这一基础平台,关心和帮助困难群体,化解各种社会矛盾,维护社会治安,保持社会安定,努力营造安定、安全、安宁的社会环境。

1.和谐社区建设的基本原则

和谐社区建设的基本原则包括以下几方面:①以人为本,服务群众的原则;②围绕大局,着眼发展的原则;③有序改革,逐步推进的原则;④整合资源,共建共享的原则;⑤注重公平,相互兼顾的原则;⑥发扬民主,健全法制的原则。

2.和谐社区的标准

和谐社区的标准有以下六方面：

（1）社区服务。社区服务是社区工作的永恒主题，是社区工作的活力所在。建设和谐社区，应该树立以人为本、服务至上、入细入微、造福民众的理念，全面提升社区综合服务功能。

（2）社区环境。建设完善的基础设施和良好的人居环境是构建和谐社区的重要载体，是实现人与人、人与自然和谐相处的基本条件。要把社区建设规划纳入城市总体规划，确保与社区相关的供水、供气、供热、公交、绿化、污水与垃圾处理和文化、教育、卫生、商业服务等基础设施的配套建设和正常运行。

（3）社区文化。社区文化是建设和谐社区的精神支撑，是社区居民日益增长的精神需求，是凝聚和激励社区居民和单位的重要力量。要重视社区的文化教育与思想道德建设，倡导社区群众互帮互助，诚实守信，平等友爱，融洽相处，精神文明创建活动卓有成效；社区要充满活力，一切有利于社会进步的创造愿望得到尊重，创造活动得到支持，创造才能得到发挥，创造成果得到肯定，各方面积极因素得到调动。

（4）社区稳定。社区稳定是建设和谐社区的必然要求和重要保障。要重视民主法制建设，各方面利益关系得到妥善协调，各类矛盾得到正确处理，公平正义得到切实维护和实现；要保证社区安定有序，社会组织机制健全，管理设施完善，社区秩序良好，居民安居乐业。

（5）居民自治。居民自治是城市基层民主发展的必然结果，是社区建设的正确方向，建设和谐社区也是居民自治发展的必然要求。居民自治要体现依法管理、民主管理，创新管理体系，健全组织机构，完善自治职能，理顺工作关系，推进基层民主。

（6）党的领导。健全和改进党的领导，是建设和谐社区的关键环节和根本保证。社区党组织作为党的城市基础组织，是社区各项建设的领导核心，是加强党的执政能力建设的重要基础。

知识链接

和谐社区应关注的内容

和谐社区应关注的内容，主要从以下方面考虑：

1.社区就业和社区保障建设

（1）有负责社区就业和社会保障的相关机构和人员，下岗失业人员实行动态管理，数字统计翔实准确；

（2）组织下岗失业人员参加各种类型的职业技能培训和创业培训，及时为下岗失业人员提供再就业机会；

（3）社区内登记失业人员基本实现就业，就业困难人员得到有效援助，无零就业家庭；

（4）居住在社区内的企业退休人员实行社会化管理服务，社区管理率达到100%；

（5）为灵活就业人员、符合条件的城镇居民办理参加社会保险、缴纳社会保险费用的相关手续，并开展社会保险政策查询服务。

2.社区社会救助

（1）认真实施最低保障制度，做到动态管理，应保尽保，指导社区及时把居民享受低保情况予以公开；

(2)对困难群众的临时救助和专项救助及时到位、操作规范,社区捐助接收站点、慈善超市布局合理、发挥作用;

(3)积极开展社区为老人服务,普遍开展居家养老工作,基本满足居民老有所养的服务需求;

(4)积极开展面向残疾人的社区服务,落实各项助残政策和措施,残疾人的生活、就学、就业、康复治疗等权益得到保障;

(5)全面落实优抚政策,对社区优抚对象服务到位;

3.社区卫生

(1)每3万～10万居民或每个街道办事处范围内,设立1所社区卫生服务中心,根据需要合理设置若干社区卫生服务站;

(2)各社区卫生服务中心(站)建立社区居民健康档案;

(3)社区卫生服务中心(站)与医院建立双向转诊关系,指导患者合理转诊,并提供相应便利服务;

(4)各社区卫生服务中心(站)普遍开展健康教育,传染病和慢性病预防控制,妇女、儿童和老年人等重点人群保健,残疾康复指导,计划生育技术咨询指导等公共卫生和基本医疗服务。

4.社区文化

(1)社区内各种文化体育设施有保障,并能充分利用;

(2)有社区文化娱乐活动指导员队伍,经常组织开展文化进社区系列活动,群众性文体活动丰富多彩;

(3)大力培育发展群众性社区文体组织,群众参与广泛;

(4)每个社区配有图书室,图书能够经常更新和补充,基本满足社区居民学习需求。

5.社区治安

(1)配备有社区警务室和社区民警,有适应本地区治安需要的专兼职巡防队伍,辖区内治安秩序良好;

(2)社区应急管理机制健全,突发性治安事件得到及时处置,无重大刑事案件发生;

(3)居民利益诉求渠道畅通,社会矛盾纠纷排查调处机制健全,群众来信来访工作处理及时,社区内无影响恶劣或后果严重的群体性事件发生;

(4)社区矫正、社区禁毒、刑释解教人员帮教机制建立健全,黄赌毒等社会丑恶现象得到有效控制;

(5)对社区流动人口实行有效管理,流动人口的有关政策和措施得到落实,流动人口登记率和房屋租赁登记备案率分别达到90%以上;

(6)积极开展普法宣传教育,社区居民能够自觉遵守国家法律法规,依法维护自身权益。

6.社区环境

(1)有社区卫生管理组织、管理制度和管理人员,社区内无卫生死角、无暴露垃圾、无乱扔废弃物现象,社区居民有良好的环保意识和卫生习惯,实现垃圾袋装和分类,社区环境清洁;

(2)社区环境综合整治效果显著,社区内建筑物清洁美观,无违章搭建、无乱设摊点、无乱停放车辆、无噪音扰民、无乱贴乱写乱画,庭院内外物品堆放整齐;

(3)社区内公共设施维护良好,下水管道不堵塞、排水沟内无杂物、化粪池不漫溢、窨井盖不破损;

（4）社区可绿化面积达到 35％以上，无毁绿现象。

7.社区服务

（1）有一站式社区服务大厅，政府公共服务覆盖到社区，社区居民办事方便快捷，居民满意率达 80％以上；

（2）制定有社区公共服务、社区互助和自助服务、社区志愿服务和社区商业服务发展规划及其配套落实措施；

（3）社区内便民利民网点布局合理，社区居民生活需求得到满足；

（4）大力培育和发展生活服务类民间组织，作用发挥充分，效果明显。

8.社区评价

对政府部门及其派驻社区工作人员开展的社区公共服务实行居民民主监督评议，居民满意率达 80％以上。

三、和谐社区与物业管理

（一）物业管理与社区管理的联系

社区作为一个社会学概念，在 1986 年被民政部首次引入城市管理。社区管理立足于社区，对社区区域内的居民、住宅环境、人文环境进行计划、组织、协调、控制，行使管理职能。

1.物业管理与社区管理的共性

（1）指导思想一致。物业管理和社区管理都以物质文明建设和精神文明建设为内容，以加强城市管理为重点，以物业管理区域和社区为载体，按照一定的规范，通过管理和服务，开展丰富多彩的活动，推动社会发展与进步。

（2）目标一致。物业管理和社区管理都以人为中心，开展多种多样的活动，为人们的生活、工作、学习提供良好的空间。物业管理以完善物业及周边环境为原则，为人们创造良好的环境；社区管理则以社区建设为原则，侧重于调整人际关系，为人们提供和谐的空间。

2.物业管理与社区管理的密切联系

（1）物业管理必须接受社区的指导和监督。物业管理必须接受社区的指导和监督，以提升服务质量和水平。它应服务于社区居民，促进社区建设，融入城市管理的大系统。同时，物业管理在社区建设，尤其在社区服务业的发展中具有重要作用，两者应良性互动。

（2）社区建设与管理的内容要依托物业管理来实现和完成。物业管理密切融合在社区建设中，社区建设的诸多内容要依托物业管理来实现和完成。这就决定了物业管理和社区建设在目标、方向上的一致性，即都以"人"为中心展开活动，为人的生存、发展、享受提供各种便利。但两者在服务范围上又各有侧重。物业管理是社区的硬件管理者和社区居民的服务者。作为市场经济的产物，物业管理要为社区居民提供高效、优质的全方位服务，主要从养护和完善物业及周围环境的功能来体现以"人"为中心的理念，为社区创造清洁、优美、舒适、方便、安全的居住环境。而社区建设则着眼于协调人际关系，通过建立良好的人际关系来体现以"人"为中心的各项建设。通过社区文化建设、社区文明氛围的营造、社会生活服务项目的开展以及社区意识的培养与精神文明建设等多种渠道，实现"拥有一个居住安定放心、环境优美舒心、生活方便称心、文化娱乐欢心的生活家园"的目标。

（3）物业管理是社区管理的子系统。社区管理是一个系统，是由互相作用着的若干要素、按一定方式组成的统一体。在这个统一体中包含文教卫生管理、市容秩序管理、市政设施管理、社会治安管理、环境保护管理、计划生育管理、老龄人口管理、流动人口管理、物业管理等。物业管理作为社区管理的子系统,二者自然是整体与部分的关系。因此,物业管理离不开社区管理,必须服从社区管理,才能在社区管理中确定自己的地位。

可见,物业管理和社区管理是相辅相成、相互促进、密切联系的,良好的物业管理能推进社区管理,为其提供强有力的硬件服务支持。同时,规范的社区管理和优良的社区氛围又对物业服务水平的提升具有监督和指导作用,可促进物业管理的进步。

(二)物业管理与社区管理的区别

物业管理与社区管理虽然密切联系,但两者之间也存在较大的区别,主要体现在以下几方面:

1. 管理的主体不同

物业管理的主体是业主或使用人以及接受业主委托的专业化物业管理企业,主体双方共同行使业主自治管理与专业化物业管理相结合的管理方式;而社区管理的主体是政府指导下的由社区成员参加的社区管理委员会,社区建设主要由街道牵头组织实施的政府行政行为。从这个角度看,两者是整体与局部的关系,社区建设需要物业管理,物业管理必须服从社区建设。

2. 管理的性质不同

物业管理是社会化、市场化、专业化、企业化管理,是业主委托物业管理企业本着自愿原则,建立在市场交换基础上的平等互利的市场交易关系,具有明显的市场属性;而社区管理作为城市管理系统的一部分,行使政府职能,政府行为在社区建设和管理中起着主导作用,具有一定的强制性和鲜明的行政性。

3. 管理的内容不同

社区管理和物业管理在管理的内容上虽然都有一定的综合性,但在具体的管理内容上还是有较大区别的。物业管理主要围绕与"人的居住环境"有关的内容,即以物业为核心的专业化管理和服务,如各类房屋建筑和附属设备、设施的维修养护、物业环境的治安保卫、消防管理、保洁、污染防治、绿化及相关的家居服务等;而社区管理的内容不仅包括与"人的居住环境"有关的内容,还包括比"人的社会生活"更广泛的内容,如计划生育、婚姻家庭、邻里关系、卫生保健、社区文化、商业网点、科技教育等。

4. 管理资金的来源不同

社区管理需要配备相应的机构与人员,需要在社区范围内开展工作,因而必须有充足的资金来源保障。社区管理的资金主要依靠政府拨款,同时也可以开辟多元化的资金筹集渠道,如社区创收、社会和企事业单位捐款等。而物业管理是一种商业化的服务活动,其资金来源主要是业主所支付的物业费。

5. 运行方式不同

物业管理主要采取业主自治管理与专业化的物业管理企业相结合的运行方式,即"共管式"来实施管理,如成立业主委员会,选聘物业管理企业,签订委托管理服务合同,由物业管理企业实施统一管理下的综合服务和有偿服务等。而社区管理主要以行政管理、互助管理的运行方式来实施管理。

物业管理作为社区建设的重要组成部分,发挥着重要的支柱作用,两者之间既密切联系,又相互区别。理顺两者的关系,可以明确物业管理在社区建设中应承担的责任和义务,并为进一步协调物业管理与社区管理的关系提供有益的借鉴。

(三)物业管理与社区管理的关系

物业管理与社区管理不仅地域重合、硬件共享,而且宗旨都是以人为本,优质、高效、便捷地服务社区居民,建设管理有序、服务完善、环境优美、治安良好、生活便利、人际关系和谐的现代化社区。规范、优质的物业管理有助于社区居民享受方便、快捷的服务,使人身心舒畅,推动社区建设发展;良好的社区管理及文明小区的建立,对提高小区居民的素质、改善物业管理企业与街道办事处及业主的关系都有显著作用,能够推动和规范物业管理。两者在效应上能互相促进。

1.物业管理的运行有赖于社区功能的发挥

一些小区业主与物业管理企业之间经常发生矛盾冲突,这是业主素质、对物业管理的观念没有达到文明社区建设要求以及物业管理企业与业主之间因沟通不够而导致双方矛盾激化的结果。

在理论上,社区建设主要围绕服务功能、整合功能、凝聚功能、稳定和发展功能四个方面进行,社区管理必须围绕这四方面功能的发挥去协调小区内的各种关系,对各方进行服务、指导和监督。

(1)服务功能。服务功能是社区最基本的功能,是指在社区建设中把社区服务工作作为突破口,发动和组织社会成员建立人际互助的服务系统,就地消化、协调并解决居民日常活动中出现的各种矛盾和难题,满足居民物质生活和精神生活的需要,保证居民安居乐业和生活质量的不断提高。

(2)整合功能。整合功能是指通过建立社区规范,协调和调整社区中的矛盾、冲突和利益纠纷。这是社区建设的重点,通过整合功能可实现对业主的教育。整合功能还可以细化为以下几个方面:

①价值整合功能。价值观的差异会使业主产生不同的价值取向,也由此造成多种矛盾冲突和利益纠纷。因此,必须通过社区文化建设对小区居民进行教育,通过教育实现价值整合,提高全体居民整体素质,使业主对小区、对邻里关系、对物业管理企业形成正确的价值观和利益观。这样,才会使整个社区的社会关系融洽、群体行为协调。如果上述案例中的小区重视价值整合,重视居民教育,也不会出现如此大的冲突。

②规范整合功能。一个管理规范的社区应该有自己的行为和管理准则——社区规范,它是根据法律规范和道德规范制定的维持社区秩序、调整人与人之间社会关系的行为准则,如社区公约、居民守则、居住区管理规定等。规范整合是价值整合的具体体现,通过制定规范,把社区各项活动和居民行为纳入一定的轨道和行为模式,这是体现社区文化特色的重要方面。

③目标整合功能。社区建设的社会性决定了它需要众多的相对独立而又彼此联系的单位和部门参与。为了使这些单位和部门在共同管理中步调一致,必须把它们的工作目标、社会责任与社区建设的长期规划和最终目标统一起来,进行目标整合,推动社区管理水平的提升。

④利益整合功能。社区管理各方各有不同的经济利益,这些经济利益有可能成为社区管理的动力或者阻力,但不管经济利益如何分割,都应服从于小区整体利益。业主和物业管理企业、开发商之间的矛盾冲突往往在于在利益上没有有效整合,每个集团都坚持自己的利益,甚至为获取更大的局部利益侵吞别人的利益,也因此产生利益冲突,成为矛盾的焦点。因此,在

社区管理中,有必要按照物质利益原则,进行相关的经济利益分析和整合,这也是社区建设的重要内容。

(3)凝聚功能。凝聚功能是指社区成员在共同目标、利益和信念的基础上,通过共建机制,使社区各方力量相互作用、相互吸引,从而形成一种特有的集聚、凝结的社区合力和整体效应。以人为本,建设环境优美、人际友好、管理规范的社区应是社区全体成员的目标。在这一共同目标下,以利益和信念激发其认同感和使命感,形成目标的共同性、价值的共识性和情感的相融性,增强居民对社区的归属感和向心力。这样的凝聚功能才能释放出整体效应。

(4)稳定和发展功能。稳定和发展功能主要指通过社区建设协调社会关系,缓解社会矛盾,解决社会问题,维持政治、经济和社会的稳定。维护社会安定是全面建设小康社会的重要保障,而社区稳定则是社会安定的基础。一个社会是否稳定,根本上取决于人心是否稳定。在社区稳定功能中,物业管理企业对于维护社区环境和秩序具有积极作用。从多年的实践看,物业管理在维护社区秩序,协助公安机关等有关部门防范刑事犯罪,防止可能发生的火灾、燃气泄漏、爆炸等恶性事故中起到了重要作用。同时,社区作为一个城市的构成单元,也是城市发展和进步的基础,社区精神文明建设直接影响整个城市的风貌。从另一个层面上来说,社区的稳定和发展功能可以说是前几大功能的成果,物业管理和社区建设的效果要用是否稳定和发展来衡量。

2.社区管理离不开物业管理的支持和配合

社区管理尽管属于政府职能,但离不开物业管理的支持和配合。在物业管理内容上,公共设施维护、环境卫生、绿化美化、消防治安、社区文化等,都是建立和健全社区几大功能所必需的。随着经济的发展和社会的进步,居民对社区建设的意识不断提高,参与意识不断增强,改善社区环境的要求更加迫切。尽管政府每年都投入相当的财力,但仍难以满足社区居民的需要。物业管理企业作为集管理、经营、服务一体,寓管理和经营于服务之中的服务性企业,其经营服务内容与社区建设密切相关,理应扮演重要角色。所以,要提升社区建设与管理的水平和层次,必须依赖物业管理的大力支持和配合。

(四)构建社区建设与物业管理的和谐关系

社区作为人民群众生活的家园、各类经济社会组织活动的舞台,已成为城市管理的重心。物业管理作为社区管理的重要组成部分,是社区建设的基础性工作,对推进建设"管理有序、服务完善、环境优美、治安良好、生活便利、人际关系和谐的现代化社区"具有十分重要的作用。

1.坚持条块结合、属地管理,发挥社区对物业管理的指导、协调作用

物业管理涉及老百姓的切身利益和千家万户的安居乐业,在实际工作中要正确把握物业管理与社区建设的依存关系,充分认识到做好物业管理服务工作必须紧紧依靠社区的支持和帮助。根据条块结合、属地管理的原则,充分发挥街道办事处(乡镇人民政府)的自身优势,协调解决物业管理中的难点、热点问题,有助于提升物业管理服务水平,这是构建和谐社会的重要体现。

(1)切实加强指导与监督,提高业主大会、业主委员会自我管理的能力。目前,有些城市如北京、上海、武汉等将物业管理纳入了社区管理的范畴,明确规定由街道办事处(乡镇人民政府)负责协调物业管理与社区建设之间的关系,负有组织业主大会和规范业主委员会运作的指导责任。街道办事处(乡镇人民政府)应当根据社区实际情况,落实专门部门,配备专职人员,负责业主大会的召开和业主委员会的成立、改选工作,发挥居民区党组织充分掌握小区人员情况的优势,帮助业主将热心公益事业、责任心强、公正廉洁、具有社会公信力和一定组织能力的人员推选为业主委员会成员,避免出现业主委员会脱离社区党组织指导的情况。同时,在日常的指导工作中,注重引导业主大会在充分尊重全体业主意愿的基础上,按照法律、法规的要求,不断加强自我管理和自身建设的能力。

(2)充分发挥综合协调作用,解决物业管理中的"急、难、愁"问题。物业管理具有区域性、综合性和动态性的特点。物业管理中存在的问题,往往涉及规划、绿化、市容环卫、公安、城管监察、通信、供水、供电等多个职能部门。街道办事处(乡镇人民政府)作为政府的派出机关,具有无可比拟的综合协调优势。在社区内建立由街道办事处(乡镇人民政府)、区(县)房地产管理部门牵头组织,业主委员会、居民委员会、物业管理企业和相关职能部门参加的联席会议制度,有助于解决住宅物业管理中的综合性问题,确保居民有一个祥和安宁的生活环境。

(3)积极化解物业管理方面的矛盾纠纷,创造安定团结的社区氛围。和谐社区应当是一个具有和睦相处的人际关系的社区、一个治安良好和稳定的社区。随着改革开放的推进、市场经济的发展、居民物质文化需求的日益增长,群众利益失衡、政府管理缺位等问题导致的矛盾相对集中在社区,往往表现为群体性矛盾、利益矛盾,这其中不乏居民与物业管理企业、居民与居民之间在物业管理方面的矛盾,需要社区、党组织进行引导、协调。街道办事处(乡镇人民政府)可以充分发挥社区中人民调解工作委员会、司法所等专业调解组织的作用,及时调处物业管理中存在的矛盾纠纷,做好社会稳定工作。

2. 发挥企业自身优势,形成主动参与社区建设的新格局

物业管理企业或物业小区管理单位作为驻区单位,在做好物业服务工作的基础上,应积极发挥优势,扩大服务范围,创新工作方式,主动参与到社区建设工作中去。

(1)以发挥在职党员的模范带头作用为切入点,参与社区工作网络建设。物业管理企业可以根据在职党员的职业特点和个人专长,积极组织他们参与社区的各项工作,在社区党组织的组织和指导下,与驻区单位一起,形成思想工作联抓、公益事业联做、文体活动联搞、思想道德教育联手、社会治安联防、困难群体联帮的社区工作网络体系。

(2)以建立志愿者队伍为手段,参与社区服务体系建设。建立健全社区服务体系,是新形势下社区建设的重要任务之一。在为老百姓日常生活服务方面,物业管理企业具有人力、技术上的优势,应当以党员、团员为骨干,建立社区服务志愿者队伍,协助搞好社区服务中心和社区服务站(点)的建设和管理,开展便民服务和帮困活动。

(3)以提高物业服务水平为着眼点,参与文明社区建设。物业管理服务是社区的一项基础性管理工作,房屋维修、公共秩序维护、保洁保绿、车辆管理等既是物业管理服务的主要内容,也是建设文明社区的主要工作。因此,物业管理企业应当以高度的责任感,认真做好各项管理服务工作,承担起文明社区建设的责任。

(4)以开展丰富多彩的文化活动为载体,参与社区文化建设。物业管理企业要以多种形式,如与驻区单位共同举办小区广场音乐会、小区业主文娱联谊活动、小型文体比赛、添置社区文化设施、帮助其他驻区单位开展文化活动、协助社区组织孤寡老人参观旅游等,参与社区文化建设,丰富居民文化生活,努力营造和谐生活小区。

(5)以小区网站为纽带,参与社区凝聚力工程建设。为了加强企业内部管理和与业主的沟通,越来越多的物业管理企业建立了小区网站。物业管理企业应当充分利用这一阵地,协助社区党组织履行"联系群众、服务群众、宣传群众、教育群众、反映群众的意见和要求、化解社会矛盾、维护社会稳定"的职责,营造正确的舆论氛围,促进社区凝聚力工程建设。

(6)以安置下岗失业人员为己任,参与社区再就业工程建设。长期以来,物业管理行业为再就业工程作出了显著贡献。物业管理企业应当坚持在技术要求不高的操作岗位上吸纳下岗、失业人员,积极协助社区做好再就业工作,主动协助政府做好维护社会稳定工作。

3. 共享社区公共资源,创建物业管理与社区建设互动的良性机制

物业管理与和谐社区的建设是相辅相成的。按照"条块结合、资源共享、优势互补、共驻共建"的原则,物业管理企业或物业小区管理单位,应当充分利用社区资源,加强自身建设,积极配合街道办事处(乡镇人民政府)开展和谐社区的创建工作。通过整合社区资源,对物业管理进行指导和监督也是街道办事处(乡镇人民政府)深入落实科学发展观,提高执政能力的重要体现。

(1)共享社区党建资源,提高党组织的战斗力。已建立党组织的物业管理企业,可以通过参与社区党建联席会议和社区党建工作协调议事机构,在社区党组织的指导与协调下,与驻区单位共同研究社区建设和社区党建中的重要问题,互通信息,交流经验,促进企业党建水平的提高。

(2)共享社区行政资源,提高解决、协调社会矛盾的能力。社区管理是综合管理,社区管理的主要功能是协调有关部门,动员各方力量,整合各类资源,服务社区群众,共同推进社区建设。社区是政府部门的集合体,行政资源十分丰富。物业管理企业要主动争取社区党组织在工作上的指导和支持,应紧紧依靠社区党组织,协调解决小区管理中的各种矛盾和与业主间的纠纷,维护小区的稳定。同时,还要协调处理好与驻区单位间的工作关系,以共同需求、共同利益、共同目标为纽带,真正做到优势互补、共驻共建,形成合力。

(3)共享社区管理资源,加强企业监管,规范业主自主管理。应紧紧依靠社区,加强对物业管理小区项目经理的考核,把企业的监管工作落到实处,促进企业依法办事、规范服务,促进行风建设,提升行业形象,提高社会满意度。同时应加强社区对业主大会的指导,规范业主委员会的运作,引导业主正确行使权利、履行义务,依法维权,保证物业管理活动正常有序,形成安宁和谐的小区生活环境。

4. 处理好物业管理企业与社区居委会、街道办事处的关系

物业管理企业与社区居委会相比,在目标取向上虽然具有一致性,但它们之间毕竟是不同的利益主体。由于认识上和工作中的差异,必然会存在一定的矛盾。如物业管理与社区管理两者间关系不明确,各自为政,缺乏协调;甚至有人认为,境外实行物业管理的地方都没有居委会,中国也没必要设立居委会。而有的居委会认为,小区应直接交由社区居委会来管,不必选聘物业管理企业,以此来增加居委会收入;还有的社区把属于行政部门的事务转嫁给物业管理企业。因此,在物业管理企业与街道办事处、居委会公共关系的处理上,需要明确以下几个问题:

(1)明确各自定位,避免重叠和越位。物业管理企业与社区居委会和街道办事处必须明确各自定位,避免重叠和越位。物业管理企业受业主委托,按合同为业主提供专业服务,主要以管物为主,是一种企业行为;居委会是群众性自治组织,是居民利益的法定代表,在所辖地区具有法定的服务、管理和指导职能,以管人为主。居委会应代表居民的利益,对物业管理企业的服务工作进行指导和监督。

(2)避免因提供社区经营性服务而发生利益冲突。避免物业管理企业与社区居委会因提

供社区经营服务而发生利益冲突。当社区居民以合同形式授权物业管理企业从事社区经营性服务后,居委会从事的社区经营性活动就应当终止。一般来说,物业管理企业只能根据广大业主的委托管好物业,不能将功能延伸到行政管理和居民自治领域。而居委会一方面要发挥物业管理以外的行政管理和居民自治作用,另一方面又要配合、监督物业管理工作,但不可替代其具体工作业务。

(3)要注意工作方法。物业管理企业与社区居委会都应注意工作方法。尤其是社区居委会,虽负有对物业管理企业的监督职能,但不能利用这一职能干预物业管理企业工作,更不能向物业"赞助"经费。物业管理企业应主动配合居委会工作,尤其是在治安、防火、环境整治、绿化美化等方面,双方在明确责任的基础上,沟通配合,共同维护社区的稳定,创造美好家园。

(4)相互谅解,相互支持,协同一致。物业管理企业与社区居委会这两个主体的工作目标是一致的,服务对象也基本相同,只是在服务内容上有很多关联与交叉。因此,物业管理企业与社区居委会要想搞好各自的工作,必须相互谅解,相互支持,协同一致。如果两个主体之间关系协调不好,不仅物业管理工作很难搞好,而且必然会引发物业管理企业与社区居委会及广大业主(居民)之间的矛盾纠纷。

物业管理企业在处理上述关系时,并非仅仅靠单一的真诚沟通就能解决所有问题,毕竟各方的局部利益不同,职能有许多交叉。为此,还应在实践中探索改革之路。

5. 尝试"三位一体"管理体制,探索构建和谐社区的管理模式

(1)物业管理需要社区指导。物业管理是社区管理的重要组成部分,必须要由社区进行统一规划,统一协调,才能得到各方面的支持与配合。否则,物业管理就难以得到发展。

(2)社区管理应当尊重物业管理的自主权。物业管理主要是依靠物业管理企业通过市场运行机制实施的,物业管理企业是具有"自主经营,自负盈亏,自我发展,自我约束"的法人资格的实体。物业管理企业经营过程中不仅要求有社会效益,还要求有经济效益。只要物业管理企业按照有关政策、法律经营,社区就应该尊重其自主权,否则,干预过多将影响其正常运营。

无锡、武汉等城市实施的"三位一体"管理模式,对于物业管理与社区管理和谐关系的构建具有一定的借鉴作用。

知识链接

居住区物业管理"三位一体"新体制

物业管理"三位一体",是指业主委员会、物业管理企业、街道居委会三者以物业管理为轴心的社区一体化关系,这是一种综合型社区物业管理新体制。20世纪90年代初期,上海市委市政府提出政府重心下移、实施两级政府三级管理、加强社区建设稳定社会的重要战略步骤。作为与社区建设密切相关的居住区物业管理,随着居住物权权属性质的变化,管理形态由单一性向综合性演绎。管理的物权性质决定了管理形态。20世纪90年代中期,居住区物业管理实践探索创新出现了业主委员会、物业管理企业和街道居委会"三位一体"模式,曾受到上海市市委市政府主管部门高度关注,市委政府及时下发文件要求普遍推广实施。"三位一体"是居住区域物业管理走向市场演化过程中出现的物业管理形态。

以上海静安区居住区为例,物业管理"三位一体"关系管理形态大致有三种:①制度型。建立了定期会议制度,业委会、居委会和物业公司定期(半个月或一个月)召开联席会议,共同商议、处理居住区物业管理问题,此类型约占26%。②不固定型。有时召集三方开会商议,有时举行单边或双边会议,形式不固定,此类型约占40%。③扩展型。突破"三位一体"格局,扩展到"四位一体"(增加房地局及房管办事处),或"五位一体"(再增加公安警署),融合了房地行政管理及治安行政管理,此类型约占34%。

第二节 人居环境与物业管理

一、人居环境的含义

环境是指围绕某种物件,并对物件的"行为"产生某些影响的外界事物。环境可分为两类——物理环境和心理环境。物理环境指不管人们是否意识到或察觉到,都实际存在的。例如山河、树木、建筑、道路。心理环境也叫行为环境,指人们感觉到的环境,即人们从物理环境中选择信息而形成的心理环境。人居环境,就是研究人的住宅和环境的关系,以人为中心从人扩大到居住空间,再扩大到更广阔的外部世界,关注人类生存的状态。

人居环境是指人类聚居生活的地方,是与人类生存活动密切相关的地表空间,包括自然、人群、社会、居住、支撑五大系统。

人居环境是人类工作劳动、生活居住、休息游乐和社会交往的空间场所。人居环境科学是以包括乡村、城镇、城市等在内的所有人类聚居形式为研究对象的科学,它着重研究人与环境之间的相互关系,强调把人类聚居作为一个整体,从政治、社会、文化、技术等各个方面,全面地、系统地、综合地加以研究,其目的是要了解、掌握人类聚居发生、发展的客观规律,从而更好地建设符合于人类理想的聚居环境。

人居环境的形成是社会生产力的发展引起人类的生存方式不断变化的结果。在这个过程中,人类从被动地依赖自然到逐步地利用自然,再到主动地改造自然。

人居环境是人类与自然之间发生联系和作用的中介,是各种建筑、园林及其聚集状态组合,是人居与人、自然的关系组合。人类通过人居环境与自然发生联系,而自然则通过其对人类产生影响。人居环境是人类与自然相互联系的载体,三者是紧密相连的。

二、人居环境的目标

健康和谐的人居环境,是实现人们性格健全和情绪稳定的重要因素。因此,人居环境品质的提高和改善是当前住宅建设和城市发展的重要课题。目前,住宅建设还存在不少问题:选址不当,周边噪声干扰休息;规划布局不当造成对自然环境的破坏,失去了人与自然的亲和力;平面布局不合理,降低了居住的舒适度;门窗对开造成视觉污染;有些功能空间面积不能达到最低标准;小区的服务设施、医疗保健设施、康体活动设施以及老年人、残疾人服务设施不配套等。更严重的是,有些住宅的建筑材料、装修材料选型不当,质量低劣,引起空气、声、光、热、水质污染,对人体健康构成直接的危害,这些问题都与住户的切身利益直接相关。因此21世纪应提供给老百姓一个健康的、生机盎然的人居环境。

和谐的人居环境应该体现人与自然环境的和谐,体现社会环境的完好,和谐的人居环境必须一切从居住者出发,满足住户的心理健康和身心健康要求,使居住者生活在一个健康、安全、舒适、环保的内外居住环境中。总之,人居环境最终目标应该是全面提高人居环境品质,实现人文效益、社会效益、环境效益的统一,这些目标的实现与物业管理的最终目标是一致的。

三、健康住宅

健康住宅,是指能使居住者在身体上、精神上、社会上完全处于良好状态的住宅。它不仅包括与居住相关联的物理量值,诸如温度、湿度、通风换气效率、噪声、光和空气品质等,还包括主观性心理因素,诸如平面空间布局、私密保护、视野景观、感官色彩、材料选择等。回归自然,关注健康,杜绝住宅引发的疾病,增进人际关系,健康住宅是绿色生态住宅的第一步。

知识链接

健康住宅最低指标要求

根据世界卫生组织的建议,健康住宅最低指标有以下几点要求:

(1)尽可能不使用易散发化学物质的胶合板、墙体装修材料等。会引起过敏症的化学物质的浓度应很低。

(2)应有换气性能良好的换气设备,能将室内污染物质排至室外。特别是对高气密性、高隔热性来说,必须采用具有风管的中央换气系统,进行定时换气。

(3)在厨房灶具或吸烟处,要设局部排气设备。

(4)起居室、卧室、厨房、厕所、走廊、浴室等处,气温要全年保持在 $17\sim27℃$ 之间,相对湿度全年保持在 $40\%\sim70\%$ 之间。

(5)室内二氧化碳浓度要低于 $1000\times10^{-6}mg/m^3$。悬浮粉尘浓度要低于 $0.15mg/m^3$。

(6)噪声要小于 50 分贝。

(7)一天的日照确保在 3 小时以上。

(8)有足够亮度的照明设备。

(9)住宅具有足够的抗自然灾害的能力。

(10)具有足够的人均建筑面积,并确保私密性。

(11)住宅要便于护理老龄者和残疾人。

(12)因建筑材料中含有害挥发性有机物质,所以住宅竣工后要隔一段时间才能住。在此期间,要进行换气。

四、绿色生态住宅小区标准

建设部住宅产业化促进中心于 2001 年 5 月发布了《绿色生态住宅小区建设要点与技术导则(试行)》,是我国小区建设的新标准。绿色生态住宅小区的理念是贯彻节能、节水、节地、治理污染方针,减少地球资源和能源的消耗,产生最少的废弃物,强调可持续发展的长期策略。生态、环保、节能、智能化四大主题将是未来住宅建设的主旋律和永恒主题。

"生态型住宅小区"在住区规划设计的思维方式与价值取舍方面提出了一种新的观点,它基于人类整体意义上的生存价值与个体意义上的生活品质之间的利益平衡,将住区的生活环境放到整个自然的生态系统中来考察,将传统意义上的环境概念延伸到整个生态系统的和谐统一中。在建筑创作方面,它摆脱了设计手法与风格的表象束缚,回归到更本质层面的思考——关注环境,以人为本。

1. 生态住宅小区的特征

(1)生态小区是人与自然和睦相处的住区。人与自然的关系不应是索取与给予、依赖与被依赖的寄生关系,而应当是彼此融为一体、互动循环发展的共生关系。保护现有的自然生态系统就是保护自己未来的生存条件。生态小区将区内风、光、水、生物等自然要素看成一个完整的生态体系,形成和谐的内部运行机制,同时又与外部整体生态系统取得良好的衔接、配合、互动关系,保持生态系统内部各要素之间的平衡发展,并具有循环与可再生能力。

同时,生态小区还将地域文化、邻里氛围等社区的人文环境看成是整个社会、历史体系中的一部分,强调二者的延续与和谐共生。提出了与环境、人文共生的城市生态型社区模式。

(2)生态小区是"绿色住宅"。

(3)生态小区是节约能源的小区。

(4)生态小区是可持续发展的小区。可持续发展,指的是我们在满足当代人需要的同时不能危及我们子孙后代,要满足他们需求,重点是要节约(能源、水、森林、土地、空间等)资源和环保,充分利用天然采光和自然通风等等,实现"节能、节水、节地、治污"方针。其中建筑节能的关键在于提高能量效益。

住宅的可持续发展将围绕三个主题:一是减少对地球自然和环境的负荷与影响;二是创造舒适的居住环境;三是与周围的生态环境的融合,资源要为人所用。

2. 绿色生态住宅小区建设的九大系统

建设部住宅产业化促进中心制定了《绿色生态住宅小区建设要点与技术导则(试行)》,总体目标是以住宅小区为载体,以科技为先导,全面提高住宅小区节能、节水、节地、治污总体水平,带动相关产业发展,拉动国民经济持续发展,实现社会、经济、环境效益的高度统一。绿色生态住宅小区建设的九大系统具体要求如下:

(1)能源系统。能源系统要求对电、燃气、煤等常规能源进行分析优化,采取优化方案,避免多条动力管道入户。对住宅的维护结构和供热、空调系统要进行节能设计,建筑节能至少要达到50%以上。有条件的地方鼓励采用新能源和绿色能源(太阳能、风能、地热及其他再生资源)。

(2)水环境系统。水环境系统要考虑水质和水量两个问题。在室外系统中要设立将杂排水、雨水等处理后重复利用的中水系统、雨水收集利用系统等;用于水景工程的景观用水系统要进行专门设计并将其纳入中水系统一并考虑。小区的供水设施宜采用节水节能型,要强制淘汰耗水型室内用水器具,推行节水型器具。在有需要的地方,同步规划设计管道直饮水系统。

(3)气环境系统。气环境系统室外空气质量要达到二级标准。居室内达到自然通风,卫生间具备通风换气设施,厨房设有烟气集中排放系统,达到居室内的空气质量标准。

(4)声环境系统。声环境系统包括室外、室内和对小区以外噪声的阻隔措施。室外设计应满足日间噪声小于50分贝、夜间小于40分贝。建筑设计中要采用隔声降噪措施使室内声环境系统满足日间噪声小于35分贝、夜间小于30分贝。小区周边产生的噪声如果影响了小区的声环境则应采取降噪措施。

（5）光环境系统。光环境系统着重强调满足日照要求,室内要尽量采用自然光,还应注意居住区内防止光污染,在室外公共场地采用节能灯具,提倡由新能源提供的绿色照明。小区自然采光房间为80％。

（6）热环境系统。热环境系统要满足居民的热舒适度要求、建筑节能要求以及环保要求等。对住宅维护结构的热工性能和保温隔热提出要求,以保证室内热环境满足舒适性要求。冬季供暖室内适宜温度为20％～40％;夏季空调室内适宜温度:22～27℃。住宅的供暖、空调应该采用清洁能源,并因地制宜采用新能源和绿色能源。鼓励采用不破坏大气环境的循环工质。

（7）绿化系统。绿化系统应具备三个功能。①生态环境功能:小区绿地是提供光合作用的绿色再生机制,它具有清洁空气、释放氧气、调节温湿度、保持生物多样性等功能;②休闲活动功能:小区绿地提供户外活动交往场所,要求卫生整洁、适用安全、景色优美、设施齐全;③景观文化功能:通过园林空间、植物配置、小品雕塑等提供视觉景观享受和文化品味欣赏。小区绿地率大于35％。

（8）废弃物管理与处置系统。废弃物管理与处置系统包括收集与处置两部分,收集应体现"谁污染谁治理,谁排放谁付费"的原则,处置应以"无害化、减量化、资源化"为原则。生活垃圾的收集要全部袋装,密闭容器存放,收集率应达到100％。垃圾应实行分类收集,分为有害类、无机物、有机物三类,分类率应达到50％。

（9）绿色建筑材料。绿色建筑材料要求在建设绿色生态住宅中,对于材料部品的选用做到四方面:①使用3R材料(可重复使用、可循环使用、可再生使用);②选用无毒、无害、不污染环境,有益人体健康的材料和产品;③选择使用取得国家环保标志的原材料和部品;④建筑物拆除时,所有材料总回收率达到40％。

五、人居环境质量与物业管理

人居环境质量是现代生活质量的重要体现,也是物业管理关注的重要内容。建筑环境质量不仅仅反映了一个国家的经济发展水平和一个民族的文明程度,同时也影响着居住者的心理和身体健康。

人居环境质量,是指人们对居住环境的满意程度和对住宅的全面评价。人居环境质量指标是指与居住者密切相关的且具有意义的居住环境特征。人居环境质量可从客观和主观两个方面进行评价,有客观指标和主观指标。客观指标是指规划设计、建筑标准等要求的指标,涉及空间、面积、密度、通风、建材、设备、绿化、活动场所等等。主观指标是指人们对居住环境质量在主观态度上的评价,也称为心理标准,如安全感、健康度、私密性、开放性、自主性、灵活性、方便性、舒适感、趣味性、自然回归性等。

人居环境质量评价体系主要有以下两大方面:

1. **客观指标评价体系**

（1）室内环境的健康性评价。

①建筑标准和设计指标控制。住宅小区有规模、地形、密度、容积率、环境;住宅有楼层、形式、高度、户数;住户有功能、室内布置、朝向、面积等。如我国小康型住宅规定城市居民人均居住面积为8平方米。

②室内环境卫生防疫功能。室内空气质量是改善居住环境的重要指标,有阳光、空气、通风、水质、温湿度、隔声防噪等要求。

③室内设施设备的完善性。主要有厨卫和公共设施,如排污、抽油烟、防火、防滑、清洁、美观等要求。

④室内声环境指标。隔声标准目前小康住宅要求达到国家二级标准,设置隔声阳台、走廊及组合窗等。

⑤选择材料的环保、安全性。合格的材料是室内环境质量的重要保障,包括建筑材料和装饰装修材料,尽可能采用国际或国家认证的绿色环保材料,有防潮、隔声、保温性,有害物质不超标等要求。

⑥室内平面布局的合理性。户型合理是室内环境舒适健康的先决条件。洁污分离、干湿分开,尽可能采用自然通风采光,室内空间净高、房屋面积最低标准的控制要求。

(2)室外环境的亲和性评价。自然环境是不可再生资源,绿色是健康的保障。住宅小区总体规划应当尊重自然,而不是克服自然,让人接近自然、亲和自然,能够以景养人、以境养人,自然质朴才是和谐之美。

①有足够而多样的活动空间。住区要营造让居民户外接纳大自然、空气、水、运动的活动空间,有健身体育活动空间,文化娱乐空间、邻里纳凉交往空间、休闲聚会的活动空间、儿童游戏场、中老年休息晨练设施及空间。

②有自然优美的环境绿化。绿化组成有房前屋外绿化、路旁绿化、集中绿化三种。它们包括中心花园、花坛花廊、雕塑亭阁、建筑小品,讲究实用性、开放性、多样性。

③提供方便的商业服务设施。

④有明确的牌示标志。牌示标志是小区室外环境设施重要内容,力求有趣味、指示性、解说性、宣传性、警示性和管理性。

(3)社会保障体系评价。

完善的社会保障体系主要包括:①儿童教育机构建设,如学校、教育讲座、图书馆、阅览室、健康体检、防疫免疫档案;②医疗保健;③老年人服务保障体系;④家政服务。

2. 主观指标评价体系

主观指标也称心理标准,主要从安全感、方便感、舒适感三方面进行分析。

(1)居住环境的安全感。居住安全是住户第一关注的问题,在规划设计和物业管理中予以足够的重视。

①具有可防卫的领域感。居住小区把空间化分为不同层次领域,各领域层次分明,层次渐进。从小区公共空间到组团空间,再到住户私有空间,层次越进住户感到越安全。

②具有对私密空间的保护作用。尊重和保护个人私密性不受他人或外界干扰,主要是视线和噪音两方面。

③安全管理工作到位。有水电、消防、监控设备的安全、户外活动安全,卫生防疫安全、社区治安安全。

(2)居住环境的方便感。

居住环境的方便感主要体现在:①合理完善配套设施能满足居民的居住需求,社交休闲活动的需求;②满足教育需求,文化活动需求,如小学、幼儿园等设施;③满足居民购物、餐饮、家政、维修服务等需求。

(3)居住环境的舒适感。

居住环境的舒适感主要表现为：①赏心悦目的景观环境；②恬静平和的居住氛围。

本章小结

在社区建设与物业管理中，两者在职能上密不可分。两者具有明显的共性：指导思想一致；目标一致；物业管理是社区管理的子系统。社区管理和物业管理的区别：管理的主体不同；管理的性质不同；管理的内容不同；管理资金的来源不同；运行方式不同。构建社区管理与物业管理的和谐关系，可从五个方面入手；尝试"三位一体"管理模式，探索构建和谐社区的管理模式。人居环境是指人类聚居生活的地方，是与人类生存活动密切相关的地表空间。它包括自然、人群、社会、居住、支撑五大系统。人居环境最终目标应该是全面提高人居环境品质，实现人文效益、社会效益、环境效益的统一，这些目标的实现与物业管理的最终目标是一致的。健康住宅，是指能使居住者在身体上、精神上、社会上完全处于良好状态的住宅。生态小区是人与自然和睦相处的住区；绿色生态住宅小区建设包括九大系统。

课后讨论

如何理解物业管理与社区管理之间相互促进的关系？

复习思考题

1. 什么是社区？构成要素有哪些？
2. 简述物业管理与社区管理的联系。
3. 如何理解物业管理与社区管理之间相互促进的关系？
4. 试阐述构建社区管理与物业管理之间和谐关系的方法。
5. 什么是人文环境？其目标是什么？
6. 绿色生态住宅小区标准包括哪些内容？

实践与训练

请同学们结合本章所学，以自己家所在小区（或自己所熟悉小区）为例，为构建和谐社区，创造理想人文环境出谋划策，谈谈自己的想法。

案例分析

北京首都国际机场附近某高档住宅小区的物业公司未经业主同意，把地下车库停车费从350元/月提高到450元/月，同时地面上也没有设置停车位。这引起了业主的强烈不满，于是部分业主把小区行车道堵了，车子一直蔓延到高速公路上，轰动了京城，也惊动了公安机关和外交部，因为它影响到住在附近的两个国家大使的日常生活。双方僵持了两天，眼看就要闹出纠纷，最终开发商服软，同意所有业主无条件免费在地下车库停车。

堵车行动的组织者由此成为小区的维权英雄，其中几人后来当选为管委会成员。但他们进入管委会后，处处找物业公司和开发商的毛病。物业公司提出让大家重新缴费，管委会开价270元/月，物业公司无法接受，决定退出物业管理，该小区只得找另一家物业公司来接替他们。

新物业公司的张经理非常敬业，为了把工作做好，以便能最终签订合同，每天晚上工作到很晚。自此，小区发生了根本转变，管理水平也提高了。新物业公司同意停车费维持350元/月，但谈判还是破裂了。

与物业斗争的积极分子中有相当一部分人不交物业费,并想方设法鼓动业主的不满情绪,以达到自己的目的。经过了 7 个月的拉锯,新物业公司多次劝告管委会进行认真谈判,甚至为了让管委会满意,撤换了十分敬业的张经理。即使这样,还是没有讨得部分管委会委员的欢心,于是新物业公司在合同到期后从该小区撤出,造成该小区没有保安、汽车乱停、垃圾成堆的灾难性局面。只能由小区办、社区、开发商几方牵头,重新组织选举新的管委会。最终,84%的业主重新选择了原物业公司,小区物业管理才再度走向正轨。

资料来源:赵继新,刘晓春.物业管理案例分析[M].北京:清华大学出版社,2005.

案例讨论:

要建构社区管理与物业管理之间的和谐关系,需要做哪些工作?试着从制度建设方面提出自己的看法。

附录

附录1

物业管理条例(2007)

(2003 年 6 月 8 日中华人民共和国国务院令第 379 号公布根据 2007 年 8 月 26 日《国务院关于修改〈物业管理条例〉的决定》修订)

第一章　总　则

第一条　为了规范物业管理活动,维护业主和物业服务企业的合法权益,改善人民群众的生活和工作环境,制定本条例。

第二条　本条例所称物业管理,是指业主通过选聘物业服务企业,由业主和物业服务企业按照物业服务合同约定,对房屋及配套的设施设备和相关场地进行维修、养护、管理,维护物业管理区域内的环境卫生和相关秩序的活动。

第三条　国家提倡业主通过公开、公平、公正的市场竞争机制选择物业服务企业。

第四条　国家鼓励采用新技术、新方法,依靠科技进步提高物业管理和服务水平。

第五条　国务院建设行政主管部门负责全国物业管理活动的监督管理工作。县级以上地方人民政府房地产行政主管部门负责本行政区域内物业管理活动的监督管理工作。

第二章　业主及业主大会

第六条　房屋的所有权人为业主。

业主在物业管理活动中,享有下列权利:

(一)按照物业服务合同的约定,接受物业服务企业提供的服务;

(二)提议召开业主大会会议,并就物业管理的有关事项提出建议;

(三)提出制定和修改管理规约、业主大会议事规则的建议;

(四)参加业主大会会议,行使投票权;

(五)选举业主委员会成员,并享有被选举权;

(六)监督业主委员会的工作;

(七)监督物业服务企业履行物业服务合同;

(八)对物业共用部位、共用设施设备和相关场地使用情况享有知情权和监督权;

(九)监督物业共用部位、共用设施设备专项维修资金(以下简称专项维修资金)的管理和使用;

(十)法律、法规规定的其他权利。

第七条　业主在物业管理活动中,履行下列义务:

(一)遵守管理规约、业主大会议事规则;

（二）遵守物业管理区域内物业共用部位和共用设施设备的使用、公共秩序和环境卫生的维护等方面的规章制度；

（三）执行业主大会的决定和业主大会授权业主委员会作出的决定；

（四）按照国家有关规定交纳专项维修资金；

（五）按时交纳物业服务费用；

（六）法律、法规规定的其他义务。

第八条　物业管理区域内全体业主组成业主大会。业主大会应当代表和维护物业管理区域内全体业主在物业管理活动中的合法权益。

第九条　一个物业管理区域成立一个业主大会。物业管理区域的划分应当考虑物业的共用设施设备、建筑物规模、社区建设等因素。具体办法由省、自治区、直辖市制定。

第十条　同一个物业管理区域内的业主,应当在物业所在地的区、县人民政府房地产行政主管部门或者街道办事处、乡镇人民政府的指导下成立业主大会,并选举产生业主委员会。但是,只有一个业主的,或者业主人数较少且经全体业主一致同意,决定不成立业主大会的,由业主共同履行业主大会、业主委员会职责。

第十一条　下列事项由业主共同决定：

（一）制定和修改业主大会议事规则；

（二）制定和修改管理规约；

（三）选举业主委员会或者更换业主委员会成员；

（四）选聘和解聘物业服务企业；

（五）筹集和使用专项维修资金；

（六）改建、重建建筑物及其附属设施；

（七）有关共有和共同管理权利的其他重大事项。

第十二条　业主大会会议可以采用集体讨论的形式,也可以采用书面征求意见的形式；但是,应当有物业管理区域内专有部分占建筑物总面积过半数的业主且占总人数过半数的业主参加。

业主可以委托代理人参加业主大会会议。

业主大会决定本条例第十一条第（五）项和第（六）项规定的事项,应当经专有部分占建筑物总面积 2/3 以上的业主且占总人数 2/3 以上的业主同意；决定本条例第十一条规定的其他事项,应当经专有部分占建筑物总面积过半数的业主且占总人数过半数的业主同意。

业主大会或者业主委员会的决定,对业主具有约束力。

业主大会或者业主委员会作出的决定侵害业主合法权益的,受侵害的业主可以请求人民法院予以撤销。

第十三条　业主大会会议分为定期会议和临时会议。

业主大会定期会议应当按照业主大会议事规则的规定召开。经 20％ 以上的业主提议,业主委员会应当组织召开业主大会临时会议。

第十四条　召开业主大会会议,应当于会议召开 15 日以前通知全体业主。

住宅小区的业主大会会议,应当同时告知相关的居民委员会。

业主委员会应当做好业主大会会议记录。

第十五条　业主委员会执行业主大会的决定事项,履行下列职责：

(一)召集业主大会会议,报告物业管理的实施情况;

(二)代表业主与业主大会选聘的物业服务企业签订物业服务合同;

(三)及时了解业主、物业使用人的意见和建议,监督和协助物业服务企业履行物业服务合同;

(四)监督管理规约的实施;

(五)业主大会赋予的其他职责。

第十六条 业主委员会应当自选举产生之日起 30 日内,向物业所在地的区、县人民政府房地产行政主管部门和街道办事处、乡镇人民政府备案。

业主委员会委员应当由热心公益事业、责任心强、具有一定组织能力的业主担任。

业主委员会主任、副主任在业主委员会成员中推选产生。

第十七条 管理规约应当对有关物业的使用、维护、管理,业主的共同利益,业主应当履行的义务,违反管理规约应当承担的责任等事项依法作出约定。

管理规约应当尊重社会公德,不得违反法律、法规或者损害社会公共利益。

管理规约对全体业主具有约束力。

第十八条 业主大会议事规则应当就业主大会的议事方式、表决程序、业主委员会的组成和成员任期等事项作出约定。

第十九条 业主大会、业主委员会应当依法履行职责,不得作出与物业管理无关的决定,不得从事与物业管理无关的活动。

业主大会、业主委员会作出的决定违反法律、法规的,物业所在地的区、县人民政府房地产行政主管部门或者街道办事处、乡镇人民政府,应当责令限期改正或者撤销其决定,并通告全体业主。

第二十条 业主大会、业主委员会应当配合公安机关,与居民委员会相互协作,共同做好维护物业管理区域内的社会治安等相关工作。

在物业管理区域内,业主大会、业主委员会应当积极配合相关居民委员会依法履行自治管理职责,支持居民委员会开展工作,并接受其指导和监督。

住宅小区的业主大会、业主委员会作出的决定,应当告知相关的居民委员会,并认真听取居民委员会的建议。

第三章 前期物业管理

第二十一条 在业主、业主大会选聘物业服务企业之前,建设单位选聘物业服务企业的,应当签订书面的前期物业服务合同。

第二十二条 建设单位应当在销售物业之前,制定临时管理规约,对有关物业的使用、维护、管理,业主的共同利益,业主应当履行的义务,违反临时管理规约应当承担的责任等事项依法作出约定。建设单位制定的临时管理规约,不得侵害物业买受人的合法权益。

第二十三条 建设单位应当在物业销售前将临时管理规约向物业买受人明示,并予以说明。物业买受人在与建设单位签订物业买卖合同时,应当对遵守临时管理规约予以书面承诺。

第二十四条 国家提倡建设单位按照房地产开发与物业管理相分离的原则,通过招投标的方式选聘具有相应资质的物业服务企业。住宅物业的建设单位,应当通过招投标的方式选聘具有相应资质的物业服务企业;投标人少于 3 个或者住宅规模较小的,经物业所在地的区、县人民政府房地产行政主管部门批准,可以采用协议方式选聘具有相应资质的物业服务企业。

第二十五条 建设单位与物业买受人签订的买卖合同应当包含前期物业服务合同约定的内容。

第二十六条 前期物业服务合同可以约定期限;但是,期限未满、业主委员会与物业服务企业签订的物业服务合同生效的,前期物业服务合同终止。

第二十七条 业主依法享有的物业共用部位、共用设施设备的所有权或者使用权,建设单位不得擅自处分。

第二十八条 物业服务企业承接物业时,应当对物业共用部位、共用设施设备进行查验。

第二十九条 在办理物业承接验收手续时,建设单位应当向物业服务企业移交下列资料:

(一)竣工总平面图,单体建筑、结构、设备竣工图,配套设施、地下管网工程竣工图等竣工验收资料;

(二)设施设备的安装、使用和维护保养等技术资料;

(三)物业质量保修文件和物业使用说明文件;

(四)物业管理所必需的其他资料。物业服务企业应当在前期物业服务合同终止时将上述资料移交给业主委员会。

第三十条 建设单位应当按照规定在物业管理区域内配置必要的物业管理用房。

第三十一条 建设单位应当按照国家规定的保修期限和保修范围,承担物业的保修责任。

第四章 物业管理服务

第三十二条 从事物业管理活动的企业应当具有独立的法人资格。

国家对从事物业管理活动的企业实行资质管理制度。具体办法由国务院建设行政主管部门制定。

第三十三条 从事物业管理的人员应当按照国家有关规定,取得职业资格证书。

第三十四条 一个物业管理区域由一个物业服务企业实施物业管理。

第三十五条 业主委员会应当与业主大会选聘的物业服务企业订立书面的物业服务合同。

物业服务合同应当对物业管理事项、服务质量、服务费用、双方的权利义务、专项维修资金的管理与使用、物业管理用房、合同期限、违约责任等内容进行约定。

第三十六条 物业服务企业应当按照物业服务合同的约定,提供相应的服务。

物业服务企业未能履行物业服务合同的约定,导致业主人身、财产安全受到损害的,应当依法承担相应的法律责任。

第三十七条 物业服务企业承接物业时,应当与业主委员会办理物业验收手续。

业主委员会应当向物业服务企业移交本条例第二十九条第一款规定的资料。

第三十八条 物业管理用房的所有权依法属于业主。未经业主大会同意,物业服务企业不得改变物业管理用房的用途。

第三十九条 物业服务合同终止时,物业服务企业应当将物业管理用房和本条例第二十九条第一款规定的资料交还给业主委员会。

物业服务合同终止时,业主大会选聘了新的物业服务企业的,物业服务企业之间应当做好交接工作。

　　第四十条　物业服务企业可以将物业管理区域内的专项服务业务委托给专业性服务企业,但不得将该区域内的全部物业管理一并委托给他人。

　　第四十一条　物业服务收费应当遵循合理、公开以及费用与服务水平相适应的原则,区别不同物业的性质和特点,由业主和物业服务企业按照国务院价格主管部门会同国务院建设行政主管部门制定的物业服务收费办法,在物业服务合同中约定。

　　第四十二条　业主应当根据物业服务合同的约定交纳物业服务费用。业主与物业使用人约定由物业使用人交纳物业服务费用的,从其约定,业主负连带交纳责任。

　　已竣工但尚未出售或者尚未交给物业买受人的物业,物业服务费用由建设单位交纳。

　　第四十三条　县级以上人民政府价格主管部门会同同级房地产行政主管部门,应当加强对物业服务收费的监督。

　　第四十四条　物业服务企业可以根据业主的委托提供物业服务合同约定以外的服务项目,服务报酬由双方约定。

　　第四十五条　物业管理区域内,供水、供电、供气、供热、通信、有线电视等单位应当向最终用户收取有关费用。

　　物业服务企业接受委托代收前款费用的,不得向业主收取手续费等额外费用。

　　第四十六条　对物业管理区域内违反有关治安、环保、物业装饰装修和使用等方面法律、法规规定的行为,物业服务企业应当制止,并及时向有关行政管理部门报告。

　　有关行政管理部门在接到物业服务企业的报告后,应当依法对违法行为予以制止或者依法处理。

　　第四十七条　物业服务企业应当协助做好物业管理区域内的安全防范工作。发生安全事故时,物业服务企业在采取应急措施的同时,应当及时向有关行政管理部门报告,协助做好救助工作。

　　物业服务企业雇请保安人员的,应当遵守国家有关规定。保安人员在维护物业管理区域内的公共秩序时,应当履行职责,不得侵害公民的合法权益。

　　第四十八条　物业使用人在物业管理活动中的权利义务由业主和物业使用人约定,但不得违反法律、法规和管理规约的有关规定。

　　物业使用人违反本条例和管理规约的规定,有关业主应当承担连带责任。

　　第四十九条　县级以上地方人民政府房地产行政主管部门应当及时处理业主、业主委员会、物业使用人和物业服务企业在物业管理活动中的投诉。

第五章　物业的使用与维护

　　第五十条　物业管理区域内按照规划建设的公共建筑和共用设施,不得改变用途。

　　业主依法确需改变公共建筑和共用设施用途的,应当在依法办理有关手续后告知物业服务企业;物业服务企业确需改变公共建筑和共用设施用途的,应当提请业主大会讨论决定同意后,由业主依法办理有关手续。

　　第五十一条　业主、物业服务企业不得擅自占用、挖掘物业管理区域内的道路、场地,损害业主的共同利益。

　　因维修物业或者公共利益,业主确需临时占用、挖掘道路、场地的,应当征得业主委员会和物业服务企业的同意;物业服务企业确需临时占用、挖掘道路、场地的,应当征得业主委员会的同意。

业主、物业服务企业应当将临时占用、挖掘的道路、场地,在约定期限内恢复原状。

第五十二条 供水、供电、供气、供热、通信、有线电视等单位,应当依法承担物业管理区域内相关管线和设施设备维修、养护的责任。

前款规定的单位因维修、养护等需要,临时占用、挖掘道路、场地的,应当及时恢复原状。

第五十三条 业主需要装饰装修房屋的,应当事先告知物业服务企业。

物业服务企业应当将房屋装饰装修中的禁止行为和注意事项告知业主。

第五十四条 住宅物业、住宅小区内的非住宅物业或者与单幢住宅楼结构相连的非住宅物业的业主,应当按照国家有关规定交纳专项维修资金。

专项维修资金属于业主所有,专项用于物业保修期满后物业共用部位、共用设施设备的维修和更新、改造,不得挪作他用。

专项维修资金收取、使用、管理的办法由国务院建设行政主管部门会同国务院财政部门制定。

第五十五条 利用物业共用部位、共用设施设备进行经营的,应当在征得相关业主、业主大会、物业服务企业的同意后,按照规定办理有关手续。业主所得收益应当主要用于补充专项维修资金,也可以按照业主大会的决定使用。

第五十六条 物业存在安全隐患,危及公共利益及他人合法权益时,责任人应当及时维修养护,有关业主应当给予配合。

责任人不履行维修养护义务的,经业主大会同意,可以由物业服务企业维修养护,费用由责任人承担。

第六章　法律责任

第五十七条 违反本条例的规定,住宅物业的建设单位未通过招投标的方式选聘物业服务企业或者未经批准,擅自采用协议方式选聘物业服务企业的,由县级以上地方人民政府房地产行政主管部门责令限期改正,给予警告,可以并处 10 万元以下的罚款。

第五十八条 违反本条例的规定,建设单位擅自处分属于业主的物业共用部位、共用设施设备的所有权或者使用权的,由县级以上地方人民政府房地产行政主管部门处 5 万元以上 20 万元以下的罚款;给业主造成损失的,依法承担赔偿责任。

第五十九条 违反本条例的规定,不移交有关资料的,由县级以上地方人民政府房地产行政主管部门责令限期改正;逾期仍不移交有关资料的,对建设单位、物业服务企业予以通报,处 1 万元以上 10 万元以下的罚款。

第六十条 违反本条例的规定,未取得资质证书从事物业管理的,由县级以上地方人民政府房地产行政主管部门没收违法所得,并处 5 万元以上 20 万元以下的罚款;给业主造成损失的,依法承担赔偿责任。

以欺骗手段取得资质证书的,依照本条第一款规定处罚,并由颁发资质证书的部门吊销资质证书。

第六十一条 违反本条例的规定,物业服务企业聘用未取得物业管理职业资格证书的人员从事物业管理活动的,由县级以上地方人民政府房地产行政主管部门责令停止违法行为,处 5 万元以上 20 万元以下的罚款;给业主造成损失的,依法承担赔偿责任。

第六十二条　违反本条例的规定,物业服务企业将一个物业管理区域内的全部物业管理一并委托给他人的,由县级以上地方人民政府房地产行政主管部门责令限期改正,处委托合同价款 30％以上 50％以下的罚款;情节严重的,由颁发资质证书的部门吊销资质证书。委托所得收益,用于物业管理区域内物业共用部位、共用设施设备的维修、养护,剩余部分按照业主大会的决定使用;给业主造成损失的,依法承担赔偿责任。

第六十三条　违反本条例的规定,挪用专项维修资金的,由县级以上地方人民政府房地产行政主管部门追回挪用的专项维修资金,给予警告,没收违法所得,可以并处挪用数额 2 倍以下的罚款;物业服务企业挪用专项维修资金,情节严重的,并由颁发资质证书的部门吊销资质证书;构成犯罪的,依法追究直接负责的主管人员和其他直接责任人员的刑事责任。

第六十四条　违反本条例的规定,建设单位在物业管理区域内不按照规定配置必要的物业管理用房的,由县级以上地方人民政府房地产行政主管部门责令限期改正,给予警告,没收违法所得,并处 10 万元以上 50 万元以下的罚款。

第六十五条　违反本条例的规定,未经业主大会同意,物业服务企业擅自改变物业管理用房的用途的,由县级以上地方人民政府房地产行政主管部门责令限期改正,给予警告,并处 1 万元以上 10 万元以下的罚款;有收益的,所得收益用于物业管理区域内物业共用部位、共用设施设备的维修、养护,剩余部分按照业主大会的决定使用。

第六十六条　违反本条例的规定,有下列行为之一的,由县级以上地方人民政府房地产行政主管部门责令限期改正,给予警告,并按照本条第二款的规定处以罚款;所得收益,用于物业管理区域内物业共用部位、共用设施设备的维修、养护,剩余部分按照业主大会的决定使用:

(一)擅自改变物业管理区域内按照规划建设的公共建筑和共用设施用途的;

(二)擅自占用、挖掘物业管理区域内道路、场地,损害业主共同利益的;

(三)擅自利用物业共用部位、共用设施设备进行经营的。

个人有前款规定行为之一的,处 1000 元以上 1 万元以下的罚款;单位有前款规定行为之一的,处 5 万元以上 20 万元以下的罚款。

第六十七条　违反物业服务合同约定,业主逾期不交纳物业服务费用的,业主委员会应当督促其限期交纳;逾期仍不交纳的,物业服务企业可以向人民法院起诉。

第六十八条　业主以业主大会或者业主委员会的名义,从事违反法律、法规的活动,构成犯罪的,依法追究刑事责任;尚不构成犯罪的,依法给予治安管理处罚。

第六十九条　违反本条例的规定,国务院建设行政主管部门、县级以上地方人民政府房地产行政主管部门或者其他有关行政管理部门的工作人员利用职务上的便利,收受他人财物或者其他好处,不依法履行监督管理职责,或者发现违法行为不予查处,构成犯罪的,依法追究刑事责任;尚不构成犯罪的,依法给予行政处分。

第七十条　本条例自 2003 年 9 月 1 日起施行。

附录2

住宅专项维修资金管理办法

第一章　总则

第一条　为了加强对住宅专项维修资金的管理,保障住宅共用部位、共用设施设备的维修和正常使用,维护住宅专项维修资金所有者的合法权益,根据《物权法》、《物业管理条例》等法律、行政法规,制定本办法。

第二条 商品住宅、售后公有住房住宅专项维修资金的交存、使用、管理和监督,适用本办法。

本办法所称住宅专项维修资金,是指专项用于住宅共用部位、共用设施设备保修期满后的维修和更新、改造的资金。

第三条 本办法所称住宅共用部位,是指根据法律、法规和房屋买卖合同,由单幢住宅内业主或者单幢住宅内业主及与之结构相连的非住宅业主共有的部位,一般包括:住宅的基础、承重墙体、柱、梁、楼板、屋顶以及户外的墙面、门厅、楼梯间、走廊通道等。

本办法所称共用设施设备,是指根据法律、法规和房屋买卖合同,由住宅业主或者住宅业主及有关非住宅业主共有的附属设施设备,一般包括电梯、天线、照明、消防设施、绿地、道路、路灯、沟渠、池、井、非经营性车场车库、公益性文体设施和共用设施设备使用的房屋等。

第四条 住宅专项维修资金管理实行专户存储、专款专用、所有权人决策、政府监督的原则。

第五条 国务院建设主管部门会同国务院财政部门负责全国住宅专项维修资金的指导和监督工作。县级以上地方人民政府建设(房地产)主管部门会同同级财政部门负责本行政区域内住宅专项维修资金的指导和监督工作。

第二章 交存

第六条 下列物业的业主应当按照本办法的规定交存住宅专项维修资金:

(一)住宅,但一个业主所有且与其他物业不具有共用部位、共用设施设备的除外;

(二)住宅小区内的非住宅或者住宅小区外与单幢住宅结构相连的非住宅。

前款所列物业属于出售公有住房的,售房单位应当按照本办法的规定交存住宅专项维修资金。

第七条 商品住宅的业主、非住宅的业主按照所拥有物业的建筑面积交存住宅专项维修资金,每平方米建筑面积交存首期住宅专项维修资金的数额为当地住宅建筑安装工程每平方米造价的5%~8%。

直辖市、市、县人民政府建设(房地产)主管部门应当根据本地区情况,合理确定、公布每平方米建筑面积交存首期住宅专项维修资金的数额,并适时调整。

第八条 出售公有住房的,按照下列规定交存住宅专项维修资金:

(一)业主按照所拥有物业的建筑面积交存住宅专项维修资金,每平方米建筑面积交存首期住宅专项维修资金的数额为当地房改成本价的2%。

(二)售房单位按照多层住宅不低于售房款的20%、高层住宅不低于售房款的30%,从售房款中一次性提取住宅专项维修资金。

第九条 业主交存的住宅专项维修资金属于业主所有。从公有住房售房款中提取的住宅专项维修资金属于公有住房售房单位所有。

第十条 业主大会成立前,商品住宅业主、非住宅业主交存的住宅专项维修资金,由物业所在地直辖市、市、县人民政府建设(房地产)主管部门代管。

直辖市、市、县人民政府建设(房地产)主管部门应当委托所在地一家商业银行,作为本行政区域内住宅专项维修资金的专户管理银行,并在专户管理银行开立住宅专项维修资金专户。

开立住宅专项维修资金专户,应当以物业管理区域为单位设账,按房屋户门号设分户账;未划定物业管理区域的,以幢为单位设账,按房屋户门号设分户账。

第十一条 业主大会成立前,已售公有住房住宅专项维修资金,由物业所在地直辖市、市、县人民政府财政部门或者建设(房地产)主管部门负责管理。

负责管理公有住房住宅专项维修资金的部门应当委托所在地一家商业银行,作为本行政区域内公有住房住宅专项维修资金的专户管理银行,并在专户管理银行开立公有住房住宅专项维修资金专户。

开立公有住房住宅专项维修资金专户,应当按照售房单位设账,按幢设分账;其中,业主交存的住宅专项维修资金,按房屋户门号设分户账。

第十二条 商品住宅的业主应当在办理房屋入住手续前,将首期住宅专项维修资金存入住宅专项维修资金专户。

已售公有住房的业主应当在办理房屋入住手续前,将首期住宅专项维修资金存入公有住房住宅专项维修资金专户或者交由售房单位存入公有住房住宅专项维修资金专户。

公有住房售房单位应当在收到售房款之日起 30 日内,将提取的住宅专项维修资金存入公有住房住宅专项维修资金专户。

第十三条 未按本办法规定交存首期住宅专项维修资金的,开发建设单位或者公有住房售房单位不得将房屋交付购买人。

第十四条 专户管理银行、代收住宅专项维修资金的售房单位应当出具由财政部或者省、自治区、直辖市人民政府财政部门统一监制的住宅专项维修资金专用票据。

第十五条 业主大会成立后,应当按照下列规定划转业主交存的住宅专项维修资金:

(一)业主大会应当委托所在地一家商业银行作为本物业管理区域内住宅专项维修资金的专户管理银行,并在专户管理银行开立住宅专项维修资金专户。开立住宅专项维修资金专户,应当以物业管理区域为单位设账,按房屋户门号设分户账。

(二)业主委员会应当通知所在地直辖市、市、县人民政府建设(房地产)主管部门;涉及已售公有住房的,应当通知负责管理公有住房住宅专项维修资金的部门。

(三)直辖市、市、县人民政府建设(房地产)主管部门或者负责管理公有住房住宅专项维修资金的部门应当在收到通知之日起 30 日内,通知专户管理银行将该物业管理区域内业主交存的住宅专项维修资金账面余额划转至业主大会开立的住宅专项维修资金账户,并将有关账目等移交业主委员会。

第十六条 住宅专项维修资金划转后的账目管理单位,由业主大会决定。

业主大会应当建立住宅专项维修资金管理制度。业主大会开立的住宅专项维修资金账户,应当接受所在地直辖市、市、县人民政府建设(房地产)主管部门的监督。

第十七条 业主分户账面住宅专项维修资金余额不足首期交存额 30% 的,应当及时续交。

成立业主大会的,续交方案由业主大会决定。

未成立业主大会的,续交的具体管理办法由直辖市、市、县人民政府建设(房地产)主管部门会同同级财政部门制定。

第三章 使用

第十八条 住宅专项维修资金应当专项用于住宅共用部位、共用设施设备保修期满后的维修和更新、改造,不得挪作他用。

第十九条 住宅专项维修资金的使用,应当遵循方便快捷、公开透明、受益人和负担人相一致的原则。

第二十条 住宅共用部位、共用设施设备的维修和更新、改造费用,按照下列规定分摊:

(一)商品住宅之间或者商品住宅与非住宅之间共用部位、共用设施设备的维修和更新、改造费用,由相关业主按照各自拥有物业建筑面积的比例分摊。

(二)售后公有住房之间共用部位、共用设施设备的维修和更新、改造费用,由相关业主和公有住房售房单位按照所交存住宅专项维修资金的比例分摊;其中,应由业主承担的,再由相关业主按照各自拥有物业建筑面积的比例分摊。

(三)售后公有住房与商品住宅或者非住宅之间共用部位、共用设施设备的维修和更新、改造费用,先按照建筑面积比例分摊到各相关物业。其中,售后公有住房应分摊的费用,再由相关业主和公有住房售房单位按照所交存住宅专项维修资金的比例分摊。

第二十一条 住宅共用部位、共用设施设备维修和更新、改造,涉及尚未售出的商品住宅、非住宅或者公有住房的,开发建设单位或者公有住房单位应当按照尚未售出商品住宅或者公有住房的建筑面积,分摊维修和更新、改造费用。

第二十二条 住宅专项维修资金划转业主大会管理前,需要使用住宅专项维修资金的,按照以下程序办理:

(一)物业服务企业根据维修和更新、改造项目提出使用建议;没有物业服务企业的,由相关业主提出使用建议;

(二)住宅专项维修资金列支范围内专有部分占建筑物总面积三分之二以上的业主且占总人数三分之二以上的业主讨论通过使用建议;

(三)物业服务企业或者相关业主组织实施使用方案;

(四)物业服务企业或者相关业主持有关材料,向所在地直辖市、市、县人民政府建设(房地产)主管部门申请列支;其中,动用公有住房住宅专项维修资金的,向负责管理公有住房住宅专项维修资金的部门申请列支;

(五)直辖市、市、县人民政府建设(房地产)主管部门或者负责管理公有住房住宅专项维修资金的部门审核同意后,向专户管理银行发出划转住宅专项维修资金的通知;

(六)专户管理银行将所需住宅专项维修资金划转至维修单位。

第二十三条 住宅专项维修资金划转业主大会管理后,需要使用住宅专项维修资金的,按照以下程序办理:

(一)物业服务企业提出使用方案,使用方案应当包括拟维修和更新、改造的项目、费用预算、列支范围、发生危及房屋安全等紧急情况以及其他需临时使用住宅专项维修资金的情况的处置办法等;

(二)业主大会依法通过使用方案;

(三)物业服务企业组织实施使用方案;

(四)物业服务企业持有关材料向业主委员会提出列支住宅专项维修资金;其中,动用公有住房住宅专项维修资金的,向负责管理公有住房住宅专项维修资金的部门申请列支;

（五）业主委员会依据使用方案审核同意，并报直辖市、市、县人民政府建设（房地产）主管部门备案；动用公有住房住宅专项维修资金的，经负责管理公有住房住宅专项维修资金的部门审核同意；直辖市、市、县人民政府建设（房地产）主管部门或者负责管理公有住房住宅专项维修资金的部门发现不符合有关法律、法规、规章和使用方案的，应当责令改正；

（六）业主委员会、负责管理公有住房住宅专项维修资金的部门向专户管理银行发出划转住宅专项维修资金的通知；

（七）专户管理银行将所需住宅专项维修资金划转至维修单位。

第二十四条 发生危及房屋安全等紧急情况，需要立即对住宅共用部位、共用设施设备进行维修和更新、改造的，按照以下规定列支住宅专项维修资金：

（一）住宅专项维修资金划转业主大会管理前，按照本办法第二十二条第四项、第五项、第六项的规定办理；

（二）住宅专项维修资金划转业主大会管理后，按照本办法第二十三条第四项、第五项、第六项和第七项的规定办理。发生前款情况后，未按规定实施维修和更新、改造的，直辖市、市、县人民政府建设（房地产）主管部门可以组织代修，维修费用从相关业主住宅专项维修资金分户账中列支；其中，涉及已售公有住房的，还应当从公有住房住宅专项维修资金中列支。

第二十五条 下列费用不得从住宅专项维修资金中列支：

（一）依法应当由建设单位或者施工单位承担的住宅共用部位、共用设施设备维修、更新和改造费用；

（二）依法应当由相关单位承担的供水、供电、供气、供热、通讯、有线电视等管线和设施设备的维修、养护费用；

（三）应当由当事人承担的因人为损坏住宅共用部位、共用设施设备所需的修复费用；

（四）根据物业服务合同约定，应当由物业服务企业承担的住宅共用部位、共用设施设备的维修和养护费用。

第二十六条 在保证住宅专项维修资金正常使用的前提下，可以按照国家有关规定将住宅专项维修资金用于购买国债。

利用住宅专项维修资金购买国债，应当在银行间债券市场或者商业银行柜台市场购买一级市场新发行的国债，并持有到期。

利用业主交存的住宅专项维修资金购买国债的，应当经业主大会同意；未成立业主大会的，应当经专有部分占建筑物总面积三分之二以上的业主且占总人数三分之二以上业主同意。

利用从公有住房售房款中提取的住宅专项维修资金购买国债的，应当根据售房单位的财政隶属关系，报经同级财政部门同意。

禁止利用住宅专项维修资金从事国债回购、委托理财业务或者将购买的国债用于质押、抵押等担保行为。

第二十七条 下列资金应当转入住宅专项维修资金滚存使用：

（一）住宅专项维修资金的存储利息；

（二）利用住宅专项维修资金购买国债的增值收益；

（三）利用住宅共用部位、共用设施设备进行经营的，业主所得收益，但业主大会另有决定的除外；

（四）住宅共用设施设备报废后回收的残值。

第四章 监督管理

第二十八条 房屋所有权转让时,业主应当向受让人说明住宅专项维修资金交存和结余情况并出具有效证明,该房屋分户账中结余的住宅专项维修资金随房屋所有权同时过户。

受让人应当持住宅专项维修资金过户的协议、房屋权属证书、身份证等到专户管理银行办理分户账更名手续。

第二十九条 房屋灭失的,按照以下规定返还住宅专项维修资金:

(一)房屋分户账中结余的住宅专项维修资金返还业主;

(二)售房单位交存的住宅专项维修资金账面余额返还售房单位;售房单位不存在的,按照售房单位财务隶属关系,收缴同级国库。

第三十条 直辖市、市、县人民政府建设(房地产)主管部门,负责管理公有住房住宅专项维修资金的部门及业主委员会,应当每年至少一次与专户管理银行核对住宅专项维修资金账目,并向业主、公有住房售房单位公布下列情况:

(一)住宅专项维修资金交存、使用、增值收益和结存的总额;

(二)发生列支的项目、费用和分摊情况;

(三)业主、公有住房售房单位分户账中住宅专项维修资金交存、使用、增值收益和结存的金额;

(四)其他有关住宅专项维修资金使用和管理的情况。业主、公有住房售房单位对公布的情况有异议的,可以要求复核。

第三十一条 专户管理银行应当每年至少一次向直辖市、市、县人民政府建设(房地产)主管部门,负责管理公有住房住宅专项维修资金的部门及业主委员会发送住宅专项维修资金对账单。

直辖市、市、县建设(房地产)主管部门,负责管理公有住房住宅专项维修资金的部门及业主委员会对资金账户变化情况有异议的,可以要求专户管理银行进行复核。

专户管理银行应当建立住宅专项维修资金查询制度,接受业主、公有住房售房单位对其分户账中住宅专项维修资金使用、增值收益和账面余额的查询。

第三十二条 住宅专项维修资金的管理和使用,应当依法接受审计部门的审计监督。

第三十三条 住宅专项维修资金的财务管理和会计核算应当执行财政部有关规定。财政部门应当加强对住宅专项维修资金收支财务管理和会计核算制度执行情况的监督。

第三十四条 住宅专项维修资金专用票据的购领、使用、保存、核销管理,应当按照财政部以及省、自治区、直辖市人民政府财政部门的有关规定执行,并接受财政部门的监督检查。

第五章 法律责任

第三十五条 公有住房售房单位有下列行为之一的,由县级以上地方人民政府财政部门会同同级建设(房地产)主管部门责令限期改正:

(一)未按本办法第八条、第十二条第三款规定交存住宅专项维修资金的;

(二)违反本办法第十三条规定将房屋交付买受人的;

(三)未按本办法第二十一条规定分摊维修、更新和改造费用的。

第三十六条 开发建设单位违反本办法第十三条规定将房屋交付买受人的,由县级以上地方人民政府建设(房地产)主管部门责令限期改正;逾期不改正的,处以 3 万元以下的罚款。

开发建设单位未按本办法第二十一条规定分摊维修、更新和改造费用的,由县级以上地方人民政府建设(房地产)主管部门责令限期改正;逾期不改正的,处以 1 万元以下的罚款。

第三十七条 违反本办法规定,挪用住宅专项维修资金的,由县级以上地方人民政府建设(房地产)主管部门追回挪用的住宅专项维修资金,没收违法所得,可以并处挪用金额 2 倍以下的罚款;构成犯罪的,依法追究直接负责的主管人员和其他直接责任人员的刑事责任。

物业服务企业挪用住宅专项维修资金,情节严重的,除按前款规定予以处罚外,还应由颁发资质证书的部门吊销资质证书。

直辖市、市、县人民政府建设(房地产)主管部门挪用住宅专项维修资金的,由上一级人民政府建设(房地产)主管部门追回挪用的住宅专项维修资金,对直接负责的主管人员和其他直接责任人员依法给予处分;构成犯罪的,依法追究刑事责任。

直辖市、市、县人民政府财政部门挪用住宅专项维修资金的,由上一级人民政府财政部门追回挪用的住宅专项维修资金,对直接负责的主管人员和其他直接责任人员依法给予处分;构成犯罪的,依法追究刑事责任。

第三十八条 直辖市、市、县人民政府建设(房地产)主管部门违反本办法第二十六条规定的,由上一级人民政府建设(房地产)主管部门责令限期改正,对直接负责的主管人员和其他直接责任人员依法给予处分;造成损失的,依法赔偿;构成犯罪的,依法追究刑事责任。

直辖市、市、县人民政府财政部门违反本办法第二十六条规定的,由上一级人民政府财政部门责令限期改正,对直接负责的主管人员和其他直接责任人员依法给予处分;造成损失的,依法赔偿;构成犯罪的,依法追究刑事责任。

业主大会违反本办法第二十六条规定的,由直辖市、市、县人民政府建设(房地产)主管部门责令改正。

第三十九条 对违反住宅专项维修资金专用票据管理规定的行为,按照《财政违法行为处罚处分条例》的有关规定追究法律责任。

第四十条 县级以上人民政府建设(房地产)主管部门、财政部门及其工作人员利用职务上的便利,收受他人财物或者其他好处,不依法履行监督管理职责,或者发现违法行为不予查处的,依法给予处分;构成犯罪的,依法追究刑事责任。

第六章 附则

第四十一条 省、自治区、直辖市人民政府建设(房地产)主管部门会同同级财政部门可以依据本办法,制定实施细则。

第四十二条 本办法实施前,商品住宅、公有住房已经出售但未建立住宅专项维修资金的,应当补建。具体办法由省、自治区、直辖市人民政府建设(房地产)主管部门会同同级财政部门依据本办法制定。

第四十三条 本办法由国务院建设主管部门、财政部门共同解释。

第四十四条 本办法自 2008 年 2 月 1 日起施行,1998 年 12 月 16 日建设、财政部发布的《住宅共用部位共用设施设备维修基金管理办法》(建住房〔1998〕213 号)同时废止。

附录 3

物业管理企业资质管理办法

(2004 年 3 月 17 日建设部令第 125 号,2007 年 11 月 26 日根据《建设部关于修改＜物业管理企业资质管理办法＞的决定》修正)

第一条 为了加强对物业管理活动的监督管理,规范物业管理市场秩序,提高物业管理服务水平,根据《物业管理条例》,制定本办法。

第二条 在中华人民共和国境内申请物业服务企业资质,实施对物业服务企业资质管理,适用本办法。

本办法所称物业服务企业,是指依法设立、具有独立法人资格,从事物业管理服务活动的企业。

第三条 物业服务企业资质等级分为一、二、三级。

第四条 国务院建设主管部门负责一级物业服务企业资质证书的颁发和管理。省、自治区人民政府建设主管部门负责二级物业服务企业资质证书的颁发和管理,直辖市人民政府房地产主管部门负责二级和三级物业服务企业资质证书的颁发和管理,并接受国务院建设主管部门的指导和监督。

设区的市的人民政府房地产主管部门负责三级物业服务企业资质证书的颁发和管理,并接受省、自治区人民政府建设主管部门的指导和监督。

第五条 各资质等级物业服务企业的条件如下:

(一)一级资质:

1.注册资本人民币 500 万元以上;

2.物业管理专业人员以及工程、管理、经济等相关专业类的专职管理和技术人员不少于 30 人。其中,具有中级以上职称的人员不少于 20 人,工程、财务等业务负责人具有相应专业中级以上职称;

3.物业管理专业人员按照国家有关规定取得职业资格证书;

4.管理两种类型以上物业,并且管理各类物业的房屋建筑面积分别占下列相应计算基数的百分比之和不低于 100％:

(1)多层住宅 200 万平方米;

(2)高层住宅 100 万平方米;

(3)独立式住宅(别墅 15 万平方米);

(4)办公楼、工业厂房及其它物业 50 万平方米。

5.建立并严格执行服务质量、服务收费等企业管理制度和标准,建立企业信用档案系统,有优良的经营管理业绩。

(二)二级资质:

1.注册资本人民币 300 万元以上;

2.物业管理专业人员以及工程、管理、经济等相关专业类的专职管理和技术人员不少于 20 人。其中,具有中级以上职称的人员不少于 10 人,工程、财务等业务负责人具有相应专业

中级以上职称;

3.物业管理专业人员按照国家有关规定取得职业资格证书;

4.管理两种类型以上物业,并且管理各类物业的房屋建筑面积分别占下列相应计算基数的百分比之和不低于 100%:

(1)多层住宅 100 万平方米;

(2)高层住宅 50 万平方米;

(3)独立式住宅(别墅)8 万平方米;

(4)办公楼、工业厂房及其它物业 20 万平方米。

5.建立并严格执行服务质量、服务收费等企业管理制度和标准,建立企业信用档案系统,有良好的经营管理业绩。

(三)三级资质:

1.注册资本人民币 50 万元以上;

2.物业管理专业人员以及工程、管理、经济等相关专业类的专职管理和技术人员不少于 10 人。其中,具有中级以上职称的人员不少于 5 人,工程、财务等业务负责人具有相应专业中级以上职称;

3.物业管理专业人员按照国家有关规定取得职业资格证书;

4.有委托的物业管理项目;

5.建立并严格执行服务质量、服务收费等企业管理制度和标准,建立企业信用档案系统。

第六条 新设立的物业服务企业应当自领取营业执照之日起 30 日内,持下列文件向工商注册所在地直辖市、设区的市的人民政府房地产主管部门申请资质:

(一)营业执照;

(二)企业章程;

(三)验资证明;

(四)企业法定代表人的身份证明;

(五)物业管理专业人员的职业资格证书和劳动合同,管理和技术人员的职称证书和劳动合同。

第七条 新设立的物业服务企业,其资质等级按照最低等级核定,并设一年的暂定期。

第八条 一级资质物业服务企业可以承接各种物业管理项目。

二级资质物业服务企业可以承接 30 万平方米以下的住宅项目和 8 万平方米以下的非住宅项目的物业管理业务。

三级资质物业服务企业可以承接 20 万平方米以下住宅项目和 5 万平方米以下的非住宅项目的物业管理业务。

第九条 申请核定资质等级的物业服务企业,应当提交下列材料:

(一)企业资质等级申报表;

(二)营业执照;

(三)企业资质证书正、副本;

(四)物业管理专业人员的职业资格证书和劳动合同,管理和技术人员的职称证书和劳动合同,工程、财务负责人的职称证书和劳动合同;

(五)物业服务合同复印件;

（六）物业管理业绩材料。

第十条　资质审批部门应当自受理企业申请之日起20个工作日内,对符合相应资质等级条件的企业核发资质证书;一级资质审批前,应当由省、自治区人民政府建设主管部门或者直辖市人民政府房地产主管部门审查,审查期限为20个工作日。

第十一条　物业服务企业申请核定资质等级,在申请之日前一年内有下列行为之一的,资质审批部门不予批准:

（一）聘用未取得物业管理职业资格证书的人员从事物业管理活动的;

（二）将一个物业管理区域内的全部物业管理业务一并委托给他人的;

（三）挪用专项维修资金的;

（四）擅自改变物业管理用房用途的;

（五）擅自改变物业管理区域内按照规划建设的公共建筑和共用设施用途的;

（六）擅自占用、挖掘物业管理区域内道路、场地,损害业主共同利益的;

（七）擅自利用物业共用部位、共用设施设备进行经营的;

（八）物业服务合同终止时,不按照规定移交物业管理用房和有关资料的;

（九）与物业管理招标人或者其他物业管理投标人相互串通,以不正当手段谋取中标的;

（十）不履行物业服务合同,业主投诉较多,经查证属实的;

（十一）超越资质等级承接物业管理业务的;

（十二）出租、出借、转让资质证书的;

（十三）发生重大责任事故的。

第十二条　资质证书分为正本和副本,由国务院建设主管部门统一印制,正、副本具有同等法律效力。

第十三条　任何单位和个人不得伪造、涂改、出租、出借、转让资质证书。企业遗失资质证书,应当在新闻媒体上声明后,方可申请补领。

第十四条　企业发生分立、合并的,应当在向工商行政管理部门办理变更手续后30日内,到原资质审批部门申请办理资质证书注销手续,并重新核定资质等级。

第十五条　企业的名称、法定代表人等事项发生变更的,应当在办理变更手续后30日内,到原资质审批部门办理资质证书变更手续。

第十六条　企业破产、歇业或者因其他原因终止业务活动的,应当在办理营业执照注销手续后15日内,到原资质审批部门办理资质证书注销手续。

第十七条　物业服务企业取得资质证书后,不得降低企业的资质条件,并应当接受资质审批部门的监督检查。资质审批部门应当加强对物业服务企业的监督检查。

第十八条　有下列情形之一的,资质审批部门或者其上级主管部门,根据利害关系人的请求或者根据职权可以撤销资质证书:

（一）审批部门工作人员滥用职权、玩忽职守作出物业服务企业资质审批决定的;

（二）超越法定职权作出物业服务企业资质审批决定的;

（三）违反法定程序作出物业服务企业资质审批决定的;

（四）对不具备申请资格或者不符合法定条件的物业服务企业颁发资质证书的;

（五）依法可以撤销审批的其他情形。

第十九条　物业服务企业超越资质等级承接物业管理业务的,由县级以上地方人民政府房地产主管部门予以警告,责令限期改正,并处 1 万元以上 3 万元以下的罚款。

第二十条 物业服务企业出租、出借、转让资质证书的,由县级以上地方人民政府房地产主管部门予以警告,责令限期改正,并处 1 万元以上 3 万元以下的罚款。

第二十一条 物业服务企业不按照本办法规定及时办理资质变更手续的,由县级以上地方人民政府房地产主管部门责令限期改正,可处 2 万元以下的罚款。

第二十二条 资质审批部门有下列情形之一的,由其上级主管部门或者监察机关责令改正,对直接负责的主管人员和其他直接责任人员依法给予行政处分;构成犯罪的,依法追究刑事责任:

(一)对不符合法定条件的企业颁发资质证书的;

(二)对符合法定条件的企业不予颁发资质证书的;

(三)对符合法定条件的企业未在法定期限内予以审批的;

(四)利用职务上的便利,收受他人财物或者其他好处的;

(五)不履行监督管理职责,或者发现违法行为不予查处的。

第二十三条 本办法自 2004 年 5 月 1 日起施行。

附录 4

中华人民共和国主席令

第六十二号

《中华人民共和国物权法》已由中华人民共和国第十届全国人民代表大会第五次会议于 2007 年 3 月 16 日通过,现予公布,自 2007 年 10 月 1 日起施行。

中华人民共和国主席　胡锦涛

2007 年 3 月 16 日

中华人民共和国物权法

中华人民共和国物权法(2007 年 3 月 16 日第十届全国人民代表大会第五次会议通过)

第一编　总则
第一章　基本总则

第一条 为了维护国家基本经济制度,维护社会主义市场经济秩序,明确物的归属,发挥物的效用,保护权利人的物权,根据宪法,制定本法。

第二条 因物的归属和利用而产生的民事关系,适用本法。本法所称物,包括不动产和动产。法律规定权利作为物权客体的,依照其规定。本法所称物权,是指权利人依法对特定的物享有直接支配和排他的权利,包括所有权、用益物权和担保物权。

第三条 国家在社会主义初级阶段,坚持公有制为主体、多种所有制经济共同发展的基本经济制度。国家巩固和发展公有制经济,鼓励、支持和引导非公有制经济的发展。国家实行社会主义市场经济,保障一切市场主体的平等法律地位和发展权利。

第四条 国家、集体、私人的物权和其他权利人的物权受法律保护,任何单位和个人不得侵犯。

第五条 物权的种类和内容,由法律规定。

第六条 不动产物权的设立、变更、转让和消灭,应当依照法律规定登记。动产物权的设立和转让,应当依照法律规定交付。

第七条 物权的取得和行使,应当遵守法律,尊重社会公德,不得损害公共利益和他人合法权益。

第八条 其他相关法律对物权另有特别规定的,依照其规定。

第二章 物权的设立、变更、转让和消灭

第一节 不动产登记

第九条 不动产物权的设立、变更、转让和消灭,经依法登记,发生效力;未经登记,不发生效力,但法律另有规定的除外。依法属于国家所有的自然资源,所有权可以不登记。

第十条 不动产登记,由不动产所在地的登记机构办理。国家对不动产实行统一登记制度。统一登记的范围、登记机构和登记办法,由法律、行政法规规定。

第十一条 当事人申请登记,应当根据不同登记事项提供权属证明和不动产界址、面积等必要材料。

第十二条 登记机构应当履行下列职责:

(一)查验申请人提供的权属证明和其他必要材料;

(二)就有关登记事项询问申请人;

(三)如实、及时登记有关事项;

(四)法律、行政法规规定的其他职责。申请登记的不动产的有关情况需要进一步证明的,登记机构可以要求申请人补充材料,必要时可以实地查看。

第十三条 登记机构不得有下列行为:

(一)要求对不动产进行评估;

(二)以年检等名义进行重复登记;

(三)超出登记职责范围的其他行为。

第十四条 不动产物权的设立、变更、转让和消灭,依照法律规定应当登记的,自记载于不动产登记簿时发生效力。

第十五条 当事人之间订立有关设立、变更、转让和消灭不动产物权的合同,除法律另有规定或者合同另有约定外,自合同成立时生效;未办理物权登记的,不影响合同效力。

第十六条 不动产登记簿是物权归属和内容的根据。不动产登记簿由登记机构管理。

第十七条 不动产权属证书是权利人享有该不动产物权的证明。不动产权属证书记载的事项,应当与不动产登记簿一致;记载不一致的,除有证据证明不动产登记簿确有错误外,以不动产登记簿为准。

第十八条 权利人、利害关系人可以申请查询、复制登记资料,登记机构应当提供。

第十九条 权利人、利害关系人认为不动产登记簿记载的事项错误的,可以申请更正登记。不动产登记簿记载的权利人书面同意更正或者有证据证明登记确有错误的,登记机构应

当予以更正。

不动产登记簿记载的权利人不同意更正的,利害关系人可以申请异议登记。登记机构予以异议登记的,申请人在异议登记之日起十五日内不起诉,异议登记失效。异议登记不当,造成权利人损害的,权利人可以向申请人请求损害赔偿。

第二十条　当事人签订买卖房屋或者其他不动产物权的协议,为保障将来实现物权,按照约定可以向登记机构申请预告登记。预告登记后,未经预告登记的权利人同意,处分该不动产的,不发生物权效力。

预告登记后,债权消灭或者自能够进行不动产登记之日起三个月内未申请登记的,预告登记失效。

第二十一条　当事人提供虚假材料申请登记,给他人造成损害的,应当承担赔偿责任。因登记错误,给他人造成损害的,登记机构应当承担赔偿责任。登记机构赔偿后,可以向造成登记错误的人追偿。

第二十二条　不动产登记费按件收取,不得按照不动产的面积、体积或者价款的比例收取。具体收费标准由国务院有关部门会同价格主管部门规定。

第二节　动产交付

第二十三条　动产物权的设立和转让,自交付时发生效力,但法律另有规定的除外。

第二十四条　船舶、航空器和机动车等物权的设立、变更、转让和消灭,未经登记,不得对抗善意第三人。

第二十五条　动产物权设立和转让前,权利人已经依法占有该动产的,物权自法律行为生效时发生效力。

第二十六条　动产物权设立和转让前,第三人依法占有该动产的,负有交付义务的人可以通过转让请求第三人返还原物的权利代替交付。

第二十七条　动产物权转让时,双方又约定由出让人继续占有该动产的,物权自该约定生效时发生效力。

第三节　其他规定

第二十八条　因人民法院、仲裁委员会的法律文书或者人民政府的征收决定等,导致物权设立、变更、转让或者消灭的,自法律文书或者人民政府的征收决定等生效时发生效力。

第二十九条　因继承或者受遗赠取得物权的,自继承或者受遗赠开始时发生效力。

第三十条　因合法建造、拆除房屋等事实行为设立或者消灭物权的,自事实行为成就时发生效力。

第三十一条　依照本法第二十八条至第三十条规定享有不动产物权的,处分该物权时,依照法律规定需要办理登记的,未经登记,不发生物权效力。

第三章　物权的保护

第三十二条　物权受到侵害的,权利人可以通过和解、调解、仲裁、诉讼等途径解决。

第三十三条　因物权的归属、内容发生争议的,利害关系人可以请求确认权利。

第三十四条　无权占有不动产或者动产的,权利人可以请求返还原物。

第三十五条　妨害物权或者可能妨害物权的,权利人可以请求排除妨害或者消除危险。

第三十六条　造成不动产或者动产毁损的,权利人可以请求修理、重作、更换或者恢复原状。

第三十七条 侵害物权,造成权利人损害的,权利人可以请求损害赔偿,也可以请求承担其他民事责任。

第三十八条 本章规定的物权保护方式,可以单独适用,也可以根据权利被侵害的情形合并适用。侵害物权,除承担民事责任外,违反行政管理规定的,依法承担行政责任;构成犯罪的,依法追究刑事责任。

第二编 所有权

第四章 一般规定

第三十九条 所有权人对自己的不动产或者动产,依法享有占有、使用、收益和处分的权利。

第四十条 所有权人有权在自己的不动产或者动产上设立用益物权和担保物权。用益物权人、担保物权人行使权利,不得损害所有权人的权益。

第四十一条 法律规定专属于国家所有的不动产和动产,任何单位和个人不能取得所有权。

第四十二条 为了公共利益的需要,依照法律规定的权限和程序可以征收集体所有的土地和单位、个人的房屋及其他不动产。

征收集体所有的土地,应当依法足额支付土地补偿费、安置补助费、地上附着物和青苗的补偿费等费用,安排被征地农民的社会保障费用,保障被征地农民的生活,维护被征地农民的合法权益。

征收单位、个人的房屋及其他不动产,应当依法给予拆迁补偿,维护被征收人的合法权益;征收个人住宅的,还应当保障被征收人的居住条件。

任何单位和个人不得贪污、挪用、私分、截留、拖欠征收补偿费等费用。

第四十三条 国家对耕地实行特殊保护,严格限制农用地转为建设用地,控制建设用地总量。不得违反法律规定的权限和程序征收集体所有的土地。

第四十四条 因抢险、救灾等紧急需要,依照法律规定的权限和程序可以征用单位、个人的不动产或者动产。被征用的不动产或者动产使用后,应当返还被征用人。单位、个人的不动产或者动产被征用或者征用后毁损、灭失的,应当给予补偿。

第五章 国家所有权和集体所有权、私人所有权

第四十五条 法律规定属于国家所有的财产,属于国家所有即全民所有。国有财产由国务院代表国家行使所有权;法律另有规定的,依照其规定。

第四十六条 矿藏、水流、海域属于国家所有。

第四十七条 城市的土地,属于国家所有。法律规定属于国家所有的农村和城市郊区的土地,属于国家所有。

第四十八条 森林、山岭、草原、荒地、滩涂等自然资源,属于国家所有,但法律规定属于集体所有的除外。

第四十九条 法律规定属于国家所有的野生动植物资源,属于国家所有。

第五十条　无线电频谱资源属于国家所有。

第五十一条　法律规定属于国家所有的文物,属于国家所有。

第五十二条　国防资产属于国家所有。铁路、公路、电力设施、电信设施和油气管道等基础设施,依照法律规定为国家所有的,属于国家所有。

第五十三条　国家机关对其直接支配的不动产和动产,享有占有、使用以及依照法律和国务院的有关规定处分的权利。

第五十四条　国家举办的事业单位对其直接支配的不动产和动产,享有占有、使用以及依照法律和国务院的有关规定收益、处分的权利。

第五十五条　国家出资的企业,由国务院、地方人民政府依照法律、行政法规规定分别代表国家履行出资人职责,享有出资人权益。

第五十六条　国家所有的财产受法律保护,禁止任何单位和个人侵占、哄抢、私分、截留、破坏。

第五十七条　履行国有财产管理、监督职责的机构及其工作人员,应当依法加强对国有财产的管理、监督,促进国有财产保值增值,防止国有财产损失;滥用职权,玩忽职守,造成国有财产损失的,应当依法承担法律责任。

违反国有财产管理规定,在企业改制、合并分立、关联交易等过程中,低价转让、合谋私分、擅自担保或者以其他方式造成国有财产损失的,应当依法承担法律责任。

第五十八条　集体所有的不动产和动产包括:

(一)法律规定属于集体所有的土地和森林、山岭、草原、荒地、滩涂;

(二)集体所有的建筑物、生产设施、农田水利设施;

(三)集体所有的教育、科学、文化、卫生、体育等设施;

(四)集体所有的其他不动产和动产。

第五十九条　农民集体所有的不动产和动产,属于本集体成员集体所有。下列事项应当依照法定程序经本集体成员决定:

(一)土地承包方案以及将土地发包给本集体以外的单位或者个人承包;

(二)个别土地承包经营权人之间承包地的调整;

(三)土地补偿费等费用的使用、分配办法;

(四)集体出资的企业的所有权变动等事项;

(五)法律规定的其他事项。

第六十条　对于集体所有的土地和森林、山岭、草原、荒地、滩涂等,依照下列规定行使所有权:

(一)属于村农民集体所有的,由村集体经济组织或者村民委员会代表集体行使所有权;

(二)分别属于村内两个以上农民集体所有的,由村内各该集体经济组织或者村民小组代表集体行使所有权;

(三)属于乡镇农民集体所有的,由乡镇集体经济组织代表集体行使所有权。

第六十一条　城镇集体所有的不动产和动产,依照法律、行政法规的规定由本集体享有占有、使用、收益和处分的权利。

第六十二条　集体经济组织或者村民委员会、村民小组应当依照法律、行政法规以及章程、村规民约向本集体成员公布集体财产的状况。

第六十三条 集体所有的财产受法律保护,禁止任何单位和个人侵占、哄抢、私分、破坏。

集体经济组织、村民委员会或者其负责人作出的决定侵害集体成员合法权益的,受侵害的集体成员可以请求人民法院予以撤销。

第六十四条 私人对其合法的收入、房屋、生活用品、生产工具、原材料等不动产和动产享有所有权。

第六十五条 私人合法的储蓄、投资及其收益受法律保护。

国家依照法律规定保护私人的继承权及其他合法权益。

第六十六条 私人的合法财产受法律保护,禁止任何单位和个人侵占、哄抢、破坏。

第六十七条 国家、集体和私人依法可以出资设立有限责任公司、股份有限公司或者其他企业。国家、集体和私人所有的不动产或者动产,投到企业的,由出资人按照约定或者出资比例享有资产收益、重大决策以及选择经营管理者等权利并履行义务。

第六十八条 企业法人对其不动产和动产依照法律、行政法规以及章程享有占有、使用、收益和处分的权利。

企业法人以外的法人,对其不动产和动产的权利,适用有关法律、行政法规以及章程的规定。

第六十九条 社会团体依法所有的不动产和动产,受法律保护。

第六章　业主的建筑物区分所有权

第七十条 业主对建筑物内的住宅、经营性用房等专有部分享有所有权,对专有部分以外的共有部分享有共有和共同管理的权利。

第七十一条 业主对其建筑物专有部分享有占有、使用、收益和处分的权利。业主行使权利不得危及建筑物的安全,不得损害其他业主的合法权益。

第七十二条 业主对建筑物专有部分以外的共有部分,享有权利,承担义务;不得以放弃权利不履行义务。

业主转让建筑物内的住宅、经营性用房,其对共有部分享有的共有和共同管理的权利一并转让。

第七十三条 建筑区划内的道路,属于业主共有,但属于城镇公共道路的除外。建筑区划内的绿地,属于业主共有,但属于城镇公共绿地或者明示属于个人的除外。建筑区划内的其他公共场所、公用设施和物业服务用房,属于业主共有。

第七十四条 建筑区划内,规划用于停放汽车的车位、车库应当首先满足业主的需要。建筑区划内,规划用于停放汽车的车位、车库的归属,由当事人通过出售、附赠或者出租等方式约定。

占用业主共有的道路或者其他场地用于停放汽车的车位,属于业主共有。

第七十五条 业主可以设立业主大会,选举业主委员会。

地方人民政府有关部门应当对设立业主大会和选举业主委员会给予指导和协助。

第七十六条 下列事项由业主共同决定:

(一)制定和修改业主大会议事规则;

(二)制定和修改建筑物及其附属设施的管理规约;

(三)选举业主委员会或者更换业主委员会成员;

(四)选聘和解聘物业服务企业或者其他管理人;

(五)筹集和使用建筑物及其附属设施的维修资金;

(六)改建、重建建筑物及其附属设施;

(七)有关共有和共同管理权利的其他重大事项。

决定前款第五项和第六项规定的事项,应当经专有部分占建筑物总面积三分之二以上的业主且占总人数三分之二以上的业主同意。决定前款其他事项,应当经专有部分占建筑物总面积过半数的业主且占总人数过半数的业主同意。

第七十七条　业主不得违反法律、法规以及管理规约,将住宅改变为经营性用房。业主将住宅改变为经营性用房的,除遵守法律、法规以及管理规约外,应当经有利害关系的业主同意。

第七十八条　业主大会或者业主委员会的决定,对业主具有约束力。

业主大会或者业主委员会作出的决定侵害业主合法权益的,受侵害的业主可以请求人民法院予以撤销。

第七十九条　建筑物及其附属设施的维修资金,属于业主共有。经业主共同决定,可以用于电梯、水箱等共有部分的维修。维修资金的筹集、使用情况应当公布。

第八十条　建筑物及其附属设施的费用分摊、收益分配等事项,有约定的,按照约定;没有约定或者约定不明确的,按照业主专有部分占建筑物总面积的比例确定。

第八十一条　业主可以自行管理建筑物及其附属设施,也可以委托物业服务企业或者其他管理人管理。

对建设单位聘请的物业服务企业或者其他管理人,业主有权依法更换。

第八十二条　物业服务企业或者其他管理人根据业主的委托管理建筑区划内的建筑物及其附属设施,并接受业主的监督。

第八十三条　业主应当遵守法律、法规以及管理规约。

业主大会和业主委员会,对任意弃置垃圾、排放污染物或者噪声、违反规定饲养动物、违章搭建、侵占通道、拒付物业费等损害他人合法权益的行为,有权依照法律、法规以及管理规约,要求行为人停止侵害、消除危险、排除妨害、赔偿损失。业主对侵害自己合法权益的行为,可以依法向人民法院提起诉讼。

第七章　相邻关系

第八十四条　不动产的相邻权利人应当按照有利生产、方便生活、团结互助、公平合理的原则,正确处理相邻关系。

第八十五条　法律、法规对处理相邻关系有规定的,依照其规定;法律、法规没有规定的,可以按照当地习惯。

第八十六条　不动产权利人应当为相邻权利人用水、排水提供必要的便利。

对自然流水的利用,应当在不动产的相邻权利人之间合理分配。对自然流水的排放,应当尊重自然流向。

第八十七条　不动产权利人对相邻权利人因通行等必须利用其土地的,应当提供必要的便利。

第八十八条　不动产权利人因建造、修缮建筑物以及铺设电线、电缆、水管、暖气和燃气管线等必须利用相邻土地、建筑物的,该土地、建筑物的权利人应当提供必要的便利。

第八十九条　建造建筑物，不得违反国家有关工程建设标准，妨碍相邻建筑物的通风、采光和日照。

第九十条　不动产权利人不得违反国家规定弃置固体废物，排放大气污染物、水污染物、噪声、光、电磁波辐射等有害物质。

第九十一条　不动产权利人挖掘土地、建造建筑物、铺设管线以及安装设备等，不得危及相邻不动产的安全。

第九十二条　不动产权利人因用水、排水、通行、铺设管线等利用相邻不动产的，应当尽量避免对相邻的不动产权利人造成损害；造成损害的，应当给予赔偿。

第八章　共有

第九十三条　不动产或者动产可以由两个以上单位、个人共有。共有包括按份共有和共同共有。

第九十四条　按份共有人对共有的不动产或者动产按照其份额享有所有权。

第九十五条　共同共有人对共有的不动产或者动产共同享有所有权。

第九十六条　共有人按照约定管理共有的不动产或者动产；没有约定或者约定不明确的，各共有人都有管理的权利和义务。

第九十七条　处分共有的不动产或者动产以及对共有的不动产或者动产作重大修缮的，应当经占份额三分之二以上的按份共有人或者全体共同共有人同意，但共有人之间另有约定的除外。

第九十八条　对共有物的管理费用以及其他负担，有约定的，按照约定；没有约定或者约定不明确的，按份共有人按照其份额负担，共同共有人共同负担。

第九十九条　共有人约定不得分割共有的不动产或者动产，以维持共有关系的，应当按照约定，但共有人有重大理由需要分割的，可以请求分割；没有约定或者约定不明确的，按份共有人可以随时请求分割，共同共有人在共有的基础丧失或者有重大理由需要分割时可以请求分割。因分割对其他共有人造成损害的，应当给予赔偿。

第一百条　共有人可以协商确定分割方式。达不成协议，共有的不动产或者动产可以分割并且不会因分割减损价值的，应当对实物予以分割；难以分割或者因分割会减损价值的，应当对折价或者拍卖、变卖取得的价款予以分割。

共有人分割所得的不动产或者动产有瑕疵的，其他共有人应当分担损失。

第一百零一条　按份共有人可以转让其享有的共有的不动产或者动产份额。其他共有人在同等条件下享有优先购买的权利。

第一百零二条　因共有的不动产或者动产产生的债权债务，在对外关系上，共有人享有连带债权、承担连带债务，但法律另有规定或者第三人知道共有人不具有连带债权债务关系的除外；在共有人内部关系上，除共有人另有约定外，按份共有人按照份额享有债权、承担债务，共同共有人共同享有债权、承担债务。偿还债务超过自己应当承担份额的按份共有人，有权向其他共有人追偿。

第一百零三条　共有人对共有的不动产或者动产没有约定为按份共有或者共同共有，或者约定不明确的，除共有人具有家庭关系等外，视为按份共有。

第一百零四条　按份共有人对共有的不动产或者动产享有的份额，没有约定或者约定不明确的,按照出资额确定;不能确定出资额的,视为等额享有。

第一百零五条 两个以上单位、个人共同享有用益物权、担保物权的,参照本章规定。

第九章 所有权取得的特别规定

第一百零六条 无处分权人将不动产或者动产转让给受让人的,所有权人有权追回;除法律另有规定外,符合下列情形的,受让人取得该不动产或者动产的所有权:

(一)受让人受让该不动产或者动产时是善意的;

(二)以合理的价格转让;

(三)转让的不动产或者动产依照法律规定应当登记的已经登记,不需要登记的已经交付给受让人。

受让人依照前款规定取得不动产或者动产的所有权的,原所有权人有权向无处分权人请求赔偿损失。当事人善意取得其他物权的,参照前两款规定。

第一百零七条 所有权人或者其他权利人有权追回遗失物。该遗失物通过转让被他人占有的,权利人有权向无处分权人请求损害赔偿,或者自知道或者应当知道受让人之日起二年内向受让人请求返还原物,但受让人通过拍卖或者向具有经营资格的经营者购得该遗失物的,权利人请求返还原物时应当支付受让人所付的费用。权利人向受让人支付所付费用后,有权向无处分权人追偿。

第一百零八条 善意受让人取得动产后,该动产上的原有权利消灭,但善意受让人在受让时知道或者应当知道该权利的除外。

第一百零九条 拾得遗失物,应当返还权利人。拾得人应当及时通知权利人领取,或者送交公安等有关部门。

第一百一十条 有关部门收到遗失物,知道权利人的,应当及时通知其领取;不知道的,应当及时发布招领公告。

第一百一十一条 拾得人在遗失物送交有关部门前,有关部门在遗失物被领取前,应当妥善保管遗失物。因故意或者重大过失致使遗失物毁损、灭失的,应当承担民事责任。

第一百一十二条 权利人领取遗失物时,应当向拾得人或者有关部门支付保管遗失物等支出的必要费用。权利人悬赏寻找遗失物的,领取遗失物时应当按照承诺履行义务。拾得人侵占遗失物的,无权请求保管遗失物等支出的费用,也无权请求权利人按照承诺履行义务。

第一百一十三条 遗失物自发布招领公告之日起六个月内无人认领的,归国家所有。

第一百一十四条 拾得漂流物、发现埋藏物或者隐藏物的,参照拾得遗失物的有关规定。文物保护法等法律另有规定的,依照其规定。

第一百一十五条 主物转让的,从物随主物转让,但当事人另有约定的除外。

第一百一十六条 天然孳息,由所有权人取得;既有所有权人又有用益物权人的,由用益物权人取得。当事人另有约定的,按照约定。法定孳息,当事人有约定的,按照约定取得;没有约定或者约定不明确的,按照交易习惯取得。

第三编　用益物权

第十章　一般规定

第一百一十七条　用益物权人对他人所有的不动产或者动产,依法享有占有、使用和收益的权利。

第一百一十八条　国家所有或者国家所有由集体使用以及法律规定属于集体所有的自然资源,单位、个人依法可以占有、使用和收益。

第一百一十九条　国家实行自然资源有偿使用制度,但法律另有规定的除外。

第一百二十条　用益物权人行使权利,应当遵守法律有关保护和合理开发利用资源的规定。所有权人不得干涉用益物权人行使权利。

第一百二十一条　因不动产或者动产被征收、征用致使用益物权消灭或者影响用益物权行使的,用益物权人有权依照本法第四十二条、第四十四条的规定获得相应补偿。

第一百二十二条　依法取得的海域使用权受法律保护。

第一百二十三条　依法取得的探矿权、采矿权、取水权和使用水域、滩涂从事养殖、捕捞的权利受法律保护。

第十一章　土地承包经营权

第一百二十四条　农村集体经济组织实行家庭承包经营为基础、统分结合的双层经营体制。农民集体所有和国家所有由农民集体使用的耕地、林地、草地以及其他用于农业的土地,依法实行土地承包经营制度。

第一百二十五条　土地承包经营权人依法对其承包经营的耕地、林地、草地等享有占有、使用和收益的权利,有权从事种植业、林业、畜牧业等农业生产。

第一百二十六条　耕地的承包期为三十年。草地的承包期为三十年至五十年。林地的承包期为三十年至七十年;特殊林木的林地承包期,经国务院林业行政主管部门批准可以延长。前款规定的承包期届满,由土地承包经营权人按照国家有关规定继续承包。

第一百二十七条　土地承包经营权自土地承包经营权合同生效时设立。县级以上地方人民政府应当向土地承包经营权人发放土地承包经营权证、林权证、草原使用权证,并登记造册,确认土地承包经营权。

第一百二十八条　土地承包经营权人依照农村土地承包法的规定,有权将土地承包经营权采取转包、互换、转让等方式流转。流转的期限不得超过承包期的剩余期限。未经依法批准,不得将承包地用于非农建设。

第一百二十九条　土地承包经营权人将土地承包经营权互换、转让,当事人要求登记的,应当向县级以上地方人民政府申请土地承包经营权变更登记;未经登记,不得对抗善意第三人。

第一百三十条　承包期内发包人不得调整承包地。因自然灾害严重毁损承包地等特殊情形,需要适当调整承包的耕地和草地的,应当依照农村土地承包法等法律规定办理。

第一百三十一条　承包期内发包人不得收回承包地。农村土地承包法等法律另有规定的,依照其规定。

第一百三十二条　承包地被征收的,土地承包经营权人有权依照本法第四十二条第二款的规定获得相应补偿。

第一百三十三条　通过招标、拍卖、公开协商等方式承包荒地等农村土地,依照农村土地承包法等法律和国务院的有关规定,其土地承包经营权可以转让、入股、抵押或者以其他方式流转。

第一百三十四条　国家所有的农用地实行承包经营的,参照本法的有关规定。

第十二章　建设用地使用权

第一百三十五条　建设用地使用权人依法对国家所有的土地享有占有、使用和收益的权利,有权利用该土地建造建筑物、构筑物及其附属设施。

第一百三十六条　建设用地使用权可以在土地的地表、地上或者地下分别设立。新设立的建设用地使用权,不得损害已设立的用益物权。

第一百三十七条　设立建设用地使用权,可以采取出让或者划拨等方式。

工业、商业、旅游、娱乐和商品住宅等经营性用地以及同一土地有两个以上意向用地者的,应当采取招标、拍卖等公开竞价的方式出让。

严格限制以划拨方式设立建设用地使用权。采取划拨方式的,应当遵守法律、行政法规关于土地用途的规定。

第一百三十八条　采取招标、拍卖、协议等出让方式设立建设用地使用权的,当事人应当采取书面形式订立建设用地使用权出让合同。

建设用地使用权出让合同一般包括下列条款:

(一)当事人的名称和住所;

(二)土地界址、面积等;

(三)建筑物、构筑物及其附属设施占用的空间;

(四)土地用途;

(五)使用期限;

(六)出让金等费用及其支付方式;

(七)解决争议的方法。

第一百三十九条　设立建设用地使用权的,应当向登记机构申请建设用地使用权登记。建设用地使用权自登记时设立。登记机构应当向建设用地使用权人发放建设用地使用权证书。

第一百四十条　建设用地使用权人应当合理利用土地,不得改变土地用途;需要改变土地用途的,应当依法经有关行政主管部门批准。

第一百四十一条　建设用地使用权人应当依照法律规定以及合同约定支付出让金等费用。

第一百四十二条　建设用地使用权人建造的建筑物、构筑物及其附属设施的所有权属于建设用地使用权人,但有相反证据证明的除外。

第一百四十三条　建设用地使用权人有权将建设用地使用权转让、互换、出资、赠与或者抵押,但法律另有规定的除外。

第一百四十四条　建设用地使用权转让、互换、出资、赠与或者抵押的,当事人应当采取书面形式订立相应的合同。使用期限由当事人约定,但不得超过建设用地使用权的剩余期限。

第一百四十五条　建设用地使用权转让、互换、出资或者赠与的,应当向登记机构申请变更登记。

第一百四十六条　建设用地使用权转让、互换、出资或者赠与的,附着于该土地上的建筑物、构筑物及其附属设施一并处分。

第一百四十七条　建筑物、构筑物及其附属设施转让、互换、出资或者赠与的,该建筑物、构筑物及其附属设施占用范围内的建设用地使用权一并处分。

第一百四十八条　建设用地使用权期间届满前,因公共利益需要提前收回该土地的,应当依照本法第四十二条的规定对该土地上的房屋及其他不动产给予补偿,并退还相应的出让金。

第一百四十九条　住宅建设用地使用权期间届满的,自动续期。

非住宅建设用地使用权期间届满后的续期,依照法律规定办理。该土地上的房屋及其他不动产的归属,有约定的,按照约定;没有约定或者约定不明确的,依照法律、行政法规的规定办理。

第一百五十条　建设用地使用权消灭的,出让人应当及时办理注销登记。登记机构应当收回建设用地使用权证书。

第一百五十一条　集体所有的土地作为建设用地的,应当依照土地管理法等法律规定办理。

第十三章　宅基地使用权

第一百五十二条　宅基地使用权人依法对集体所有的土地享有占有和使用的权利,有权依法利用该土地建造住宅及其附属设施。

第一百五十三条　宅基地使用权的取得、行使和转让,适用土地管理法等法律和国家有关规定。

第一百五十四条　宅基地因自然灾害等原因灭失的,宅基地使用权消灭。对失去宅基地的村民,应当重新分配宅基地。

第一百五十五条　已经登记的宅基地使用权转让或者消灭的,应当及时办理变更登记或者注销登记。

第十四章　地役权

第一百五十六条　地役权人有权按照合同约定,利用他人的不动产,以提高自己的不动产的效益。前款所称他人的不动产为供役地,自己的不动产为需役地。

第一百五十七条　设立地役权,当事人应当采取书面形式订立地役权合同。

地役权合同一般包括下列条款:

(一)当事人的姓名或者名称和住所;

(二)供役地和需役地的位置;

(三)利用目的和方法;

(四)利用期限;

(五)费用及其支付方式;

(六)解决争议的方法。

第一百五十八条　地役权自地役权合同生效时设立。当事人要求登记的,可以向登记机构申请地役权登记;未经登记,不得对抗善意第三人。

第一百五十九条　供役地权利人应当按照合同约定,允许地役权人利用其土地,不得妨害地役权人行使权利。

第一百六十条　地役权人应当按照合同约定的利用目的和方法利用供役地,尽量减少对供役地权利人物权的限制。

第一百六十一条　地役权的期限由当事人约定,但不得超过土地承包经营权、建设用地使用权等用益物权的剩余期限。

第一百六十二条　土地所有权人享有地役权或者负担地役权的,设立土地承包经营权、宅基地使用权时,该土地承包经营权人、宅基地使用权人继续享有或者负担已设立的地役权。

第一百六十三条　土地上已设立土地承包经营权、建设用地使用权、宅基地使用权等权利的,未经用益物权人同意,土地所有权人不得设立地役权。

第一百六十四条　地役权不得单独转让。土地承包经营权、建设用地使用权等转让的,地役权一并转让,但合同另有约定的除外。

第一百六十五条　地役权不得单独抵押。土地承包经营权、建设用地使用权等抵押的,在实现抵押权时,地役权一并转让。

第一百六十六条　需役地以及需役地上的土地承包经营权、建设用地使用权部分转让时,转让部分涉及地役权的,受让人同时享有地役权。

第一百六十七条　供役地以及供役地上的土地承包经营权、建设用地使用权部分转让时,转让部分涉及地役权的,地役权对受让人具有约束力。

第一百六十八条　地役权人有下列情形之一的,供役地权利人有权解除地役权合同,地役权消灭:

(一)违反法律规定或者合同约定,滥用地役权;

(二)有偿利用供役地,约定的付款期间届满后在合理期限内经两次催告未支付费用。

第一百六十九条　已经登记的地役权变更、转让或者消灭的,应当及时办理变更登记或者注销登记。

第四编　担保物权

第十五章　一般规定

第一百七十条　担保物权人在债务人不履行到期债务或者发生当事人约定的实现担保物权的情形,依法享有就担保财产优先受偿的权利,但法律另有规定的除外。

第一百七十一条　债权人在借贷、买卖等民事活动中,为保障实现其债权,需要担保的,可以依照本法和其他法律的规定设立担保物权。

第三人为债务人向债权人提供担保的,可以要求债务人提供反担保。反担保适用本法和其他法律的规定。

第一百七十二条　设立担保物权,应当依照本法和其他法律的规定订立担保合同。担保合同是主债权债务合同的从合同。主债权债务合同无效,担保合同无效,但法律另有规定的除外。

担保合同被确认无效后,债务人、担保人、债权人有过错的,应当根据其过错各自承担相应的民事责任。

第一百七十三条 担保物权的担保范围包括主债权及其利息、违约金、损害赔偿金、保管担保财产和实现担保物权的费用。当事人另有约定的,按照约定。

第一百七十四条 担保期间,担保财产毁损、灭失或者被征收等,担保物权人可以就获得的保险金、赔偿金或者补偿金等优先受偿。被担保债权的履行期未届满的,也可以提存该保险金、赔偿金或者补偿金等。

第一百七十五条 第三人提供担保,未经其书面同意,债权人允许债务人转移全部或者部分债务的,担保人不再承担相应的担保责任。

第一百七十六条 被担保的债权既有物的担保又有人的担保的,债务人不履行到期债务或者发生当事人约定的实现担保物权的情形,债权人应当按照约定实现债权;没有约定或者约定不明确,债务人自己提供物的担保的,债权人应当先就该物的担保实现债权;第三人提供物的担保的,债权人可以就物的担保实现债权,也可以要求保证人承担保证责任。提供担保的第三人承担担保责任后,有权向债务人追偿。

第一百七十七条 有下列情形之一的,担保物权消灭:

(一)主债权消灭;

(二)担保物权实现;

(三)债权人放弃担保物权;

(四)法律规定担保物权消灭的其他情形。

第一百七十八条 担保法与本法的规定不一致的,适用本法。

第十六章 抵押权
第一节 一般抵押权

第一百七十九条 为担保债务的履行,债务人或者第三人不转移财产的占有,将该财产抵押给债权人的,债务人不履行到期债务或者发生当事人约定的实现抵押权的情形,债权人有权就该财产优先受偿。前款规定的债务人或者第三人为抵押人,债权人为抵押权人,提供担保的财产为抵押财产。

第一百八十条 债务人或者第三人有权处分的下列财产可以抵押:

(一)建筑物和其他土地附着物;

(二)建设用地使用权;

(三)以招标、拍卖、公开协商等方式取得的荒地等土地承包经营权;

(四)生产设备、原材料、半成品、产品;

(五)正在建造的建筑物、船舶、航空器;

(六)交通运输工具;

(七)法律、行政法规未禁止抵押的其他财产。抵押人可以将前款所列财产一并抵押。

第一百八十一条 经当事人书面协议,企业、个体工商户、农业生产经营者可以将现有的以及将有的生产设备、原材料、半成品、产品抵押,债务人不履行到期债务或者发生当事人约定的实现抵押权的情形,债权人有权就实现抵押权时的动产优先受偿。

第一百八十二条 以建筑物抵押的,该建筑物占用范围内的建设用地使用权一并抵押。

以建设用地使用权抵押的,该土地上的建筑物一并抵押。抵押人未依照前款规定一并抵押的,未抵押的财产视为一并抵押。

第一百八十三条 乡镇、村企业的建设用地使用权不得单独抵押。以乡镇、村企业的厂房等建筑物抵押的,其占用范围内的建设用地使用权一并抵押。

第一百八十四条 下列财产不得抵押:

(一)土地所有权;

(二)耕地、宅基地、自留地、自留山等集体所有的土地使用权,但法律规定可以抵押的除外;

(三)学校、幼儿园、医院等以公益为目的的事业单位、社会团体的教育设施、医疗卫生设施和其他社会公益设施;

(四)所有权、使用权不明或者有争议的财产;

(五)依法被查封、扣押、监管的财产;

(六)法律、行政法规规定不得抵押的其他财产。

第一百八十五条 设立抵押权,当事人应当采取书面形式订立抵押合同。抵押合同一般包括下列条款:

(一)被担保债权的种类和数额;

(二)债务人履行债务的期限;

(三)抵押财产的名称、数量、质量、状况、所在地、所有权归属或者使用权归属;

(四)担保的范围。

第一百八十六条 抵押权人在债务履行期届满前,不得与抵押人约定债务人不履行到期债务时抵押财产归债权人所有。

第一百八十七条 以本法第一百八十条第一款第一项至第三项规定的财产或者第五项规定的正在建造的建筑物抵押的,应当办理抵押登记。抵押权自登记时设立。

第一百八十八条 以本法第一百八十条第一款第四项、第六项规定的财产或者第五项规定的正在建造的船舶、航空器抵押的,抵押权自抵押合同生效时设立;未经登记,不得对抗善意第三人。

第一百八十九条 企业、个体工商户、农业生产经营者以本法第一百八十一条规定的动产抵押的,应当向抵押人住所地的工商行政管理部门办理登记。抵押权自抵押合同生效时设立;未经登记,不得对抗善意第三人。

依照本法第一百八十一条规定抵押的,不得对抗正常经营活动中已支付合理价款并取得抵押财产的买受人。

第一百九十条 订立抵押合同前抵押财产已出租的,原租赁关系不受该抵押权的影响。抵押权设立后抵押财产出租的,该租赁关系不得对抗已登记的抵押权。

第一百九十一条 抵押期间,抵押人经抵押权人同意转让抵押财产的,应当将转让所得的价款向抵押权人提前清偿债务或者提存。转让的价款超过债权数额的部分归抵押人所有,不足部分由债务人清偿。

抵押期间,抵押人未经抵押权人同意,不得转让抵押财产,但受让人代为清偿债务消灭抵押权的除外。

第一百九十二条 抵押权不得与债权分离而单独转让或者作为其他债权的担保。债权转让的,担保该债权的抵押权一并转让,但法律另有规定或者当事人另有约定的除外。

第一百九十三条 抵押人的行为足以使抵押财产价值减少的,抵押权人有权要求抵押人停止其行为。抵押财产价值减少的,抵押权人有权要求恢复抵押财产的价值,或者提供与减少的价值相应的担保。抵押人不恢复抵押财产的价值也不提供担保的,抵押权人有权要求债务人提前清偿债务。

第一百九十四条 抵押权人可以放弃抵押权或者抵押权的顺位。抵押权人与抵押人可以协议变更抵押权顺位以及被担保的债权数额等内容,但抵押权的变更,未经其他抵押权人书面同意,不得对其他抵押权人产生不利影响。

债务人以自己的财产设定抵押,抵押权人放弃该抵押权、抵押权顺位或者变更抵押权的,其他担保人在抵押权人丧失优先受偿权益的范围内免除担保责任,但其他担保人承诺仍然提供担保的除外。

第一百九十五条 债务人不履行到期债务或者发生当事人约定的实现抵押权的情形,抵押权人可以与抵押人协议以抵押财产折价或者以拍卖、变卖该抵押财产所得的价款优先受偿。协议损害其他债权人利益的,其他债权人可以在知道或者应当知道撤销事由之日起一年内请求人民法院撤销该协议。

抵押权人与抵押人未就抵押权实现方式达成协议的,抵押权人可以请求人民法院拍卖、变卖抵押财产。

抵押财产折价或者变卖的,应当参照市场价格。

第一百九十六条 依照本法第一百八十一条规定设定抵押的,抵押财产自下列情形之一发生时确定:

(一)债务履行期届满,债权未实现;

(二)抵押人被宣告破产或者被撤销;

(三)当事人约定的实现抵押权的情形;

(四)严重影响债权实现的其他情形。

第一百九十七条 债务人不履行到期债务或者发生当事人约定的实现抵押权的情形,致使抵押财产被人民法院依法扣押的,自扣押之日起抵押权人有权收取该抵押财产的天然孳息或者法定孳息,但抵押权人未通知应当清偿法定孳息的义务人的除外。前款规定的孳息应当先充抵收取孳息的费用。

第一百九十八条 抵押财产折价或者拍卖、变卖后,其价款超过债权数额的部分归抵押人所有,不足部分由债务人清偿。

第一百九十九条 同一财产向两个以上债权人抵押的,拍卖、变卖抵押财产所得的价款依照下列规定清偿:

(一)抵押权已登记的,按照登记的先后顺序清偿;顺序相同的,按照债权比例清偿;

(二)抵押权已登记的先于未登记的受偿;

(三)抵押权未登记的,按照债权比例清偿。

第二百条 建设用地使用权抵押后,该土地上新增的建筑物不属于抵押财产。该建设用地使用权实现抵押权时,应当将该土地上新增的建筑物与建设用地使用权一并处分,但新增建筑物所得的价款,抵押权人无权优先受偿。

第二百零一条 依照本法第一百八十条第一款第三项规定的土地承包经营权抵押的,或者依照本法第一百八十三条规定以乡镇、村企业的厂房等建筑物占用范围内的建设用地使用权一并抵押的,实现抵押权后,未经法定程序,不得改变土地所有权的性质和土地用途。

第二百零二条 抵押权人应当在主债权诉讼时效期间行使抵押权;未行使的,人民法院不予保护。

第二节 最高额抵押权

第二百零三条 为担保债务的履行,债务人或者第三人对一定期间内将要连续发生的债权提供担保财产的,债务人不履行到期债务或者发生当事人约定的实现抵押权的情形,抵押权人有权在最高债权额限度内就该担保财产优先受偿。最高额抵押权设立前已经存在的债权,经当事人同意,可以转入最高额抵押担保的债权范围。

第二百零四条 最高额抵押担保的债权确定前,部分债权转让的,最高额抵押权不得转让,但当事人另有约定的除外。

第二百零五条 最高额抵押担保的债权确定前,抵押权人与抵押人可以通过协议变更债权确定的期间、债权范围以及最高债权额,但变更的内容不得对其他抵押权人产生不利影响。

第二百零六条 有下列情形之一的,抵押权人的债权确定:

(一)约定的债权确定期间届满;

(二)没有约定债权确定期间或者约定不明确,抵押权人或者抵押人自最高额抵押权设立之日起满二年后请求确定债权;

(三)新的债权不可能发生;

(四)抵押财产被查封、扣押;

(五)债务人、抵押人被宣告破产或者被撤销;

(六)法律规定债权确定的其他情形。

第二百零七条 最高额抵押权除适用本节规定外,适用本章第一节一般抵押权的规定。

第十七章 质权

第一节 动产质权

第二百零八条 为担保债务的履行,债务人或者第三人将其动产出质给债权人占有的,债务人不履行到期债务或者发生当事人约定的实现质权的情形,债权人有权就该动产优先受偿。前款规定的债务人或者第三人为出质人,债权人为质权人,交付的动产为质押财产。

第二百零九条 法律、行政法规禁止转让的动产不得出质。

第二百一十条 设立质权,当事人应当采取书面形式订立质权合同。质权合同一般包括下列条款:

(一)被担保债权的种类和数额;

(二)债务人履行债务的期限;

(三)质押财产的名称、数量、质量、状况;

(四)担保的范围;

(五)质押财产交付的时间。

第二百一十一条 质权人在债务履行期届满前,不得与出质人约定债务人不履行到期债务时质押财产归债权人所有。

第二百一十二条 质权自出质人交付质押财产时设立。

第二百一十三条　质权人有权收取质押财产的孳息,但合同另有约定的除外。前款规定的孳息应当先充抵收取孳息的费用。

第二百一十四条　质权人在质权存续期间,未经出质人同意,擅自使用、处分质押财产,给出质人造成损害的,应当承担赔偿责任。

第二百一十五条　质权人负有妥善保管质押财产的义务;因保管不善致使质押财产毁损、灭失的,应当承担赔偿责任。

质权人的行为可能使质押财产毁损、灭失的,出质人可以要求质权人将质押财产提存,或者要求提前清偿债务并返还质押财产。

第二百一十六条　因不能归责于质权人的事由可能使质押财产毁损或者价值明显减少,足以危害质权人权利的,质权人有权要求出质人提供相应的担保;出质人不提供的,质权人可以拍卖、变卖质押财产,并与出质人通过协议将拍卖、变卖所得的价款提前清偿债务或者提存。

第二百一十七条　质权人在质权存续期间,未经出质人同意转质,造成质押财产毁损、灭失的,应当向出质人承担赔偿责任。

第二百一十八条　质权人可以放弃质权。债务人以自己的财产出质,质权人放弃该质权的,其他担保人在质权人丧失优先受偿权益的范围内免除担保责任,但其他担保人承诺仍然提供担保的除外。

第二百一十九条　债务人履行债务或者出质人提前清偿所担保的债权的,质权人应当返还质押财产。债务人不履行到期债务或者发生当事人约定的实现质权的情形,质权人可以与出质人协议以质押财产折价,也可以就拍卖、变卖质押财产所得的价款优先受偿。质押财产折价或者变卖的,应当参照市场价格。

第二百二十条　出质人可以请求质权人在债务履行期届满后及时行使质权;质权人不行使的,出质人可以请求人民法院拍卖、变卖质押财产。出质人请求质权人及时行使质权,因质权人怠于行使权利造成损害的,由质权人承担赔偿责任。

第二百二十一条　质押财产折价或者拍卖、变卖后,其价款超过债权数额的部分归出质人所有,不足部分由债务人清偿。

第二百二十二条　出质人与质权人可以协议设立最高额质权。最高额质权除适用本节有关规定外,参照本法第十六章第二节最高额抵押权的规定。

第二节　权利质权

第二百二十三条　债务人或者第三人有权处分的下列权利可以出质:

(一)汇票、支票、本票;

(二)债券、存款单;

(三)仓单、提单;

(四)可以转让的基金份额、股权;

(五)可以转让的注册商标专用权、专利权、著作权等知识产权中的财产权;

(六)应收账款;

(七)法律、行政法规规定可以出质的其他财产权利。

第二百二十四条　以汇票、支票、本票、债券、存款单、仓单、提单出质的,当事人应当订立书面合同。质权自权利凭证交付质权人时设立;没有权利凭证的,质权自有关部门办理出质登记时设立。

第二百二十五条　汇票、支票、本票、债券、存款单、仓单、提单的兑现日期或者提货日期先于主债权到期的,质权人可以兑现或者提货,并与出质人协议将兑现的价款或者提取的货物提前清偿债务或者提存。

第二百二十六条　以基金份额、股权出质的,当事人应当订立书面合同。以基金份额、证券登记结算机构登记的股权出质的,质权自证券登记结算机构办理出质登记时设立;以其他股权出质的,质权自工商行政管理部门办理出质登记时设立。

基金份额、股权出质后,不得转让,但经出质人与质权人协商同意的除外。出质人转让基金份额、股权所得的价款,应当向质权人提前清偿债务或者提存。

第二百二十七条　以注册商标专用权、专利权、著作权等知识产权中的财产权出质的,当事人应当订立书面合同。质权自有关主管部门办理出质登记时设立。

知识产权中的财产权出质后,出质人不得转让或者许可他人使用,但经出质人与质权人协商同意的除外。出质人转让或者许可他人使用出质的知识产权中的财产权所得的价款,应当向质权人提前清偿债务或者提存。

第二百二十八条　以应收账款出质的,当事人应当订立书面合同。质权自信贷征信机构办理出质登记时设立。

应收账款出质后,不得转让,但经出质人与质权人协商同意的除外。出质人转让应收账款所得的价款,应当向质权人提前清偿债务或者提存。

第二百二十九条　权利质权除适用本节规定外,适用本章第一节动产质权的规定。

第十八章　留置权

第二百三十条　债务人不履行到期债务,债权人可以留置已经合法占有的债务人的动产,并有权就该动产优先受偿。

前款规定的债权人为留置权人,占有的动产为留置财产。

第二百三十一条　债权人留置的动产,应当与债权属于同一法律关系,但企业之间留置的除外。

第二百三十二条　法律规定或者当事人约定不得留置的动产,不得留置。

第二百三十三条　留置财产为可分物的,留置财产的价值应当相当于债务的金额。

第二百三十四条　留置权人负有妥善保管留置财产的义务;因保管不善致使留置财产毁损、灭失的,应当承担赔偿责任。

第二百三十五条　留置权人有权收取留置财产的孳息。

前款规定的孳息应当先充抵收取孳息的费用。

第二百三十六条　留置权人与债务人应当约定留置财产后的债务履行期间;没有约定或者约定不明确的,留置权人应当给债务人两个月以上履行债务的期间,但鲜活易腐等不易保管的动产除外。债务人逾期未履行的,留置权人可以与债务人协议以留置财产折价,也可以就拍卖、变卖留置财产所得的价款优先受偿。

留置财产折价或者变卖的,应当参照市场价格。

第二百三十七条　债务人可以请求留置权人在债务履行期届满后行使留置权;留置权人不行使的,债务人可以请求人民法院拍卖、变卖留置财产。

第二百三十八条　留置财产折价或者拍卖、变卖后,其价款超过债权数额的部分归债务人所有,不足部分由债务人清偿。

第二百三十九条 同一动产上已设立抵押权或者质权,该动产又被留置的,留置权人优先受偿。

第二百四十条 留置权人对留置财产丧失占有或者留置权人接受债务人另行提供担保的,留置权消灭。

第五编 占有

第十九章 占有

第二百四十一条 基于合同关系等产生的占有,有关不动产或者动产的使用、收益、违约责任等,按照合同约定;合同没有约定或者约定不明确的,依照有关法律规定。

第二百四十二条 占有人因使用占有的不动产或者动产,致使该不动产或者动产受到损害的,恶意占有人应当承担赔偿责任。

第二百四十三条 不动产或者动产被占有人占有的,权利人可以请求返还原物及其孳息,但应当支付善意占有人因维护该不动产或者动产支出的必要费用。

第二百四十四条 占有的不动产或者动产毁损、灭失,该不动产或者动产的权利人请求赔偿的,占有人应当将因毁损、灭失取得的保险金、赔偿金或者补偿金等返还给权利人;权利人的损害未得到足够弥补的,恶意占有人还应当赔偿损失。

第二百四十五条 占有的不动产或者动产被侵占的,占有人有权请求返还原物;对妨害占有的行为,占有人有权请求排除妨害或者消除危险;因侵占或者妨害造成损害的,占有人有权请求损害赔偿。

占有人返还原物的请求权,自侵占发生之日起一年内未行使的,该请求权消灭。

附 则

第二百四十六条 法律、行政法规对不动产统一登记的范围、登记机构和登记办法作出规定前,地方性法规可以依照本法有关规定作出规定。

第二百四十七条 本法自 2007 年 10 月 1 日起施行。

附录 5

全国物业管理示范住宅小区(大厦、工业区)标准及评分细则

附表 1　全国物业管理示范住宅小区标准及评分细则

序号	标准内容	规定分值	评分细则
一	**基础管理**	32	
	1.按规划要求建设,住宅及配套设施投入使用	1	符合1.0,不符合0
	2.已办理接管验收手续	1	符合1.0,不符合0
	3.由一家物业管理企业实施统一专业化管理	1	符合1.0,不符合0
	4.建设单位在销售房屋前,与选聘的物业管理企业签订物业管理合同,双方责权利明确	1	符合1.0,基本符合0.5,不符合0
	5.在房屋销售合同签订时购房人与物业管理企业签订前期物业管理服务协议,双方责权利明确	2	符合2.0,基本符合1.0,不符合0
	6.建立维修基金,其管理、使用、续筹符合有关规定	1	符合1.0,已建立但管理、使用、续筹不符合规定扣0.5,未建立0
	7.房屋使用手册、装饰装修管理规定及业主公约等各项公众制度完善	2	完善2.0,基本完善1.0,不完善0
	8.业主委员会按规定程序成立,并按章程履行职责	2	符合2.0,基本符合1.0,不符合0
	9.业主委员会与物业管理企业签订物业管理合同,双方责权利明确	2	符合2.0,基本符合1.0,不符合0
	10.物业管理企业制订争创规划和具体实施方案,并经业主委员会同意	1	符合1.0,不符合0
	11.小区物业管理建立健全各项管理制度、各岗位工作标准,并制定具体的落实措施和考核办法	2	制度、工作标准建立、健全1.0,主要检查物业管理服务工作程度、质量保证制度、收费管理制度、财务制度、岗位考核制度等,每发现一处不完整规范扣0.2;未制定具体的落实措施扣0.5,未制定考核办法扣0.5
	12.物业管理企业的管理人员和专业技术人员持证上岗;员工统一着装,佩戴明显标志,工作规范,作风严谨	2	管理人员、专业技术人员每发现1人无上岗证书扣0.1;着装及标志符合0.5,不符合0
	13.物业管理企业应用计算机、智能化设备等现代化管理手段,提高管理效率	2	符合2.0,基本符合1.0,不符合0
	14.物业管理企业在收费、财务管理、会计核算、税收等方面执行有关规定;至少每半年公开一次物业管理服务费用收支情况	2	执行有关规定1.0,未执行0;公开1.0,未公开0

序号	标准内容	规定分值	评分细则
一	15.房屋及其共用设施设备档案资料齐全,分类成册,管理完善,查阅方便	2	包括房屋总平面图,地下管网图,房屋数量、种类、用途分类统计成册,房屋及共用设施设备大中修记录,共用设施设备的设计安装图纸资料和台帐。每发现一项不齐全或不完善扣0.2
	16.建立住用户档案、房屋及其配套设施权属清册,查阅方便	2	每发现一处不符合扣0.2
	17.建立24小时值班制度,设立服务电话,接受业主和使用人对物业管理服务报修、求助、建议、问询、质疑、投诉等各类信息的收集和反馈,并及时处理,有回访制度和记录	2	符合2.0,值班制度不符合扣0.5,未设服务电话扣0.5,发现一处处理不及时扣0.2,没有回访录每次扣0.1
	18.定期向住用户发放物业管理服务工作征求意见单,对合理的建议及时整改,满意率达95%以上	2	符合2.0,基本符合1.0,不符合0
	19.建立并落实便民维修服务承诺制,零修急修及时率100%、返修率不高于1%,并有回访记录	2	建立并落实1.0,建立但未落实扣0.5,未建立扣1.0;及时率符合0.5,每降低1个百分点扣0.1,返修率符合0.3,不符合0;回访记录完整0.2,记录不完整或无回访记录0
二	**房屋管理与维修养护**	14	
	1.主出入口设有小区平面示意图,主要路口设有路标,组团及幢、单元(门)、户门标号标志明显	2	符合2.0,无示意图扣0.5,无路标扣0.3,幢、单元、户号每缺一个扣0.1
	2.无违反规划私搭乱建,无擅自改变房屋用途现象	2	符合2.0,每发现一处私搭乱建或擅自改变房屋使用用途扣1.0
	3.房屋外观完好、整洁,外墙面砖、涂料等装饰材料无脱落、无污迹	2	符合2.0,每发现一处不完好、不整洁、脱落、污损扣0.2
	4.室外招牌、广告牌、霓虹灯按规定设置,保持整洁、统一美观,无安全隐患或破损	2	符合2.0,未按规定设置0;按规定设置,但不整洁或有破损每处扣0.1,有安全隐患每处扣0.5
	5.封闭阳台统一有序,色调一致,不超出外墙面;除建筑设计有要求外不得安装外廊及户外防盗网、晾晒架、遮阳蓬等	2	符合2.0,每发现一处不符合扣0.2
	6.空调安装位置统一,冷凝水集中收集,支架无锈蚀	2	符合2.0,每发现一处不符合扣0.5
	7.房屋装饰装修符合规定,未发生危及房屋结构安全及拆改管线和损害他人利益的现象	2	符合2.0,每发现一处不符合扣0.5

序号	标准内容	规定分值	评分细则
三	**共用设施设备管理**	15	
	1.共用配套设施完好,无随意改变用途现象	1	符合 1.0,每发现一处不符合扣 0.5
	2.共用设施设备运行、使用及维护按规定要求有记录,无事故隐患,专业技术人员和维护人员严格遵守操作规程与保养规范	2	设施设备运行按规定记录 0.5,无事故隐患 0.1,遵守操作规程 0.6,每发现一处不符合扣 0.2,遵守保养规范 0.4,每发现一处不符合扣 0.1
	3.室外共用管线统一入地或入公共管道,无架空管线,无碍观瞻	2	符合 2.0,发现一处不符合扣 0.2
	4.排水、排污管道通畅,无堵塞外溢现象	1	符合 1.0,发现一处堵塞或外溢扣 0.5
	5.道路通畅,路面平整;井盖无缺损、无丢失,路面井盖不影响车辆和行人通行	2	通畅平整 1.0,发现一处不通畅、不平整、积水扣 0.2;发现井盖缺损或丢失 0.6,路面井盖不影响通行 0.4,发现一处不符合扣 0.2
	6.供水设备运行正常,设施完好、无渗漏、元污染;二次生活用水有严格的保障措施,水质符合卫生标准;制定停水及事故处理方案	2	设备运行正常、设施完好、无渗漏、无污染 0.6,发现一处不符合扣 0.2;保障措施严格 0.4,无措施或措施不严 0;水质符合卫生标准 0.5,不符合 0;有处理方案 0.5,无处理方案 0
	7.制订供电系统管理措施并严格执行,记录完整;供电设备运行正常,配电室管理符合规定,路灯、楼道灯等公共照明设备完好	2	符合 2.0,发现一处不符合扣 0.5
	8.电梯按规定或约定时间运行,安全设施齐全,无安全事故,轿厢、井道保持清洁;电梯机房通风、照明良好;制定出现故障后的应急处理方案	2	符合 2.0,发现一处不符合扣 0.5
	9.北方地区,冬季供暖室内温度不低于 16℃	1	符合 1.0,不符合 0
四	**保安、消防、车辆管理**	10	
	1.小区基本实行封闭式管理	1	符合 1.0,不符合 01
	2.有专业保安队伍,实行 24 小时值班及巡逻制度;保安人员熟悉小区的环境,文明值勤、训练有素、言语规范、认真负责	2	符合 2.0,无专业保安队伍扣 1.0,其他每发现一处不符合扣 0.2
	3.危及人身安全处有明显标识和具体的防范措施	2	符合 1.0,不符合 0
	4.消防设备设施完好无损,可随时起用;消防通道畅通;制订消防应急方案	2	符合 2.0,发现一处不符合扣 0.5
	5.机动车停车场管理制度完善,管理责任明确,车辆进出有登记	2	制度完善 0.5,基本完善 0.3,不完善 0;因管理责任造成车辆丢失扣 0.5(管理单位公开承诺赔偿的不扣);每发现一台车辆乱停放扣 0.1,出入无记录扣 0.2

序号	标准内容	规定分值	评分细则
四	6.非机动车车辆管理制度完善,按规定位置停放,管理有序	2	符合 2.0,制度不全或不落实的扣 1.0,乱停放每部车扣 0.2
五	**环境卫生管理**	14	
	1.环卫设备完备,设有垃圾箱、果皮箱、垃圾中转站	1	符合 1.0,每发现一处不符合扣 0.2
	2.清洁卫生实行责任制,有专职的清洁人员和明确的责任范围,实行标准化保洁	2	未实行责任制的扣 1.0,无专职清洁人员和责任范围的扣 0.5,未实行标准化保洁的扣 0.5
	3.垃圾日产日清,定期进行卫生消毒灭杀	2	每发现一处垃圾扣 0.2,未达到垃圾日产日清的扣 0.5,未定期进行卫生消毒灭杀扣 0.5
	4.房屋共用部位、共用设施设备无蚁害	1	符合 1.0,每发现一处不符合扣 0.2
	5.小区内道路等共用场地无纸屑、烟头等废弃物	2	符合 2.0,每发现一处不符合扣 0.2
	6.房屋共用部位保持清洁,无乱贴、乱画,无擅自占用和堆放杂物现象;楼梯扶栏、天台公共玻璃窗等保持洁净	2	符合 2.0,每发现一处不符合扣 0.2
	7.商业网点管理有序,符合卫生标准;无乱设摊点、广告牌和乱贴、乱画现象	2	符合 2.0,每发现一处不符合扣 0.2
	8.无违反规定饲养宠物、家禽、家畜	1	符合 1.0,不符合 0
	9.排放油烟、噪音等符合国家环保标准,外墙无污染	1	符合 2.0,每发现一处不符合扣 0.2
六	**绿化管理**	7	
	1.小区内绿地布局合理,花草树木与建筑小品配置得当	1	符合 1.0,基本符合 0.5,不符合 0
	2.绿地无改变使用用途和破坏、践踏、占用现象 2 符合 2.0,基本符合 1.0,不符合 0		
	3.花草树木长势良好,修剪整齐美观,无病虫害,无折损现象,无斑秃	2	长势不好扣 1.0,其它每发现一处不符合扣 0.2 分
	4.绿地无纸屑、烟头、石地等杂物	2	符合 2.0,每发现一处不符合扣 0.2
七	**精神文明建设**	3	
	1.开展有意义、健康向上的社区文化活动	2	符合 2.0,基本符合 1.0,不符合 0
	2.创造条件,积极配合、支持并参与社区文化建设	1	符合 1.0,基本符合 0.5,不符合 0
八	**管理效益**	5	
	1.物业管理服务费用收缴率 98% 以上	2	符合 2.0,每降低 1 个百分点扣 0.5
	2.提供便民有偿服务,开展多种经营	2	符合 2.0,基本符合 1.0,不符合 0
	3.本小区物业管理经营状况	1	盈利 1.0,持平 0.5,亏本 0

附表2 全国物业管理示范大厦标准及评分细则

序号	标准内容	规定分值	评分细则
	基础管理	32	
一	1.按规划要求建设,住宅及配套设施投入使用	1	符合1.0,不符合0
	2.已办理接管验收手续	1	符合1.0,不符合0
	3.由一家物业管理,企业实施统一专业化管理	1	符合1.0,不符合0
	4.建设单位在销售房屋前,与选聘的物业管理企业签订物业管理合同,双方责权利明确	1	符合1.0,基本符合0.5,不符合0
	5.在房屋销售合同签订时购房人与物业管理企业签订前期物业管理服务协议,双方责权利明确	2	符合2.0,基本符合1.0,不符合0
	6.建立维修基金,其管理、使用、续筹符合有关规定	1	符合1.0,已建立但管理、使用、续筹不符合规定扣0.5,未建立0
	7.房屋使用手册、装饰装修管理规定及业主公约等各项公众制度完善	1	完善1.0,基本完善0.5,不完善0
	8.业主委员会按规定程序成立,并按章程履行职责	1	符合1.0,基本符合0.5,不符合0
	9.业主委员会与物业管理企业签订物业管理合同,双方责权利明确	1	符合1.0,基本符合0.5,不符合0
	10.物业管理企业制订争创规划和具体实施方案,并经业主委员会同意	1	符合1.0,不符合0
	11.大厦物业管理建立健全各项管理制度、各岗位工作标准,并制定具体的落实措施和考核办法	2	制度、工作标准建立健全1.0,主要检查物业管理服务工作程度、质量保证制度、收费管理制度、财务制度、岗位考核制度等,每发现一处不完整规范扣0.2;未制定具体的落实措施0.5,未制定考核办法扣0.5
	12.物业管理企业的管理人员和专业技术人员持证上岗;员工统一着装,佩戴明显标志,工作规范,作风严谨	1	管理人员、专业技术人员每发现1人无上岗证书扣0.1;着装及标志符合0.3,不符合0
	13.物业管理企业应用计算机、智能化设备等现代化管理手段,提高管理效率	1	符合1.0,基本符合0.5,不符合0
	14.物业管理企业在收费、财务管理、会计核算、税收等方面执行有关规定;至少每半年公开一次物业管理服务费用收支情况	1	执行有关规定0.5,未执行0;公开0.5,未公开0
	15.房屋及其共用设施设备档案资料齐全,分类成册,管理完善,查阅方便	1	包括房屋总平面图,地下管网图,房屋数量、种类、用途分类统计成册,房屋及共用设施设备大中修记录,共用设施设备的设计安装图纸资料和台帐。每发现一项不齐全或不完善扣0.1

序号	标准内容	规定分值	评分细则
一	16.建立住用户档案、房屋及其配套设施权属清册,查阅方便	1	每发现一处不符合扣 0.2
	17.建立 24 小时值班制度,设立服务电话,接受业主和使用人对物业管理服务报修、求助、建议、问询、质疑、投诉等各类信息的收集和反馈,并及时处理,有回访制度和记录	2	符合 2.0,值班制度不符合扣 0.5,未设服务电话扣 0.5,发现一处处理不及时扣 0.2,没有回访录每次扣 0.1
	18.定期向住用户发放物业管理服务工作征求意见单,对合理的建议及时整改,满意率达 95％以上	1	符合 1.0,基本符合 0.5,不符合 0
	19.建立并落实便民维修服务承诺制,零修急修及时率 100％,返修率不高于 1％,并有回访记录	2	建立并落实 1.0,建立但未落实 0.5,未建立扣 1.0;及时率符合 0.5,每降低 1 个百分点扣 0.1;返修率符合 0.3,不符合 0;回访记录完整 0.2,记录不完整或无回访记录 0
二	**房屋管理与维修养护**	9	
	1.大厦、栋号、楼层、房号标志明显,大堂内布置合理并设立引路方向平面图,驻大厦各单位名录标识在大堂内显著位置	1	符合 1.0,无示意图或发现一处标志不清或没有标志扣 0.2
	2.无违反规划私搭乱建,无擅自改变房屋用途现象	2	符合 1.0,发现一处私搭乱建或擅自改变房屋使用用途均扣 0.5
	3.大厦外观完好、整洁;外墙是建材贴面的,无脱落;是玻璃幕墙的,清洁明亮、无破损;是涂料的,无脱落、无污渍;无纸张乱贴、乱涂、乱画和乱悬挂现象	2	符合 2.0,大厦外墙是建材贴面的每发现一处脱落 0.2,是玻璃幕墙的每发现一处破损或不洁扣 0.2;是涂料的每发现一处褪色不一致的扣 0.1;每发现一处纸张乱贴、乱涂、乱画和乱悬挂扣 0.2
	4.室外招牌、广告牌、霓虹灯按规定设置,保持整洁、统一、美观,无安全隐患或破损	1	符合 1.0,未按规定设置 0;按规定设置,但不整齐或有破损每处扣 0.1,有安全隐患每处扣 0.5
	5.空调安装位置统一,冷凝水集中收集,支架无锈蚀	2	符合 2.0,每发现一处不符合扣 0.2
	6.封闭阳台统一有序,色调一致,不超出外墙面;除建筑设计有要求外,不得安装外廊及户外防盗网、晾晒架、遮阳蓬等	1	符合 1.0,每发现一处不符合扣 0.1
	7.房屋装饰装修符合规定,未发生危及房屋结构安全及拆改管线和损害他人利益的现象	1	符合 1.0,每发现一处不符合扣 0.5
三	**共用设备管理**	35	
	(一)综合要求	4	

序号	标准内容	规定分值	评分细则
三	1.制订设备安全运行、岗位责任制、定期巡回检查、维护保养、运行记录管理、维修档案等管理制度,并严格执行	1	符合 1.0,每发现一处不符合扣 0.2
	2.设备及机房环境整洁,无杂物、灰尘,无鼠、虫害发生,机房环境符合设备要求	1	符合 1.0,每发现一处不符合扣 0.2
	3.配备所需专业技术人员,严格执行操作规程	1	符合 1.0,不符合 0
	4.设备良好,运行正常,一年内无重大管理责任事故	1	符合 1.0,不符合 0
	(二)供电系统	3	
	1.保证正常供电,限电、停电有明确的审批权限并按规定时间通知住用户	1	
	2.制订临时用电管理措施与停电应急处理措施并严格执行	1	符合 1.0,临时用电措施或停电应急措施不符合均扣 0.5
	3.备用应急发电机可随时起用	1	符合 1.0,不符合 0
	(三)弱电系统	2	
	1.按工作标准规定时间排除故障,保证各弱电系统正常工作	1	符合 1.0,发现一处不符合扣 0.5
	2.监控系统等智能化设施设备运行正常,有记录并按规定期限保存	1	符合 1.0,基本符合 0.5,不符合 0
	(四)消防系统	5	
	1.消防控制中心 24 小时值班,消防系统设施设备齐全、完好无损,可随时起用	1	发现一处不符合扣 0.5
	2.消防管理人员掌握消防设施设备的使用方法并能及时处理各种问题	1	每发现一处不符合扣 0.2
	3.组织开展消防法规及消防知识的宣传教育,明确各区域防火责任人	1	符合 1.0,责行人不明确每发现一处扣 0.2
	4.制订突发火灾的应急方案,设立消防疏散示意图,照明设施、引路标志完好,紧急疏散通道畅通	1	无应急方案扣 0.5,各种标志每缺少一个及每发现一处不畅通扣 0.1
	5.无火火安全隐患	1	每发现一处安全隐患扣 0.5
	(五)电梯系统	6	
	1.电梯准用证、年检合格证、维修保养合同完备	1	符合 1.0,不符合 0
	2.电梯按规定或约定时间运行,安全设施齐全,通风、照明及附属设施完好	1	每发现一处不符合扣 0.2
	3.轿厢、井道、机房保持清洁	1	符合 1.0,不符合 0
	4.电梯由专业队伍维修保养,维修、保养人员持证上岗	1	符合 1.0,不符合 0

序号	标准内容	规定分值	评分细则
三	5.运行出现故障后,维修人员应在规定时间内到达现场维修	1	符合1.0,不符合0
	6.运行出现险情后,应有排除险情的应急处理措施	1	符合1.0,不符合0
	(六)给排水系统	9	
	1.建立大厦用水、供水管理制度,积极协助用户安排合理的用水和节水计划	1	符合1.0,基本符合0.5,不符合0
	2.设备、阀门、管道工作正常,无跑冒滴漏	1	每发现一处不符合扣0.2
	3.按规定对二次供水蓄水池设施设备进行清洁、清毒;二次供水卫生许可证、水质化验单、操作人员健康合格证齐全;水池、水箱清洁卫生,无二次污染	2	符合2.0,发现一处不符合扣0.5
	4.高压水泵、水池、水箱有严格的管理措施,水池、水箱周围无污染隐患	1	没有管理措施扣0.5,水箱周围每发现一处隐患扣0.2
	5.限水、停水按规定时间通知住用户	1	符合1.0,基本符合0.5,不符合0
	6.排水系统通畅,汛期道路无积水,地下室、车库、设备房无积水、浸泡发生	1	符合1.0,每发现一处不符合扣0.2
	7.遇有事故,维修人员在规定时间内进行抢修,无大面积跑水、泛水、长时间停水现象	1	符合1.0,基本符合0.5,不符合0
	8.制订事故应急处理方案	1	无处理方案扣1.0,方案不完善扣0.5
	(七)空调系统	3	
	1.中央空调系统运行正常,水塔运行正常且噪音不超标,无严重滴漏水现象	1	符合1.0,基本符合0.5,不符合0
	2.中央空调系统出现运行故障后,维修人员在规定时间内到达现场维修	1	符合1.0,基本符合0.5,不符合0
	3.制订中央空调发生故障应急处理方案	1	无应急处理方案扣1.0,有方案但不完善或执行不够的扣0.5
	(八)供暖供气系统	3	
	1.锅炉供暖设备、煤气设备、燃气设备完好,运行正常	1	符合1.0,不符合0
	2.管道、阀门无跑冒滴漏现象及事故隐患	1	每发现一处不符合扣0.2
	3.北方地区,冬季供暖室内温度不低于16℃	1	符合1.0,不符合0
四	**共用设施管理**	4	
	1.共用配套服务设施完好,无随意改变用途现象	1	符合1.0,每发现一人不符合扣0.2
	2.共用管线统一入地或入公共管理,无架空管线,无碍观瞻	1	符合1.0,每发现一处不符合扣0.2
	3.道路、楼道、大堂等公共照明完好	1	符合1.0,每发现一处不符合扣0.2
	4.大厦范围内的道路通畅,路面平坦	1	符合1.0,每发现一处不符合扣0.2

序号	标准内容	规定分值	评分细则
	保安及车辆管理	9	
五	1.大厦基本实行封闭式管理	1	符合 1.0,不符合 0
	2.有专业保安队伍,实行 24 小时值班及巡逻制度;保安人员熟悉小区的环境,文明值勤、训练有素、言语规范、认真负责	2	符合 2.0,无专业保安队伍扣 1.0,值班及巡逻记录等不规范每处扣 0.2
	3.结合大厦特点,制订安全防范措施	1	对特殊的部位要有相应的防范措施,每发现一处无防范措施扣 0.2
	4.进出大厦各种车辆管理有序,无堵塞交通现象,不影响行人通行	1	符合 1.0,基本符合 0.5,不符合 0
	5.大厦外停车场有专人疏导,管理有序,排列整齐	1	符合 1.0,基本符合 0.5,不符合 0
	6.室内停车场管理严格,出入登记	1	符合 1.0,基本符合 0.5,不符合 0
	7.非饥动车车辆有集中停放场地,管理制度落实,停放整齐,场地整洁	1	符合 1.0,基本符合 0.5,不符合 0
	8.危及人身安全处设有明显标志和防范措施	1	符合 1.0,不符合 0
六	**环境卫生管理**	10	
	1.环卫设备完备,设有垃圾箱、果皮箱、垃圾中转站	1	符合 1.0,每发现一处不符合扣 0.2
	2.清洁卫生实行责任制,有专职的清洁人员和明确的责任范围,实行标准化保洁	1	未实行责任制的扣 0.5,无专职清洁人员和责任范围的扣 0.3,未实行标准化保洁的扣 0.2
	3.垃极日产日清,定期进行卫生消毒灭杀房屋共用部位、共用设施设备无蚊害	2	每发现一处垃极扣 0.2,未达到垃圾日产日清的扣 0.5,未定期进行卫生消毒灭杀扣 0.5
	4.房屋共用部位保持清洁,无乱贴、乱画,无擅自占用和堆放杂物现象;楼梯扶拦、天台公共玻璃窗等保持洁净;大厦内共用场地无纸屑、烟头等废弃物	2	符合 2.0,每发现一处不符合扣 0.2
	5.商业网点管理有序,符合卫生标准;无乱设摊点、广告牌和乱贴、乱画现象	2	符合 2.0,每发现一处不符合扣 0.2
	6.无违反规定饲养宠物、家禽、家畜	1	符合 1.0,不符合 0
	7.大厦内排烟、排污、噪音等符合国家环保标准,外墙无污染	1	每发现一处不合格扣 0.2,发现一次环保部门下放整改通知扣 0.5
七	**绿化管理**	4	
	1.绿地无改变使用用途和破环、践踏、占用现象	1	符合 1.0,基本符合 0.5,不符合 0
	2.花草树木长势良好,修剪整齐美观,无病虫害,无折损现象,无斑秃	1	长势不好扣 1.0,其他每发现一处不符合扣 0.1 分

序号	标准内容	规定分值	评分细则
七	3.绿地无纸屑、烟头、石块等杂物	1	符合 2.0,每发现一处不符合扣 0.2
	4.对大厦内部、天台、屋顶等绿化有管理措施并落实	1	无措施扣 1.0,有措施、落实不力扣 0.5
八	**精神文明建设**	3	
	1.全体业主和使用人能自觉维护公众利益,遵守大厦的各项管理规定	1	符合 1.0,基本符合 0.5,不符合 0
	2.设有学习宣传园地,开展健康向上的活动	1	符合 1.0,基本符合 0.5,不符合 0
	3.大厦内的公共娱乐场所未发生重大违纪违法案件	1	符合 1.0,基本符合 0.5,不符合 0
九	**管理效益**	4	
	1.物业管理服务费用收缴率 98% 以上	2	每降低 1 个百分点扣 0.5
	2.提供便民有偿服务,开展多种经营	1	符合 1.0,基本符合 0.5,不符合 0
	3.本大厦物业管理经营状况	1	盈利 1.0,持平 0.5,亏本 0

附表 3 全国物业管理示范工业区标准及评分细则

序号	标准内容	规定分值	评分细则
一	**基础管理**	21	
	1.按规划要求建设,房屋及配套设施投入使用	1	符合 1.0,不符合 0
	2.已办理接管验收手续	1	符合 1.0,不符合 0.3
	3.由一家物业管理企业实施统一专业化管理	1	符合 1.0,不符合 0.4
	4.建设单位在租售厂房前与选聘的物业管理企业签订物业管理合同,双方责权利明确	1	符合 1.0,基本符合 0.5,不符合 0
	5.在房屋销售合同签订时,购房人与物业管理企业签订前期物业管理服务协议,双方责权利明确	1	符合 1.0,基本符合 0.5,不符合 0
	6.建立维修基金,其管理、使用、续筹符合有关规定	1	符合 1.0,已建立但管理、使用、续筹不符合规定扣 0.5,未建立 0
	7.房屋使用手册、装饰装修管理规定及业主与使用人公约等各项公众制度完善	1	完善 1.0,基本完善 0.5,不完善 0
	8.业主委员会按规定程序成立,并按章程履行职责	1	符合 1.0,基本符合 0.5,不符合 0
	9.业主委员会与物业管理企业签订物业管理合同,双方责权利明确	1	符合 1.0,基本符合 0.5,不符合 0
	10.物业管理企业制订争创规划和具体实施方案,并经业主委员会同意	1	符合 1.0,不符合 0

序号	标准内容	规定分值	评分细则
一	11. 工业区物业管理建立健全,各项管理制度、各岗位工作标准,并制定具体的落实措施和考核办法	2	制度、工作标准建立健全 1.0,主要检查物业管理服务工作程序、质量保证制度、收费管理制度、财务制度、岗位考核制度等,每发现一处不完整规范扣 0.2;未制定具体的落实措施扣 0.5,未制定考核办法扣 0.5
	12. 物业管理企业的管理人员和专业技术人员持证上岗;员工统一着装,佩戴明显标志,工作规范、作风严谨	1	管理人员、专业技术人员每发现 1 人无上岗证书扣 0.1;着装及标志符合 0.3,不符合 0
	13. 物业管理企业应用计算机、智能化设备等现代化管理手段,提高管理效率	1	符合 1.0,基本符合 0.5,不符合 0
	14. 物业管理企业在收费、财务管理、会计核算、税收等方面执行有关规定;至少每半年公开一次物业管理服务费用及维修基金收支情况	1	执行有关规定 0.5,未执行 0;公开 0.5,未公开 0
	15. 房屋及其共用设施设备档案资料齐全,分类成册,管理完善,查阅方便	2	包括房屋总平面图、地下管网图,房屋数量、种类、用途分类统计成册、房屋及共用设施设备大中修记录,共用设施设备的设计安装图纸资料和台帐。每发现一项不齐全或不完善扣 0.1
	16. 建立业主及使用人档案、房屋及其配套设施权属清册,查阅方便	1	每发现一处不符合扣 0.2
	17. 建立 24 小时值班制度,设立服务电话、接受业主和使用人对物业管理服务报修、求助、建议、问询、质疑、投诉等各类信息的收集和反馈,并及时处理,有回访制度和记录	2	符合 2.0,没有值班制度扣 0.5,未设服务电话扣 0.5,发现一处处理不及时扣 0.2,没有回访记录每次扣 0.1
	18. 定期向业主和使用人发放物业管理服务工作征求意见单,对合理的建议及时整改满意率达 95% 以上	1	符合 1.0,基本符合 0.5,不符合 0
	19. 建立并落实便民维修服务承诺制,零修急修及时率 100%,返修率不高于 1%,并有回访记录	1	建立并落实 0.5,建立但未落实扣 0.2,未建立扣 0.5;及时率符合 0.2,每降低 1 个百分点扣 0.1;返修率符合 0.2,不符合 0;回访记录完整 0.1,记录不完整或无回访记录 0
二	**房屋管理与维修养护**	11	
	1. 区内各建筑物标志明显,设立引路方向平面图和路标,驻工业区各单位名录标识在区内明显位置,企业铭牌及各类标识牌统一有序	1	符合 1.0,发现一处标志不清或没有标志扣 0.2

序号	标准内容	规定分值	评分细则
二	2.无违反规划私搭乱建,无擅自改变房屋用途现象	1	符合1.0,每发现一处私搭乱建或擅自改变房屋使用用途扣0.5
	3.房屋外观完好、整洁,外墙是建材贴面的,无脱落;是玻璃幕墙的,清洁明亮、无破损;是涂料的,无脱落、无污渍;无纸张乱贴、乱涂、乱画和乱悬挂现象	2	符合2.0,房屋外墙是建材贴面的每发现一处脱落扣0.2,是玻璃幕墙的每发现一处破损或洁扣0.2,是涂料的每发现一处褪色不一致扣0.2;每发现一处纸张乱贴、乱涂、乱画和乱悬挂扣0.2
	4.室外招牌、广告牌、霓虹灯按规定设置,保持整洁、统一、美观,无安全隐患或破损	1	符合1.0,未按规定设置0;按规定设置,但不整齐或有破损每处扣0.1,有安全隐患每处扣0.5
	5.空调安装位置统一,冷凝水集中收集,支架无锈蚀	1	符合1.0,发现一处不符合扣0.1
	6.区内住宅封闭阳台统一有序,色调一致,不超出外墙面;除建筑设计有要求外,不得安装外廊及户外防盗网、晾晒架、遮阳蓬等	1	符合1.0,发现一处不符合扣0.1
	7.楼宇内楼梯、走道、扶手、天花板、吊顶等无破损;墙体整洁,无乱张贴;共用部位门窗、灯具、开关等功能良好;卫生间、水房等管理完好	1	符合1.0,发现一处不符合扣0.2
	8.共用楼梯、天台、通道、卸货平台等处无堆放工业原料、废料、杂物及违章占用等,天台隔热层无破损	1	符合1.0,发现一处不符合扣0.2
	9.房屋装饰装修符合规定,未发生危及房屋结构安全及拆改管线和损害他人利益的现象	1	符合1.0,发现一处不符合扣0.5
	10.机器设备单位面积重量不超过楼板承重限度,无危及建筑结构的安全隐患	1	符合1.0,发现一处不符合扣0.5
三	**共用设施设备管理**	34	
	(一)综合要求	4	
	1.制订设备安全运行、岗位责任制、定期巡回捡查、维护保养、运行记录管理、维修档案等管理制度,并严格执行	1	符合1.0,发现一处不符合扣0.2
	2.设备及机房环境整洁,无杂物、灰尘,无鼠、虫害发生,机房环境符合设备要求	1	符合1.0,发现一处不符合扣0.2
	3.配备所需各种专业技术人员,严格执行操作规程	1	符合1.0,不符合0
	4.设备良好,运行正常,一年内无重大管理责任事故	1	符合1.0,不符合0
	(二)供电系统	3	

序号	标准内容	规定分值	评分细则
三	1.保证正常供电,限电、停电有明确的审批权限,并按规定时间通知住用户	1	符合1.0,不符合0
	2.制订临时用电管理措施与停电应急处理措施并严格执行	1	符合1.0,临时用电措施或停电应急措施不符合均扣0.5
	3.备用应急发电机可随时起用	1	符合1.0,不符合0
	(三)弱电系统	2	
	1.按工作标准规定时间排除故障,保证各弱电系统正常工作	1	符合1.0,发现一次不符合扣0.5
	2.监控系统等智能化设施设备运行正常,有记录并按规定期限保存	1	符合1.0,基本符合0.5,不符合0
	(四)消防系统	7	
	1.消防控制中心24小时值班,消防系统设施设备齐全、完好无损,可随时起用	1	发现一处不符合扣0.2
	2.消防管理人员掌握消防设施设备的使用方法并能及时处理各种问题	1	每发现一人不符合要求扣0.2
	3.组织开展消防法规及消防知识的宣传教育,明确各区域防火责任人	1	符合1.0,责任人不明确每发现一处扣0.2
	4.制订突发火灾应急方案,在明显处设立消防疏散示意图,照明设施、引路标志完好,紧急疏散通道畅通无阻	1	无应急方案扣0.5,各种标志每缺少一个及每发现一处不畅通扣0.1
	5.工业厂房装修需报消防部门审批,对装修过程严格监管,装修完成后经消防部门验收合格方可使用	1	符合1.0,基本符合0.5,不符合0
	6.区内无火灾安全隐患,督促各用户与消防管理部门签订消防责任书	1	符合1.0,每发现一处安全隐患扣0.5,未签订消防责任书扣0.5
	7.集体宿舍消防、用电有严格的管理规定,室内电线、插座安装规范,无安全隐患	1	符合1.0,基本符合0.5,不符合0
	(五)电梯系统	5	
	1.电梯准用证、年检合格证、维修保养合同完备	1	符合1.0,不符合0
	2.电梯按规定时间运行,安全设施齐全,通风、照明及附属设施完好,轿厢、井道、机房保持整洁	1	每发现一处不符合扣0.2
	3.电梯由专业队伍维修保养;维修、操作人员持证上岗;货运电梯由专人管理操作,严禁超载,客梯严禁载货	1	符合1.0,每发现一处不符合扣0.2
	4.运行出现故障后,维修人员应在规定时间内到达现场维修	1	符合1.0,不符合0

序号	标准内容	规定分值	评分细则
三	5.运行出现险情后,应有排除险情的应急处理措施	1	符合 1.0,不符合 0
	(六)给排水系统	8	
	1.建立工业区用水、供水管理制度,积极协助用户安排合理的用水和节水计划	1	符合 1.0,基本符合 0.5,不符合 0
	2.设备、阀门、管道工作正常,无跑冒滴漏	1	每发现一处不符合扣 0.2
	3.按规定对二次供水蓄水池设施设备进行清洁、消毒;二次供水卫生许可证、水质化验单、操作人员健康合格证齐全;水池、水箱清洁卫生,无二次污染	2	符合 2.0,每发现一项不符合扣 0.5
	4.高压水泵、水池、水箱有严格的管理措施,水池、水箱周围无污染隐患	1	无管理措施扣 0.5,水箱周围每发现一处隐患扣 0.
	5.限水、停水按规定时间通知业主和使用人	1	符合 1.0,基本符合 0.5,不符合 0
	6.排水系统通畅,汛期道路无积水,地下室、车库、设备房无积水、浸泡发生	1	符合 1.0,每发现一处不符合扣 0.2
	7.遇有事故,维修人员在规定时间内进行抢修,无大面积跑水、泛水、长时间停水现象;制订事故应急处理方案	1	符合 1.0,基本符合 0.5,不符合 0
	(七)空调系统	3	
	1.中央空调系统运行正常,水塔运行正常且噪音不超标,无严重滴漏水现象	1	符合 1.0,基本符合 0.5,不符合 0
	2.中央空调系统出现运行故障后,维修人员在规定时间内到达现场维修	1	符合 1.0,基本符合 0.5,不符合 0
	3.制订中央空调发生故障应急处理方案	1	无应急处理方案扣 1.0,有方案但不完善或执行不够的扣 0.5
	(八)供暖供气系统	2	
	1.锅炉供暖设备、煤气设备、燃气设备完好,运行正常;北方地区,冬季供暖室内温度不低于 16℃	1	符合 1.0,不符合 0
	2.管道、阀门无跑冒滴漏现象及事故隐患	1	每发现一处不符合扣 0.2
四	共用设施管理	4	
	1.共用配套设施完好,无随意改变用途现像	1	符合 1.0,每发现一处不符合扣 0.2
	2.共用管线统一入地或入公共管道,无架空管线,无碍观瞻	1	符合 1.0,每发现一处不符合扣 0.2
	3.道路、楼道、大堂等公共照明完好	1	符合 1.0,每发现一处不亮扣 0.2
	4.工业区范围内的道路通畅,路面平坦	1	符合 1.0,每发现一处不符合扣 0.2

序号	标准内容	规定分值	评分细则
五	**保安及车辆管理**	9	
	1.工业区基本实行封闭式管理	1	符合1.0,每有一起不符合扣0.2
	2.有专业保安队伍,实行24小时值班及巡逻制度;保安人员熟悉工业区的环境,文明值勤、训练有素、言语规范、认真负责	2	符合2.0,无专业保安队伍扣1.0,值班及巡逻记录等不规范每处扣0.2
	3.结合工业区特点,制订安全防范措施,对货物(产品、设备)出门实行凭证通行制度	1	对特殊的部位要有相应的防范措施,每发现一处无防范措施扣0.2,未实行通行制度扣0.5
	4.进出工业区各种车辆管理有序,无堵塞交通现象,不影响行人通行	1	符合1.0,基本符合0.5,不符合0
	5.工业区内停车场有专人疏导,管理有序,排列整齐	1	符合1.0,基本符合0.5,不符合0
	6.室内停车场管理严格,出入有登记	1	符合1.0,基本符合0.5,不符合0
	7.非机动车辆有集中停放场地,管理制度落实,管理有序,停放整齐,场地整洁	1	符合1.0,基本符合0.5,不符合0
	8.危及人身安全处设有明显标志和防范措施	1	符合1.0,不符合0
六	**环境卫生管理**	11	
	1.环卫设施完备,设有垃圾箱、果皮箱、垃圾中转站	1	符合1.0,每发现一处不符合扣0.2
	2.清洁卫生实行责任制,有专职的清洁人员和明确的责任范围,实行标准化保洁	1	未实行责任制的扣0.5,无专职清洁人员和责任范围的扣0.3,未实行标准化保洁的扣0.2
	3.垃圾日产日清,定期进行卫生灭杀	1	每发现一处垃圾扣0.1,未达到垃圾日产日清的扣0.3,未定期进行卫生消毒灭杀扣0.3
	4.对有毒、有害工业垃圾管理严格,按规定分装,不得与其他垃圾混杂	1	符合1.0,不符合0
	5.房屋共用部位保持清洁,无乱贴、乱画,无擅自占用和堆放杂物现象;楼梯扶栏、天台、共用玻璃窗等保持洁净;工业区内共用场地无纸屑、烟头等废弃物	2	符合2.0,每发现一处不符合扣0.2
	6.商业网点管理有序,符合卫生标准;无乱设摊点、广告牌和乱贴、乱画现象	2	符合2.0,每发现一处不符合扣0.2
	7.无违反规定饲养宠物、家禽、家畜	1	符合1.0,不符合0
	8.工业区内废水、废气、废烟、噪音等符合国家环保标准,无有毒、有害物质;贮放、清运管理有序;房屋外墙无污染;各类排气口安装统一有序,无安全隐患	2	符合2.0,发现一次环保部门下放整改通知扣0.5,其他每发现一处不符合扣0.2
七	**绿化管理**	3	
	1.绿地无改变使用用途和破坏、践踏、占用现象	1	符合1.0,基本符合0.5,不符合0

序号	标准内容	规定分值	评分细则
七	2.花草树木长势良好,修剪整齐美观,无病虫害,无折损现象,无斑秃	1	长势不好扣 1.0,其他每发现一处不符合扣 0.2
	3.绿地无纸屑、烟头、石块等杂物	1	符合 2.0,每发现一处不符合扣 0.2
八	**精神文明建设**	3	
	1.全体业主和使用人能自觉维护公众利益,遵守工业区的各项管理规定	1	符合 1.0,基本符合 0.5,不符合 0
	2.设有学习宣传园地,宣传工业区管理、卫生、治安、消防等方面的知识,开展积极、健康、向上的活动;宿舍区设信息公告栏;设有文化体育活动场所	1	符合 1.0,基本符合 0.5,不符合 0
	3.区内的公共娱乐场所未发现重大违纪违法案件	1	符合 1.0,基本符合 0.5,不符合
九	**管理效益**	4	
	1.物业管理服务费用收缴率 98% 以上	2	每降低 1 个百分点扣 0.5
	2.提供便民有偿服务,开展多种经营	1	符合 1.0,基本符合 0.5,不符合 0
	3.本小区物业管理经营状况	1	盈利 1.0,持平 0.5,亏本 0

附录 6

普通住宅小区物业管理服务等级标准(试行)

一级

一、基本要求

1.服务与被服务双方签订规范的物业服务合同,双方权利义务关系明确。

2.承接项目时,对住宅小区共用部位、共用设施设备进行认真查验,验收手续齐全。

3.管理人员、专业操作人员按照国家有关规定取得物业管理职业资格证书或者岗位证书。

4.有完善的物业管理方案,质量管理、财务管理、档案管理等制度健全。

5.管理服务人员统一着装,佩戴标志,行为规范,服务主动、热情。

6.设有服务接待中心,公示 24 小时服务电话。急修半小时内、其它报修按双方约定时间到达现场,有完整的报修、维修和回访记录。

7.根据业主需求,提供物业服务合同之外的特约服务和代办服务的,公示服务项目与收费价目。

8.按有关规定和合同约定公布物业服务费用或者物业服务资金的收支情况。

9.按合同约定规范使用住房专项维修资金。

10.每年至少 1 次征询业主对物业服务的意见,满意率 80% 以上。

二、房屋管理

1.对房屋共用部位进行日常管理和维修养护,检修记录和保养记录齐全。

2.根据房屋实际使用年限,定期检查房屋共用部位的使用状况,需要维修,属于小修范围的,及时组织修复;属于大、中修范围的,及时编制维修计划和住房专项维修资金使用计划,向业主大会或者业主委员会提出报告与建议,根据业主大会的决定,组织维修。

3.每日巡查1次小区房屋单元门、楼梯通道以及其他共用部位的门窗、玻璃等,做好巡查记录,并及时维修养护。

4.按照住宅装饰装修管理有关规定和业主公约(业主临时公约)要求,建立完善的住宅装饰装修管理制度。装修前,依规定审核业主(使用人)的装修方案,告知装修人有关装饰装修的禁止行为和注意事项。每日巡查1次装修施工现场,发现影响房屋外观、危及房屋结构安全及拆改共用管线等损害公共利益现象的,及时劝阻并报告业主委员会和有关主管部门。

5.对违反规划私搭乱建和擅自改变房屋用途的行为及时劝阻,并报告业主委员会和有关主管部门。

6.小区主出入口设有小区平面示意图,主要路口设有路标。各组团、栋及单元(门)、户和公共配套设施、场地有明显标志。

三、共用设施设备维修养护

1.对共用设施设备进行日常管理和维修养护(依法应由专业部门负责的除外)。

2.建立共用设施设备档案(设备台帐),设施设备的运行、检查、维修、保养等记录齐全。

3.设施设备标志齐全、规范,责任人明确;操作维护人员严格执行设施设备操作规程及保养规范;设施设备运行正常。

4.对共用设施设备定期组织巡查,做好巡查记录,需要维修,属于小修范围的,及时组织修复;属于大、中修范围或者需要更新改造的,及时编制维修、更新改造计划和住房专项维修资金使用计划,向业主大会或业主委员会提出报告与建议,根据业主大会的决定,组织维修或者更新改造。

5.载人电梯24小时正常运行。

6.消防设施设备完好,可随时启用;消防通道畅通。

7.设备房保持整洁、通风,无跑、冒、滴、漏和鼠害现象。

8.小区道路平整,主要道路及停车场交通标志齐全、规范。

9.路灯、楼道灯完好率不低于95%。

10.容易危及人身安全的设施设备有咀显警示标志和防范措施;对可能发生的各种突发设备故障有应急方案。

四、协助维护公共秩序

1.小区主出入口24小时站岗值勤。

2.对重点区域、重点部位每1小时至少巡查1次;配有安全监控设施的,实施24小时监控。

3.对进出小区的车辆实施证、卡管理,引导车辆有序通行、停放。

4.对进出小区的装修、家政等劳务人员实行临时出入证管理。

5.对火灾、治安、公共卫生等突发事件有应急预案,事发时及时报告业主委员会和有关部门,并协助采取相应措施。

五、保洁服务

1.高层按层、多层按幢设置垃圾桶,每日清运2次。垃圾袋装化,保持垃圾桶清洁、无异味。

2.合理设置果壳箱或者垃圾桶，每日清运2次。

3.小区道路、广场、停车场、绿地等每日清扫2次；电梯厅、楼道每日清扫2次，每周拖洗1次；一层共用大厅每日拖洗1次；楼梯扶手每日擦洗1次；共用部位玻璃每周清洁1次；路灯、楼道灯每月清洁1次。及时清除道路积水、积雪。

4.共用雨、污水管道每年疏通1次；雨、污水井每月检查1次，视检查情况及时清掏；化粪池每月检查1次，每半年清掏1次，发现异常及时清掏。

5.二次供水水箱按规定清洗，定时巡查，水质符合卫生要求。

6.根据当地实际情况定期进行消毒和灭虫除害。

六、绿化养护管理

1.有专业人员实施绿化养护管理。

2.草坪生长良好，及时修剪和补栽补种，无杂草、杂物。

3.花卉、绿篱、树木应根据其品种和生长情况，及时修剪整形，保持观赏效果。

4.定期组织浇灌、施肥和松土，做好防涝、防冻。

5.定期喷洒药物，预防病虫害。

二级

一、基本要求

1.服务与被服务双方签订规范的物业服务合同，双方权利义务关系明确。

2.承接项目时，对住宅小区共用部位、共用设施设备进行认真查验，验收手续齐全。

3.管理人员、专业操作人员按照国家有关规定取得物业管理职业资格证书或者岗位证书。

4.有完善的物业管理方案，质量管理、财务管理、档案管理等制度健全。

5.管理服务人员统一着装、佩戴标志，行为规范，服务主动、热情。

6.公示16小时服务电话。急修1小时内、其它报修按双方约定时间到达现场，有报修、维修和回访记录。

7.根据业主需求，提供物业服务合同之外的特约服务和代办服务的，公示服务项目与收费价目。

8.按有关规定和合同约定公布物业服务费用或者物业服务资金的收支情况。

9.按合同约定规范使用住房专项维修资金。

10.每年至少1次征询业主对物业服务的意见，满意率75％以上。

二、房屋管理

1.对房屋共用部位进行日常管理和维修养护，检修记录和保养记录齐全。

2.根据房屋实际使用年限，适时检查房屋共用部位的使用状况，需要维修，属于小修范围的，及时组织修复；属于大、中修范围的，及时编制维修计划和住房专项维修资金使用计划，向业主大会或者业主委员会提出报告与建议，根据业主大会的决定，组织维修。

3.每3日巡查1次小区房屋单元门、楼梯通道以及其他共用部位的门窗、玻璃等，做好巡查记录，并及时维修养护。

4.按照住宅装饰装修管理有关规定和业主公约(业主临时公约)要求，建立完善的住宅装饰装修管理制度。装修前，依规定审核业主(使用人)的装修方案，告知装修人有关装饰装修的禁止行为和注意事项。每 3 日巡查 1 次装修施工现场,发现影响房屋外观、危及房屋结构安全及拆改共用管线等损害公共利益现象的,及时劝阻并报告业主委员会和有关主管部门。

5.对违反规划私搭乱建和擅自改变房屋用途的行为及时劝阻,并报告业主委员会和有关主管部门。

6.小区主出入口设有小区平面示意图,各组团、栋及单元(门)、户有明显标志。

三、共用设施设备维修养护

1.对共用设施设备进行日常管理和维修养护(依法应由专业部门负责的除外)。

2.建立共用设施设备档案(设备台帐),设施设备的运行、检查、维修、保养等记录齐全。

3.设施设备标志齐全、规范,责任人明确;操作维护人员严格执行设施设备操作规程及保养规范;设施设备运行正常。

4.对共用设施设备定期组织巡查,做好巡查记录,需要维修,属于小修范围的,及时组织修复;属于大、中修范围或者需要更新改造的,及时编制维修、更新改造计划和住房专项维修资金使用计划,向业主大会或业主委员会提出报告与建议,根据业主大会的决定,组织维修或者更新改造。

5.载人电梯早 6 点至晚 12 点正常运行。

6.消防设施设备完好,可随时启用;消防通道畅通。

7.设备房保持整洁、通风,无跑、冒、滴、漏和鼠害现象。

8.小区主要道路及停车场交通标志齐全。

9.路灯、楼道灯完好率不低于 90%。

10.容易危及人身安全的设施设备有明显警示标志和防范措施;对可能发生的各种突发设备故障有应急方案。

四、协助维护公共秩序

1.小区主出入口 24 小时值勤。

2.对重点区域、重点部位每 2 小时至少巡查 1 次。

3.对进出小区的车辆进行管理,引导车辆有序通行、停放。

4.对进出小区的装修等劳务人员实行登记管理。

5.对火灾、治安、公共卫生等突发事件有应急预案,事发时及时报告业主委员会和有关部门,并协助采取相应措施。

五、保洁服务

1.按幢设置垃圾桶,生活垃圾每天清运 1 次。

2.小区道路、广场、停车场、绿地等每日清扫 1 次;电梯厅、楼道每日清扫 1 次,半月拖洗 1 次;楼梯扶手每周擦洗 2 次;共用部位玻璃每月清洁 1 次;路灯、楼道灯每季度清洁 1 次。及时清除区内主要道路积水、积雪。

3.区内公共雨、污水管道每年疏通 1 次;雨、污水井每季度检查 1 次,并视检查情况及时清掏;化粪池每 2 个月检查 1 次,每年清掏 1 次,发现异常及时清掏。

4.二次供水水箱按规定期清洗,定时巡查,水质符合卫生要求。

5.根据当地实际情况定期进行消毒和灭虫除害。

六、绿化养护管理

1.有专业人员实施绿化养护管理。

2.对草坪、花卉、绿篱、树木定期进行修剪、养护。

3.定期清除绿地杂草、杂物。

4.适时组织浇灌、施肥和松土,做好防涝、防冻。

5.适时喷洒药物,预防病虫害。

三级

一、基本要求

1.服务与被服务双方签订规范的物业服务合同,双方权利义务关系明确。

2.承接项目时,对住宅小区共用部位、共用设施设备进行认真查验,验收手续齐全。

3.管理人员、专业操作人员按照国家有关规定取得物业管理职业资格证书或者岗位证书。

4.有完善的物业管理方案,质量管理、财务管理、档案管理等制度健全。

5.管理服务人员佩戴标志,行为规范,服务主动、热情。

6.公示 8 小时服务电话。报修按双方约定时间到达现场,有报修、维修记录。

7.按有关规定和合同约定公布物业服务费用或者物业服务资金的收支情况。

8.按合同约定规范使用住房专项维修资金。

9.每年至少 1 次征询业主对物业服务的意见,满意率 70% 以上。

二、房屋管理

1.对房屋共用部位进行日常管理和维修养护,检修记录和保养记录齐全。

2.根据房屋实际使用年限,检查房屋共用部位的使用状况,需要维修,属于小修范围的,及时组织修复;属于大、中修范围的,及时编制维修计划和住房专项维修资金使用计划,向业主大会或者业主委员会提出报告与建议,根据业主大会的决定,组织维修。

3.每周巡查 1 次小区房屋单元门、楼梯通道以及其他共用部位的门窗、玻璃等,定期维修养护。

4.按照住宅装饰装修管理有关规定和业主公约(业主临时公约)要求,建立完善的住宅装饰装修管理制度。装修前,依规定审核业主(使用人)的装修方案,告知装修人有关装饰装修的禁止行为和注意事项。至少两次巡查装修施工现场,发现影响房屋外观、危及房屋结构安全及拆改共用管线等损害公共利益现象的,及时劝阻并报告业主委员会和有关主管部门。

5.对违反规划私搭乱建和擅自改变房屋用途的行为及时劝阻,并报告业主委员会和有关主管部门。

6.各组团、栋、单元(门)、户有明显标志。

三、共用设施设备维修养护

1.对共用设施设备进行日常管理和维修养护(依法应由专业部门负责的除外)。

2.建立共用设施设备档案(设备台帐),设施设备的运行、检修等记录齐全。

3.操作维护人员严格执行设施设备操作规程及保养规范;设施设备运行正常。

4.对共用设施设备定期组织巡查,做好巡查记录,需要维修,属于小修范围的,及时组织修复;属于大、中修范围或者需要更新改造的,及时编制维修、更新改造计划和住房专项维修资金使用计划,向业主大会或业主委员会提出报告与建议,根据业主大会的决定,组织维修或者更新改造。

5.载人电梯早 6 点至晚 12 点正常运行。

6.消防设施设备完好,可随时启用;消防通道畅通。

7. 路灯、楼道灯完好率不低于 80%。

8. 容易危及人身安全的设施设备有明显警示标志和防范措施;对可能发生的各种突发设备故障有应急方案。

四、协助维护公共秩序

1. 小区 24 小时值勤。

2. 对重点区域、重点部位每 3 小时至少巡查 1 次。

3. 车辆停放有序。

4. 对火灾、治安、公共卫生等突发事件有应急预案,事发时及时报告业主委员会和有关部门,并协助采取相应措施。

五、保洁服务

1. 小区内设有垃圾收集点,生活垃圾每天清运 1 次。

2. 小区公共场所每日清扫 1 次;电梯厅、楼道每日清扫 1 次;共用部位玻璃每季度清洁 1 次;路灯、楼道灯每半年清洁 1 次。

3. 区内公共雨、污水管道每年疏通 1 次;雨、污水井每半年检查 1 次,并视检查情况及时清掏;化粪池每季度检查 1 次,每年清掏 1 次,发现异常及时清掏。

4. 二次供水水箱按规定清洗,水质符合卫生要求。

六、绿化养护管理

1. 对草坪、花卉、绿篱、树木定期进行修剪、养护。

2. 定期清除绿地杂草、杂物。

3. 预防花草、树木病虫害。

《普通住宅小区物业管理服务等级标准》(试行)的使用说明

1. 本《标准》为普通商品住房、经济适用住房、房改房、集资建房、廉租住房等普通住宅小区物业服务的试行标准。物业服务收费实行市场调节价的高档商品住宅的物业服务不适用本标准。

2. 本《标准》根据普通住宅小区物业服务需求的不同情况,由高到低设定为一级、二级、三级三个服务等级,级别越高,表示物业服务标准越高。

3. 本《标准》各等级服务分别由基本要求、房屋管理、共用设施设备维修养护、协助维护公共秩序、保洁服务、绿化养护管理等六大项主要内容组成。本《标准》以外的其他服务项目、内容及标准,由签订物业服务合同的双方协商约定。

4. 选用本《标准》时,应充分考虑住宅小区的建设标准、配套设施设备、服务功能及业主(使用人)的居住消费能力等因素,选择相应的服务等级。

参考文献

[1]隋卫东,王淑华.房地产法[M].济南:山东人民出版社,2006.

[2]胡洁.物业管理概论[M].北京:电子工业出版社,2007.

[3]吴春岐,梦道文,王倩.房地产法新论[M].北京:中国政法大学出版社,2008.

[4]张中.业主自治的理论基础[J].中外企业家.2009.

[6]苗长川,杨爱华.物业管理理论与实务[M].北京:清华大学出版社,北京交通大学出版社,2008.

[6]李斌.物业管理理论与实务[M].上海:复旦大学出版社,2006.

[7]韩朝,陈凯,等.物业管理社会学[M].北京:清华大学出版社,2007.

[8]张作祥.物业管理实务[M].北京:清华大学出版社,2006.

[9]胡晓娟.物业管理法规[M].重庆:重庆大学出版社,2010.

[10]黄文,佟丽萍.社区建设与环境[M].大连:大连理工大学出版社,2009.

[11]陈海英.物业管理概论[M].北京:中国建筑工业出版社,2006.

[12]韩朝,谭泽宏,陈凯,沈洁.物业管理经济学[M].北京:清华大学出版社,2007.

[13]王秀云,李莉.物业管理[M].2版.北京:机械工业出版社,2004.

[14]郑晓奋.物业管理概论[M].北京:机械工业出版社,2008.

[15]曲建国.物业管理实务[M].武汉:武汉理工大学出版社,2009.

[16]章月萍,扈永健.物业管理概论[M].武汉:武汉理工大学出版社,2009.

[17]王素梅.物业管理概论[M].北京:机械工业出版社,2008.

[18]胡运金.物业管理概论[M].武汉:华中科技大学出版社,2006.

[19]中华人民共和国国务院物业管理条例(2007年修订).2007－08－26.

[20]中华人民共和国物权法.2007－03－16.

[21]中华人民共和国建设部.GB50180－93城市居住区规划设计规范(2002修订版)[S].北京:中国建筑工业出版社,2002.

[22]中华人民共和国建设部,财政部.住宅专项维修资金管理办法.2007－10－30.

[23]中华人民共和国建设部.物业管理企业资质管理办法.2007－11－26.

[24]中华人民共和国建设部.全国物业管理示范住宅小区(大厦、工业区)标准及评分细则2000.

[25]中国物业管理协会.普通住宅小区物业管理服务等级标准.2004－01－06.

[26]中华人民共和国建设部 http://www.cin.gov.cn

[27]中国物业管理协会网 http://www.ecpmi.org.cn

[28]中国物业管理网 http://www.cpmu.com.cn

[29]住宅与房地产信息网 http://www.pmabc.com

[30]中国房地产信息网 http://www.realestate.gov.cn

[32]物业管理资讯网 http://www.wuyeinfo.com

[32]房地产 E 网 http://www.fdcew.com

[33]物管交流网 http://www.cnwuguan.com

高职高专"十二五"物业管理专业系列规划教材

(1)物业管理概论
(2)物业管理实务
(3)物业管理法规
(4)房地产经营与管理
(5)客户心理学
(6)物业财税基础
(7)物业营销
(8)物业设施设备维护与管理
(9)房屋维修与管理
(10)社区服务与管理
(11)物业统计
(12)智能建筑管理
(13)合同管理
(14)物业应用文写作
(15)物业管理招投标
(16)物业评估
(17)物业环境管理
(18)房地产开发与经营
(19)房地产经纪人
(20)房地产投资与评估
(21)园林绿化
(22)物业保险
(23)建筑识图与房屋构

欢迎各位老师联系投稿！

联系人：李逢国
手机：15029259886　　　办公电话：029－82664840
电子邮件：1905020073@qq.com　lifeng198066@126.com
QQ：1905020073(加为好友时请注明"教材编写"等字样)

图书在版编目(CIP)数据

物业管理概论/洪媛主编.—西安:西安交通大学出版社,
2014.5(2023.9重印)
高职高专"十二五"物业管理专业系列规划教材
ISBN 978-7-5605-6110-3

Ⅰ.①物… Ⅱ.①洪… Ⅲ.①物业管理—高等职业教育—教材
Ⅳ.①F293.33

中国版本图书馆 CIP 数据核字(2014)第 061686 号

书 名	物业管理概论
主 编	洪 媛
责任编辑	李逢国

出版发行	西安交通大学出版社
	(西安市兴庆南路 1 号 邮政编码 710048)
网 址	http://www.xjtupress.com
电 话	(029)82668357 82667874(市场营销中心)
	(029)82668315(总编办)
传 真	(029)82668280
印 刷	西安日报社印务中心

开 本	787mm×1092mm 1/16 **印张** 13.125 **字数** 317 千字
版次印次	2014 年 5 月第 1 版 2023 年 9 月第 2 次印刷
书 号	ISBN 978-7-5605-6110-3
定 价	26.80 元